Joan Borysenko

Ein Wunder täglich

Joan Borysenko

Ein Wunder täglich

Gebete, Meditationen und Affirmationen
für das ganze Jahr

Deutsch von Giovanni Bandini und Ditte König

Verlag Hermann Bauer
Freiburg im Breisgau

Die Deutsche Bibliothek – CIP-Einheitsaufnahme

Borysenko, Joan:
Ein Wunder täglich : Gebete, Meditationen und Affirmationen für das ganze Jahr / Joan Borysenko.
Dt. von Giovanni Bandini und Ditte König. –
1. Aufl. – Freiburg im Breisgau : Bauer, 1996
ISBN 3-7626-0518-1

Die amerikanische Originalausgabe erschien 1994 bei
Warner Books, Inc., New York, USA
unter dem Titel
Pocketful of Miracles –
Prayers, Meditations, and Affirmations
to Nurture your Spirit Every Day of the Year

1. Auflage 1996
ISBN 3-7626-0518-1

Einband: Ralph Höllrigl
Mandalas: Miroslav Borysenko
Satz: CSF · ComputerSatz GmbH, Freiburg im Breisgau
Druck und Bindung: Ueberreuter Buchproduktion, Korneuburg
Printed in Austria

Gedruckt auf chlorfrei gebleichtem Papier

Widmung

Für die Kinder – eure und unsere.
Mögen sie in einer Welt des Friedens leben.
Mögen sie in einer Welt der Schönheit leben.
Mögen sie im Bewußtsein dessen leben,
daß wir alle *eins* sind.

Über dieses Buch

Ein Wunder täglich ist ein Leitfaden zur Erinnerung des liebenden Ursprungs, dem wir entstammen. Wir alle haben Momente der Erinnerung, in denen wir uns der Schönheit eines Sonnenuntergangs, dem Lächeln eines Kindes oder dem Licht in den Augen eines Fremden vollkommen gegenwärtig fühlen. Dies sind die Augenblicke, in denen wir uns am wohlsten – wirklich daheim – in unserer Haut fühlen: zuversichtlich, glücklich, dankbar, voller Liebe und mit dem ununterbrochenen Gewebe des Lebens verbunden. Wir sind dann in unserem eigentlichen Sein gegenwärtig, in dem, was wir als unser Höheres oder spirituelles Selbst bezeichnen könnten. Zu anderen Zeiten tritt dieses Verbundensein in den Hintergrund, und unsere Sicht verengt sich. Angst vor Verlust, Verlassenheit und Liebesentzug bilden eine Schale um unser Herz und verfinstern das Licht des Höheren Selbst, das immer gegenwärtig ist, uns fortwährend dazu aufruft, uns zu erinnern, wer wir wirklich sind.

Dem inneren Antrieb, zum Gewahrsein unserer eigentlichen Natur zu erwachen, wirkt jedoch eine andere Kraft des Geistes entgegen, die danach strebt, uns weiter schlafen zu lassen – das Ich. Als Psychologin betrachte ich diesen Teil der Persönlichkeit als das »konditionierte« oder »bedingte Selbst«. Er bildet sich als Reaktion auf all jene Lebensbedingungen, die drohen, uns von der Liebe zu trennen. Im Verlauf des Heranwachsens eignen wir uns nach und nach eine Vielzahl von Masken an, die wir in der Hoffnung, dadurch Liebe oder zumindest Macht zu gewinnen, der Welt vorsetzen. Diese Masken verschaffen uns ein Gefühl der Sicherheit. Paradoxerweise entstehen und bestehen sie aus Angst und trennen uns von der einzigen wirklichen Quelle der Liebe – dem Göttlichen Bewußtsein. In vielen spirituellen Systemen wird das auf Angst beruhende konditionierte Selbst als – begrenztes oder falsches – Ich oder *ego* bezeichnet. Es ist also etwas anderes als das, was die verschiedenen psychologischen und philosophischen Schulen unter dem Begriff des »Ich« verstehen.

Das Wunder, auf das im Titel dieses Buches angespielt wird, ist die Veränderung unserer Sichtweise, die dadurch zustande kommt, daß wir von dem auf Angst beruhenden »kleinen Ich« in die zeitlose Liebe und Weisheit des Höheren Selbst zurücktreten*. Dieses Wunder ist die Grundlage dessen, was der Schriftsteller und Philosoph Aldous Huxley als *philosophia perennis* oder »ewige Philosophie« bezeichnet hat – der esoterische oder verborgene Kern jeder Religion. Die ewige Philosophie besteht aus vier Grundlehren:

- Die Welt der relativen Wirklichkeit, in der wir leben, ist die Manifestation des absoluten oder Göttlichen Geistes, ohne den nichts existieren würde.
- Die Verbindung mit dem Göttlichen Geist wird nicht durch Faktenwissen oder Dogmengläubigkeit hergestellt, sondern ist die unmittelbare Erfahrung des Numinosen.
- Jeder von uns besitzt eine zwiefache Natur: das – kleine oder »falsche« – Ich und das Höhere Selbst. Das Höhere Selbst ist der Göttliche Funke in uns. Das Ich ist der Herausforderer, der uns dazu bringt, dieses Höhere Selbst zu entdecken.

---

* Diese Definition des Begriffes »Wunder« ist aus *Ein Kurs in Wundern* (Greuthof, Gutach 1994) übernommen, einer modernen Formulierung der »ewigen Philosophie« *(philosophia perennis)*, die bereits Hunderttausende von Menschen inspiriert hat.

- Sinn und Zweck des menschlichen Lebens ist, unser Verbundensein mit dem Göttlichen Geist zu entdecken, und zwar nicht dadurch, daß wir dieses Leben überwinden, sondern daß wir hier und jetzt vollkommen lebendig werden, indem wir Liebe geben und empfangen.

Ein Wunder täglich ist eine Zusammenstellung aus allen großen spirituellen Traditionen der Welt übernommener Übungen für jeden Tag, die den Leser zur unmittelbaren Erfahrung des Göttlichen führen sollen. Der Frieden, die Weisheit, die schöpferische Kraft und die Liebe, die das Höhere Selbst wesenhaft ausmachen, können dann hervorscheinen und allen zum Segen gereichen. Der Frieden auf Erden beginnt mit dem Frieden in unserer Seele. Mit ebendiesem Ziel vor Augen, etwas Frieden und Mitgefühl in die Welt zu bringen, habe ich *Ein Wunder täglich* geschrieben.

Die Hektik des modernen Lebens erlaubt es nur wenigen von uns, täglich viel zu beten oder zu meditieren. Vielleicht ruft uns unser Herz zu einem kontemplativen Leben, doch die Notwendigkeit, uns einen Lebensunterhalt zu verdienen, zieht uns unerbittlich in die entgegengesetzte Richtung. Es wäre auch möglich, daß die unübersehbare Zahl an verfügbaren spirituellen Wegen uns so sehr verwirrt, daß wir nicht wissen, wo wir anfangen könnten – oder daß wir zwar einen solchen Weg einschlagen, unsere Begeisterung aber mit der Zeit erlahmt und wir es aus eigener Kraft einfach nicht schaffen, sie wieder zu entfachen. Jede spirituelle Praxis wird gelegentlich trocken und leblos. Wir brauchen dann Anregungen, um sie auf eine tiefere Ebene führen zu können. Ich hoffe, daß *Ein Wunder täglich* die Anregung und das »Gerüst« für eine spirituelle Praxis bieten wird, die sich in nahezu jeden Tagesablauf integrieren läßt. Die täglichen Übungen nehmen in der Regel höchstens zehn Minuten in Anspruch – auch wenn es durchaus möglich ist, ihnen auch mehr Zeit zu widmen, wenn Sie das Bedürfnis danach verspüren.

Der »spirituelle Supermarkt«

Der Dalai Lama hörte einmal die Bemerkung, Amerika sei eine Art »spiritueller Supermarkt«. Der Ausdruck regte seine Phantasie an, und als er daraufhin anfing, in seinen Vorträgen von unserem »großartigen spirituellen Supermarkt« zu sprechen, nahm ihn einmal jemand beiseite und erklärte ihm, die Bezeichnung sei eigentlich abwertend. Seine Heiligkeit war anderer Ansicht. Er fragte, ob es nicht unendlich vorteilhafter sei, in einem Supermarkt einzukaufen als in einem kleinen Tante-Emma-Laden, wo man nur ein paar uralte Tuben Zahnpasta finde.

Tatsächlich leben wir in einer beispiellosen Zeit, in der die esoterische oder verborgene spirituelle Weisheit vieler alter Kulturen allgemein bekannt wird. Mitte der 40er Jahre wurden die Schriftrollen vom Toten Meer und die Nag-Hammadi-Schriften entdeckt, die neues Licht auf das frühchristliche beziehungsweise spätjüdische Denken warfen und eine Reihe zusätzlicher, im Neuen Testament nicht enthaltener Evangelien lieferten. Die Greueltaten, die die Chinesen in den 50er Jahren am tibetischen Volk verübten, führten dazu, daß bis dahin wenig bekannte tibetisch-buddhistische Texte und Praktiken weltweite Verbreitung fanden. Und die zunehmende Sorge über die drohende ökologische Zerstörung der Erde hat der Kultur der amerikanischen Ureinwohner neue Beachtung und einen tiefen Respekt eingebracht.

Doch nicht nur altes, traditionelles Wissen ist uns in letzter Zeit zuteil geworden: Die medizinische Technologie hat uns außerdem, ohne es zu wollen, eine große Gruppe moderner Mystiker geschenkt – Menschen, die von *Nahtoderfahrungen* berichteten, nachdem sie von der Schwelle des Unbekannten zurückgerissen worden waren. Ihre Botschaft unterscheidet sich in nichts von derjenigen östlicher und abendländischer Mystiker vergangener Jahrhunderte: Sie lautet, daß der Sinn des Lebens in nichts anderem besteht als zu lernen, Liebe zu geben und zu empfangen. Dementsprechend kreist ihre persönliche Philosophie seither um Frieden und wohlwollende Güte – in jeder Religion oder philosophischen Weltanschauung der Maßstab spirituellen Erfolgs.

Ein Wunder täglich ist auch etwas wie ein spiritueller Supermarkt, insofern als er aus dem reichen Quell aller spirituellen Traditionen der Welt schöpft – vom Judaismus zum Gnostizismus, vom Feuer der Weisheit der Cherokee bis zum Leben Jesu, vom Bahai zum Islam, vom Buddhismus zum Vedanta, von *Ein Kurs in Wundern* zur Tiefenpsychologie C.G. Jungs. Ich hoffe aufrichtig, daß dieses Buch Ihren jeweiligen spirituellen Weg bereichern und Ihre spirituellen Übungen mit neuem Leben erfüllen wird.

Zwölf Tore ins Himmelreich

In einem alten Negro Spiritual heißt es: »Drei Tore im Osten, drei Tore im Westen, drei Tore im Norden, drei Tore im Süden: zwölf Tore hat die Stadt, halleluja!« Diese Tore sind, wie ich glaube, die zwölf Monate des Jahres. Die drei Frühlingsmonate machen das Östliche, die drei Sommermonate das Südliche, die drei Herbstmonate das Westliche und die drei Wintermonate das Nördliche Tor aus. Die Stadt, zu der sie Zutritt verschaffen, ist das innere Königreich, das spirituelle Selbst, das wiederum die unmittelbare Spiegelung und Fortsetzung des Göttlichen Bewußtseins ist. Je mehr

Menschen die Pforten der inneren Stadt durchschreiten, desto klarer werden unsere äußeren Städte den Frieden im Inneren widerspiegeln. Die Zeit für die innere und äußere Transformation ist zweifellos angekommen. Die Samen des Friedens schlummern in jedem von uns, und die Zeit ihres Keimens und Wachsens steht kurz bevor.

Die älteste spirituelle Weisheit zentrierte sich um die vorhersagbaren Veränderungen jahreszeitlicher Energien. Die Rituale kreisten um Aussaat und Ernte und die Zyklen von Licht und Dunkelheit. Die vier »Eck-« oder »Schwebepunkte« des spirituellen Jahres waren die Sommer- und die Wintersonnenwende – jeweils der längste und der kürzeste Tag des Jahres – und das Frühlings- und das Herbstäquinoktium, zu denen die Stunden des Lichts und der Dunkelheit einander die Waage halten. Viele jüdisch-christliche Feiertage sind Weiterentwicklungen dieser uralten, erd-gebundeneren Rituale. Chanukka und Weihnachten, beides Licht- und Lichterfeste, sind aus Wintersonnwendfeiern hervorgegangen. Passah und Ostern sind ursprünglich Feiern der jährlichen Auferstehung des Lebens, die sich um das Frühjahrsäquinoktium ereignet. Weitere wichtige Punkte auf dem Medizinrad sind die alten keltischen Jahreszeitenfeste, die die Mittelpunkte zwischen Solstitien und Äquinoktien markieren: Imbolc im Februar, Beltane im Mai, Lammas im August und Samhain im November.

Der Wechsel der Jahreszeiten entspricht unseren Körperrhythmen. Viele Frauen menstruieren zur Zeit des Vollmondes. Viele Tiere halten Winterschlaf – und auch wir Menschen legen uns eine zusätzliche Fettschicht zu, da unser Stoffwechsel sich zu dieser Zeit verlangsamt. Unsere Träume und unser Innenleben gewinnen in der Dunkelheit des Winters an Kraft und Tiefe, während das helle Licht des Sommers nach außen gerichtetes Handeln fördert. Im Herbst steht das Westliche Tor des Todes und der Wiedergeburt offen. Die hohen jüdischen Feiertage Jom Kippur und Rosch Ha-Schana stehen im Zeichen der Rückschau und Vollendung. Das alte Jahr wird zur Ruhe gebettet, alle Geschäfte werden zu einem Abschluß gebracht, und die Ernte spiritueller Reife wird in Form von Weisheit und Vergebung eingefahren. Im Frühling frohlocken wir über die Rückkehr des Lichts. Wir werden aus dem Gefängnis der Dunkelheit entlassen, treten mit größerer Klarheit, Liebe und Entschlossenheit aus unseren Winterhöhlen heraus.

Die jahreszeitlichen Energien von Erde und Himmel können uns dabei helfen, aus dem uralten Schlaf des begrenzten Ichs zu erwachen. Diese Energien sind seit undenklichen Zeiten unter einer Vielzahl verschiedener Namen bekannt – »Engel« ist einer von diesen.

Ein Mandala von Engeln

Vor mehreren Jahren suchte ich einmal nach einem geeigneten Sabbatritual, um ein spirituelles Wochenend-Retreat für Frauen zu eröffnen. Völlig unerwartet stieß ich bei meinen Nachforschungen auf eine alte jüdische Meditation, zu der eine Anrufung der Engel gehört. Diese Meditation ähnelt auf verblüffende Weise der indianischen Praxis, die Energien der vier Himmelsrichtungen anzurufen. In der Tradition der Cherokee werden die Energien der vier Himmelsrichtungen *adawee* genannt oder »große kosmische Beschützer«. Auf hebräisch sind die Adawee als die vier Erzengel Uriel, Gabriel, Raphael und Michael bekannt. Obwohl wir diese Namen als männlich auffassen, sind sie in Wirklichkeit geschlechtsunabhängige Ableitungen von hebräischen Wörtern.

- *Uriel* (der Erzengel des Ostens) bedeutet »Licht (oder ›Feuer‹) Gottes«. Dies ist die Energie der Klarheit, der Wiedergeburt und des Neubeginns. Es ist das jahreszeitliche Tor des Frühlings.
- *Gabriel* (der Erzengel des Südens) bedeutet »Stärke Gottes«. Dies ist die Energie, die uns hilft, die Angst zu überwinden, auf daß wir unsere göttliche Bestimmungen erfüllen können. Es ist das jahreszeitliche Tor des Sommers.
- *Raphael* (der Erzengel des Westens) bedeutet »Heiler Gottes«. Dies ist die Energie des Todes und der Wiedergeburt, der Überwindung aller Gegensätze und des Heil-Werdens. Es ist das jahreszeitliche Tor des Herbstes.
- *Michael* (der Erzengel des Nordens) bedeutet »gleichwie Gott«. Dies ist die Energie der Weisheit und Liebe. Es ist das jahreszeitliche Tor des Winters.

In vielen östlichen und abendländischen Traditionen wendet man sich beim Beten oder Meditieren nach Osten. Auf diese Weise hat man den Osten (Uriel) vor sich, den Süden (Gabriel) zu seiner Rechten, den Westen (Raphael) hinter sich und den Norden (Michael) zu seiner Linken. In der Sabbat-Meditation, durch die ich erstmals mit den Erzengeln in Berührung kam, ruft man erst diese Wesenheiten an die vier Seiten des Körpertempels und stellt sich dann das Licht Gottes vor – die Schechina, den weiblichen Aspekt Gottes und dessen Immanenz –, wie es über dem eigenen Kopf strahlt. Das Licht strömt über und durch einen hindurch und offenbart dadurch dasjenige Licht, das im eigenen Herzen leuchtet. Dieser zweite Teil der Meditation, die Waschung mit Licht, erinnert stark an entsprechende tibetisch-buddhistische Praktiken. Mit der Zeit wurde diese jüdisch-buddhistisch-indianische Meditation zu einem wichtigen Teil meiner täglichen Übungen und schenkte mir viele mystische Erfahrungen. Ich hoffe, daß ihre transformative Wirkung auch Teil *Ihrer* täglichen spirituellen Übungen werden wird. Wenn Sie sich von diesen »erzenglischen« Wesenheiten durch das Jahr führen lassen, werden Sie feststellen, daß sie eine ständige Quelle der Kraft und der Zuversicht sind. Ich habe häufig das Gefühl, im Mittelpunkt eines Rades zu stehen, von den Erzengeln umgeben, Teil eines kosmischen Mandalas zu sein.

In *Ein Wunder täglich* wird jede Jahreszeit durch ein Mandala eingeführt – ein kreisförmiges geometrisches Muster, das die der jeweiligen Jahreszeit zugeordnete Energie in sichtbarer Form festhält. Mandalas sind Archetypen oder »kosmische Schaltpläne« für das Höhere Selbst. Sie werden – sowohl in östlichen als auch in abendländischen Traditionen – seit Tausenden von Jahren als Mittel zur Erweckung verwendet. Auf dem Fußboden der Kathedrale von Chartres befindet sich ein berühmtes labyrinthförmiges Mandala. Wenn man das Labyrinth achtsam abschreitet und dabei religiöse Lieder singt, teilen sich die Wolken der Verwirrung und Angst, die das Höhere Selbst verfinstern. In der buddhistischen Tradition Tibets gelten Mandalas als die Schwingungsfelder verschiedener Gottheiten. Indem man über sie meditiert, stimmt man sich in die jeweilige heilige Energie ein. Der Schweizer Psychiater und Mystiker C.G. Jung stellte fest, daß Patienten, die Mandalas zeichneten oder malten, häufig aus Depressionen und Angstzuständen in die friedvolle Ganzheit des Höheren Selbst emporgehoben wurden.

Mein ehemaliger Mann, Miroslav – dessen Name wörtlich »Ruhm des Friedens« bedeutet –, fand diesen Frieden zum Teil durch das Zeichnen von Mandalas. Er schuf die in diesem Buch abgebildeten vier Mandalas mit Hilfe einer Technik, die er von der Künstlerin Judith Cornell erlernte und die als »Schöpfen aus dem inneren Licht« bezeichnet wird. Seine Bilder scheinen unmittelbar aus dem Licht oder

Ein Mandala der Engel

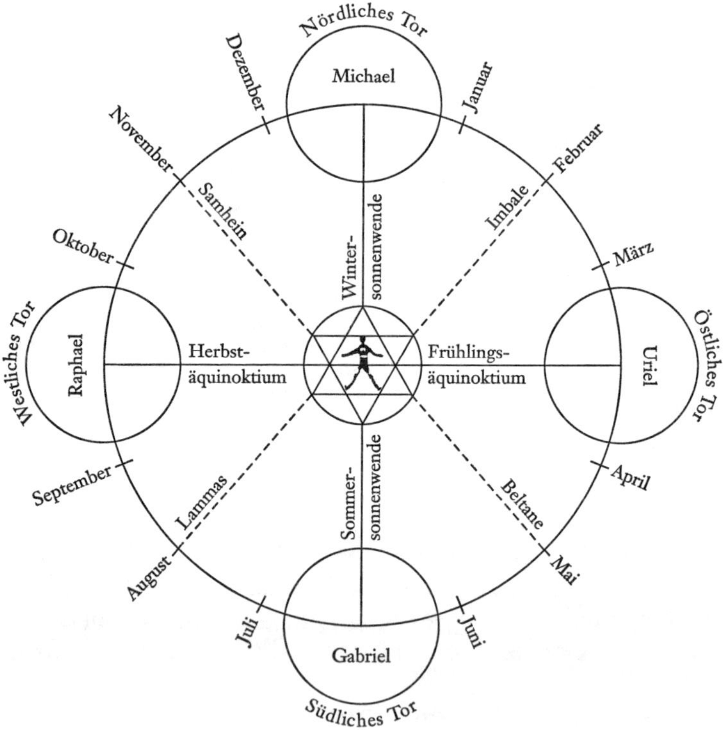

der Dunkelheit hervorzutreten, wodurch sie auf überzeugende Weise die Polarität von Licht und Finsternis transzendieren und zur Erfahrung eines höheren vereinheitlichenden Ursprungs führen. Sie sind eine hervorragende Konzentrationshilfe für die Meditation mit offenen Augen.

Während Miroslav die Mandalas für dieses Buch zeichnete und ich den Text schrieb, ereignete sich ein wunderschöner Fall von Synchronizität. Miroslav schöpfte gerade aus dem inneren Licht und schuf das Herbstmandala, als das Telefon läutete. Es war Judith Cornell. Sie wußte von Mirons (so die Kurzform von Miroslav) Interesse an Mandalas und wollte, daß wir zu einem Buch, an dem sie gerade arbeitete, das Vorwort schrieben. Das Buch handelte vom Erschaffen von Mandalas aus dem inneren Licht! Als Miron nach oben kam, um mir von dieser Koinzidenz zu erzählen – daß sie just dann anrief, als er mit Hilfe ihrer Technik genau die Mandalas zeichnete, über die sie gerade schrieb –, las ich gerade eine Textstelle in C.G. Jungs Autobiographie, in der er von einer synchronistischen Erfahrung berichtet, die er beim Zeichnen eines Mandalas hatte! Synchronistische Ereignisse sind eine solche Freude – kleine Botschaften, durch die uns das Universum mitteilt, daß wir auf dem richtigen Weg sind.

Wie Sie mit diesem Buch arbeiten können

Jeder Monat kreist um ein bestimmtes Thema, das sich durch alle täglichen Lektionen ebendieses Monats hindurchzieht. Die tägliche Lektion besteht aus zwei Teilen, einem *Keimgedanken* zur Kontemplation und einem *Gebet* und/oder einer *Übung*, die Ihnen helfen sollen, die Lektion zu verwirklichen oder zu verinnerlichen, so daß sie ein Teil von Ihnen wird. Viele Tage enthalten Hinweise darauf, wie Sie die

Lektion im täglichen Leben umsetzen können. Meditation beispielsweise ist mehr als eine kleine Bucht des Friedens entlang eines brodelnden Stromes von Verpflichtungen: Sie ist eine Weise, den Fluß des Lebens wahrzunehmen und Teil von ihm zu sein. Der tibetische buddhistische Lehrmeister Sogyal Rinpoche definiert Meditation als »Geräumigsein«. Durch Übung wird es zunehmend leichter, Gedanken ungehindert kommen und gehen zu lassen, wie Vögel, die durch den klaren Himmel des Bewußtseins fliegen. Wir laufen dann immer weniger Gefahr, uns an einen flüchtigen Gedanken zu klammern, der uns aus der geräumigen, friedvollen Gegenwart herausziehen würde. Sobald wir die Kunst beherrschen, in der Meditation diese »Geräumigkeit« aufrechtzuerhalten, können wir sie auch in unser übriges Leben hinübertragen. Wenn Sie beispielsweise auf der Autobahn fahren und eine nutzlose Kette ängstlicher oder sorgenvoller Gedanken Ihre Aufmerksamkeit an sich reißt, können Sie tief durchatmen, die Gedanken ziehen lassen und zum Frieden geräumigen Gewahrseins zurückkehren. Ihr ganzes Leben wird zu einer Meditation.

Genau in diesem Sinne sollen die Gedanken und Übungen jedes einzelnen Tages zu einem selbstverständlichen Teil Ihres Lebens werden und Ihnen dadurch helfen, das Wunder zu verwirklichen, aus den Begrenzungen des Ichs herauszusteigen und statt dessen in der unendlichen Liebe und schöpferischen Kraft des Höheren Selbst zu leben.

Ein Wunder täglich unterscheidet sich insofern von den meisten anderen Büchern mit Gedanken und Gebeten zu jedem Tag des Jahres, als die in ihm angebotenen Übungen aufeinander aufbauen. Die Grundübungen, die im Januar vorgestellt werden, entwickeln die Fähigkeit, den Atem als Konzentrationshilfe zu benutzen sowie als Mittel, vom kleinen Geist des Ichs in den Großen Geist Gottes überzugehen. Wenn Sie erst relativ wenig Erfahrung mit Meditation haben, empfiehlt es sich, auch wenn Sie das Buch, sagen wir, im Oktober zum erstenmal aufschlagen, mit Januar zu beginnen. Sobald Sie die Januar-Übungen abgeschlossen haben, können Sie dann zu November oder dem jeweils aktuellen Monat springen. Da im Laufe des Jahres viele verschiedene Methoden des Betens und Meditierens gelehrt werden, kann es vorkommen, daß Sie irgendwann auf eine Übung stoßen, die Sie entweder noch nicht gelernt oder aber inzwischen wieder vergessen haben. In einem solchen Fall können Sie das auf diese Einleitung folgende »Verzeichnis spiritueller Methoden« zu Hilfe nehmen und die Lektion nachlesen, in der die jeweilige Übung zum erstenmal vorkommt (und erklärt wird). Am Ende des Buches wiederum finden Sie ausführliche Beschreibungen dieser verschiedenen Praktiken und Meditationen.

Januar, Februar und März legen gewissermaßen das Fundament – sie vermitteln die wichtigsten spirituellen Grundsätze sowie eine Reihe meditativer Übungen. Von April an werden die Lektionen gehaltvoller. Wenn Sie erst am Anfang ihrer Erforschung spiritueller Methoden stehen, möchten Sie vielleicht nicht nur die Januar-Übungen machen, sondern auch die Keimgedanken der ersten drei Monate durchlesen, bevor Sie zum jeweiligen aktuellen Datum springen.

Ein Wunder täglich ist als ein immerwährender Führer für die spirituelle Praxis gedacht, der Jahr für Jahr stets aufs Neue benutzt werden kann. Indem Sie sich mit der Zeit ändern, ändert sich auch Ihr Verständnis der täglichen Übungen, und die Tiefe, in der Sie diese Übungen erleben, ändert sich gleichfalls. Ich hoffe, daß dieses Buch sich als ein treuer Gefährte für Sie erweisen wird – an welchem Punkt des Weges Sie sich auch gerade befinden mögen. Verwenden Sie es mit Freude und Nachsicht. Wenn Sie einen Tag auslassen, eine Woche oder einen Monat – sei's drum! Wenn Sie die Übungen frühmorgens durchführen und für den Rest des Tages vergessen, sie in die Praxis umzusetzen – sei's drum! Dieses Buch zielt nicht auf Vollkommenheit ab, sondern auf die Ganzheit und Güte, die aus einem offenen Herzen erwachsen. Ich biete es Ihnen voller Liebe und Achtung an – Achtung vor der Person, die Sie sind, und vor Ihrer Absicht, den Samen des Friedens und des Erwachens in dieser Welt zum Keimen zu bringen.

Joan Borysenko
Boulder, Colorado
Winter 1994

Verzeichnis spiritueller Methoden

Atmung:	3.–5. Januar
Konzentration:	6.–9. Januar
Gebet der Sammlung:	10. Januar
Der heilige Augenblick (Meditation):	11. Januar
Das Ei aus Licht (Meditation):	22. Januar
Metta (Meditation der wohlwollende Güte):	11.–15. Februar
Widmung der Früchte der Praxis:	16. Februar
Achtsamkeit:	21.–22. Februar, 12.–14. April, 11., 27. Mai
Heilung durch den Blick:	26. Februar
Shamatha-Vipassana (Meditation):	7. April
Achtsames Gehen:	27. Mai, 28. Juni
Verbindung von Himmel und Erde (Meditation):	27. Juni
Phowa (Transferierung des Bewußtseins):	7. November
Tonglen:	20.–26. November

Alle diese Übungen und weitere werden im Anhang (siehe Seite 433) noch einmal ausführlich beschrieben.

Themen des Monats

Januar: Die Grundlagen der spirituellen Praxis
Februar: Wohlwollende Güte
März: Mut
April: Freiheit: Vom Ich zum Höheren Selbst übergehen
Mai: Dankbarkeit und das Göttliche Weibliche
Juni: Licht-Wunder: Gebet und spirituelles Heilen
Juli: Schöpferkraft, Klarsicht und Entschlossenheit
August: Spirituelle Reife
September: Träume, Intuition und Innenleben
Oktober: Bestandsaufnahme machen
November: Trauer, Vergebung und Vollendung
Dezember: Entfachen des inneren Lichts

Nördliches Tor

Erzengel Michael

Winter

Januar

Die Grundlagen der spirituellen Praxis

Die Aufgaben und Übungen dieses Monats sind dafür gedacht,
in unseren Herzen die Sehnsucht nach der Wiedervereinigung
mit unserem Göttlichen Geliebten wachzurufen.
Durch Gebet, Meditation und bewußtes Atmen werden wir
unsere Absicht ausrichten,
uns der begrenzenden furchtsamen Gedanken bewußt zu werden,
die unser Gewahrsein der Göttlichen Gegenwart verfinstern,
und sie in Brennstoff verwandeln,
der unsere Herzen zum Bewußtsein der Liebe erwecken soll.
Nachdem wir uns unsere Vorstellungen von Gott
vergegenwärtigt haben,
werden wir durch Meditation, das Gebet der Sammlung und
eine uralte Technik, »das Ei aus Licht« genannt,
zur Erfahrung dieses Göttlichen schreiten.
Wir sind nicht allein in unserem Streben
nach Vereinigung mit dem Göttlichen.
Die Engel der Nacht und des Morgens
stehen immer an unsrer Seite.
Der große Erzengel Michael führt uns heim ins Herz der Liebe.
Diesen Monat werden wir beginnen, mit Michael zu arbeiten
und mit den Energien der unsichtbaren Welten
zusammenzuwirken.
Die Dunkelheit des Winters ruft uns herein, auf daß
wir den Samen des Friedens entdecken, der schon jetzt
in unseren Herzen wartet.
Vernimm die Worte der Uralten, da sie durch die
langen Winternächte hallen:

Bruder Bär ist in seiner Höhle,
wird neu erschaffen in Mutter Erdes Schoß.
Das Medizinrad
ist am Tor des Nordens
völlig geöffnet.
Erzengel Michael
lehrt uns die Grundübungen,
durch die wir
unseres angestammten Rechtes
auf Göttliche Weisheit und Liebe innewerden.

1. Januar

Keimgedanke

Du weißt um uns, Göttlicher, seit vor Anbeginn der Welt. Du bist uns näher als Hände und Füße. Wahrlich, in Dir leben wir und regen uns und haben wir unser Sein. Dennoch fühlen wir uns so oft allein, wie Fremde in einem fremden Land. Mag auch der Geist seinen göttlichen Ursprung vergessen – das Herz verzehrt sich unaufhörlich danach, sich zu erinnern.

Gebet/Übung

Gedankt sei Dir, Göttlicher Geist, für das Geschenk eines neuen Tages und dafür, daß Du meinen Geist erweckt hast, damit er dem Sehnen meines Herzens folgen möge. Diesen Monat bitte ich Michael, dessen Name »gleichwie Gott« bedeutet, daß er mir helfe, mich zu erinnern, daß ich ein Teil von Gottes Geist bin und somit ein Teil von Allem. Möge ich Dich im großen Luftraum sehen und in den Wolken. Möge ich Dich in den gefrorenen Wassern sehen. Möge ich Dich in der Dunkelheit sehen, da meine Seele ruht und wächst im stillen Schoß des Winters. Möge ich lernen, in der Gegenwart zu leben, wo Du bist.

Schließe deine Augen und atme einmal tief durch. Werde dir der Stille bewußt, die tief in deinem Inneren ist, und erkläre:

Mein Göttlicher Geliebter und ich sind eins.

Wiederhole diese Übung zwei- bis dreimal im Laufe des heutigen Tages.

2. Januar

Keimgedanke

Ein Wassertropfen kann nie vom riesigen Ozean getrennt sein, der dessen Mutter ist, denn auch wenn der Tropfen durch Wolken und Pflanzen und durch menschliche Zellen wandert und vielen Formen die Segnungen des Lebens bringt, wird er sich eines Tages doch wieder mit seinem Ursprung vereinigen, dem großen Ozean der Liebe, der die Ganzheit des Lebens erschafft und erhält.

Gebet/Übung

Gedankt sei Dir, Göttlicher Geist, für das Geschenk des Lebens, das Du heute erneuerst, und dafür, daß Du meinen Geist erweckt hast, damit ich von der Erkenntnis durchdrungen werden möge, daß jeder Mensch, jeder Baum, jeder Tropfen Wasser der vollkommene Ausdruck Deiner wirkenden Liebe ist. Hilf mir während dieses ganzen Tages, mich zu erinnern, jegliches Ding mit neuen Augen zu sehen und zu erklären:

Dieser Stuhl, diese Wolke, dieser Mensch, dieses . . . ist die schöpferische Energie, der Geist Gottes, in Form gegossen.

Mache dir dies zwei- bis dreimal im Laufe des heutigen Tages bewußt.

Keimgedanke

»Sei still, und du wirst Gott erkennen« ist eine der ältesten Grundlehren spiritueller Weisheit. Die Stille ist jederzeit in uns gegenwärtig, zum Greifen nah, nur einen Atemzug entfernt. Im Inneren ist ein Heiligtum, und es ist 24 Stunden täglich geöffnet.

Gebet/Übung

Gedankt sei Dir, Großer Geist, für das Geschenk des Lebens und der Erneuerung, die mir – und in mir – jederzeit verfügbar ist. Bisweilen ist mein Geist so aufgewühlt, daß ich den stillen Ort der Heilung vergesse, der in mir ist. Bitte hilf mir, alle geistige Unrast loszulassen, auf daß ich das innere Heiligtum betreten kann, darin Deine heilige Gegenwart wohnt.

Atme mehrmals im Laufe des Tages tief durch, lasse los und betritt den Ort der inneren Stille.

Keimgedanke

Der Atem ist die Lebenskraft selbst, der Heilige Geist, der uns mit dem Geist Gottes verbindet. Auf hebräisch als *ruach* und auf griechisch als *pneuma* bekannt, kontrolliert der Atem die »Winde« unseres Energieleibes und die Aktivität unseres Geistes. Die Kontrolle des Atems ist die Grundlage der Gesundheit und das wichtigste Mittel, unseren kleinen Geist loszulassen und in den Großen Geist Gottes einzugehen.

Gebet/Übung

Jeder Atemzug ist eine Form des Gebetes. Werde dir jetzt, in diesem Augenblick, deiner Atmung bewußt. Ist sie flach und unregelmäßig oder tief und langsam? Atme einmal tief ein und dann langsam wieder aus, als tätest du einen großen Seufzer der Erleichterung. Lasse den nächsten Atemzug langsam hereinströmen und spüre, wie dein Bauch sich dabei ausdehnt und bläht. Während du ausatmest, spüre, wie dein Bauch sich wieder entspannt. Setze diese Zwerchfellatmung eine Zeitlang fort und beobachte dabei, wie dein Geist und dein Körper allmählich zur Ruhe kommen.

Erinnere dich mehrmals im Laufe des Tages daran, »loslassend« zu atmen, und richte dann deine Aufmerksamkeit für ein bis zwei Minuten darauf, aus dem Bauch heraus zu atmen.

Keimgedanke

Das Gewahrsein der Atmung ist der Grundstein zur Entwicklung der Kontrolle des Körper-Geistes. Wenn die Atmung flach und schnell ist, reagiert der Körper mit einer Erhöhung der Herzfrequenz, des Blutdrucks und des Ausstoßes von Angsthormonen. Der Geist reagiert mit Gedanken und Gefühlen von Einsamkeit, Wertlosigkeit und Negativität. Wenn die Atmung tief und langsam ist, wird der Körper friedlich und entspannt. Der Geist hört auf zu strudeln und kommt in seiner wahren Natur, dem Großen Geist Gottes, zur Ruhe.

Gebet/Übung

Gedankt sei Dir, Großer Geist, dafür, daß Du mich an diesem Morgen neu gemacht und mein Bewußtsein von Atem, Körper und Geist geschärft hast. Hilf mir, mir anzugewöhnen, den ganzen Tag über auf die Beschaffenheit meiner Atmung zu achten und so oft wie möglich auf Bauchatmung umzuschalten. Hilf mir, durch Kontrolle meines Atems die Angst loszulassen, auf daß ich im Frieden Deines Geistes ruhen möge, der die wahre Natur meines eigenen Geistes ist.

Achte heute mehrmals im Laufe des Tages auf die Beschaffenheit deiner Atmung. Schalte, so oft du kannst, auf Bauchatmung um und wiederhole beim Einatmen: »Kleinen Geist loslassen«, und beim Ausatmen: »Ich bin eins mit dem Großen Geist.«

6. Januar: Dreikönigsfest

Keimgedanke

Die Kontrolle des Geistes erfordert Konzentration und Aufmerksamkeit. Die Atmung ist der Schlüssel zu diesen Fähigkeiten. Zu lernen, den kleinen Geist loszulassen und in die Gegenwart des Großen Geistes einzugehen, wird Meditation genannt. Atmung und Kontrolle des Geistes sind das Fundament des meditativen Bewußtseins. Der erste Schritt, um aus dem kleinen Geist auszusteigen und in die Gegenwart Gottes (den Großen Geist) einzugehen, ist die Entwicklung der Fähigkeit, sich zu konzentrieren.

Gebet/Übung

Stoße einen »loslassenden« Atemzug aus, einen tiefen Seufzer der Erleichterung. Schalte jetzt auf Bauchatmung um. Konzentriere dich beim ersten Ausatmen auf die Zahl Vier. Beim nächsten auf die Zahl Drei, dann auf die Zahl Zwei und schließlich auf die Zahl Eins. Fange wieder von vorn an, von vier bis eins zu zählen, und fahre so fünf Minuten lang fort. Wenn dir irgendwelche Gedanken zu Bewußtsein kommen, nimm sie einfach zur Kenntnis und lasse sie dann so schnell wie möglich weiterziehen, indem du deine Aufmerksamkeit wieder auf die Atmung und das Zählen richtest.

Wiederhole diese Übung zwei- bis dreimal im Laufe des heutigen Tages.

Keimgedanke

Es ist die Natur des Geistes, zu denken und Vorstellungen zu erschaffen, also ist es nur natürlich, wenn der Geist während der Meditation abschweift. Der entmutigende Gedanke, daß nur der eigene Geist abschweift, während andere Meditierende in reiner Seligkeit dasitzen, ist einer der Hauptgründe, warum Menschen die Meditationspraxis wieder aufgeben. Was den Neuling vom geübten Meditierenden unterscheidet, ist aber die Haltung losgelösten Gewahrens, die letzterer gegenüber den Denkprozessen bewahrt.

Gebet/Übung

Gedankt sei Dir, Großer Geist, für einen neuen Tag und einen neuen Anfang. Hilf mir, während der Meditation eine gesunde Einstellung gegenüber meinem zerstreuten Geist einzunehmen, wie eine liebende Mutter über seine mutwilligen Spiele zu lächeln, ihn aber dann mit Bestimmtheit wieder zum jeweiligen Konzentrationsgegenstand zurückzuführen.

Konzentriere dich fünf Minuten lang auf deine Atmung und die Zahlen von vier bis eins, wie in der gestrigen Übung. Wenn du diese Meditation eine Woche lang zwei- bis dreimal täglich wiederholst, wird sich deine Konzentrationsfähigkeit erheblich steigern.

8. Januar

Keimgedanke

Meditation ist eine Art »mentale Kampfkunst«. Wenn wir den Gedanken Widerstand leisten, werden sie uns überwältigen. Wenn wir ihnen aber nur mit leichter Bewegung ausweichen und sie wie Vögel, die über unseren Kopf hinwegfliegen, ungehindert kommen und gehen lassen, können wir mit Hilfe ihrer Energie unseren Geist noch weiter konzentrieren.

Gebet/Übung

Atme einmal tief loslassend durch und konzentriere dich dann auf das Atmen und Zählen, wie du es schon die letzten paar Tage getan hast. Lasse einen Teil deiner Aufmerksamkeit nach Gedanken Ausschau halten, und wenn welche aufkommen, lasse sie einfach wieder verebben, indem du dich weiter aufs Atmen und Zählen konzentrierst. Verfahre so fünf Minuten lang und wiederhole diese Übung noch ein- bis zweimal im Laufe des heutigen Tages.

Keimgedanke

Geist und Körper sind so eng aufeinander bezogen, daß sie tatsächlich eine Körper-Geist-Einheit bilden. Wenn der Körper entspannt ist, beruhigt sich der Geist. Wenn der Geist sich beruhigt, entspannt sich der Körper. Wenn du vor der Meditation – und beliebig oft im Laufe des Tages – daran denkst, dich zu recken und zu strecken, ermöglichst du es deinem Geist, geräumig zu sein.

Gebet/Übung

Nimm dir vor dem Beten und der Meditation, und wann immer du dich im Laufe des Tages gestreßt oder erschöpft fühlst, einen Augenblick Zeit, um dich zu strecken. Atme ein und recke dich sanft nach hinten, dann atme aus und lasse deinen Oberkörper erschlaffen, deine Schultern hängen und deinen Kopf vornüberfallen. Atme ein und strecke dabei die Arme über den Kopf aus, dann atme aus und lasse sie seitlich herniederschweben, wie ein Engel, der seine Flügel ausbreitet. Bewege den Kopf sanft nach der einen und der anderen Seite, dann nach vorn und nach hinten. Dehne deine ganze Gesichtsmuskulatur durch ein herzhaftes Gähnen.

Atme tief und loslassend aus. Meditiere fünf Minuten lang oder länger. Achte im Laufe des heutigen Tages zwei- bis dreimal darauf, wie sich dein Körper anfühlt. Strecke dich dann und beobachte, wie Körper und Geist auf deine Aufmerksamkeit reagieren.

Keimgedanke

Das Gebet der Sammlung ist eine Art der Meditation, die darin besteht, den kleinen Geist und seine unablässige Produktion selbstbezüglicher Vorstellungen absichtlich loszulassen. Diese Form des Gebetes hat durch Pater Thomas Keating Verbreitung gefunden. Dabei verlagern wir unsere Aufmerksamkeit von den Gedanken, die Keating mit Booten vergleicht, die den Fluß des Bewußtseins hinabtreiben, auf den Fluß selbst. Der Fluß ist das Große Gewahren, die Göttliche Gegenwart.

Gebet/Übung

Sammle deinen Geist, indem du bei aufeinanderfolgenden Ausatmungen rückwärts von vier bis eins zählst. Fahre zwei bis drei Minuten lang so fort. Höre dann auf zu zählen und erlaube deiner Aufmerksamkeit, sich auf das Gefühl von Frieden und Stille zu konzentrieren, das spontan auftritt, sobald der kleine Geist sich beruhigt hat. Wenn du anfängst zu denken, wiederhole mental ein Wort oder eine Wortfolge deiner Wahl – ein heiliges Wort, wie z. B. Danke, Frieden, Schalom, Kyrie eleison. Sobald sich dein Geist wieder beruhigt hat, lasse das Wort los. Dein Ziel ist, einfach still im Frieden von Gottes Gegenwart zu sitzen. Setze dieses Gebet so lange fort, wie du möchtest.

Keimgedanke

Der Geist kann sowohl unser zuverlässigster Verbündeter als auch unser schlimmster Widersacher sein. Wenn wir es lernen, den Geist zu kontrollieren, indem wir uns in der Kunst üben, gegenwärtig zu bleiben, dann offenbart sich uns die Göttliche Gegenwart in jedem Augenblick als Frieden, Schönheit, Einsicht und Freude. Wenn der Geist uns kontrolliert, sind wir unserer Vorstellungskraft auf Gedeih und Verderb ausgeliefert und stehen in keinem bewußten Kontakt mit Gottes Gegenwart.

Gebet/Übung

Atme ein paarmal loslassend durch und rufe dir eine Situation ins Gedächtnis zurück, da du dich im Augenblick gegenwärtig gefühlt hast – in die Betrachtung eines Sonnenuntergangs versunken, vom Anblick frisch gefallenen Schnees entzückt, vom Lächeln eines Kindes bezaubert ... Gib dich der Erinnerung mit all deinen Sinnen hin ... Erinnere dich an die Formen und Farben, die Gerüche, die Haltung und Bewegung deines Körpers, die Emotionen oder Empfindungen, die du verspürtest ... Lasse die Erinnerung jetzt los und meditiere ein paar Minuten lang über das, was zurückbleibt – die Stille und Seligkeit deines Gewahrseins von Gottes Gegenwart. Jeder Augenblick, in dem du ganz gegenwärtig bist, ist ein heiliger Augenblick.

Keimgedanke

John Milton schrieb: »Der Geist ist selbst sein eigner Ort und macht/Aus Himmel Hölle sich, aus Hölle Himmel.« Ob wir im Himmel oder in der Hölle leben, hängt in jedem einzelnen Augenblick von uns selbst ab – von unserer Entscheidung, wie wir mit unserem Geist umgehen. Die Entscheidung für die Gegenwart ist die Entscheidung für die Liebe und der Frieden des Himmels. Die Entscheidung, *bei vergangenen und künftigen Ängsten zu verweilen, öffnet die Pforten des Geistes zu einer inneren Hölle.*

Gebet/Übung

Großer Geist der Liebe und Weisheit, gedankt sei Dir für einen neuen Tag und für die immer klarere Bewußtheit, mit der ich mit meinem Geist umgehe. Voll Dankbarkeit nehme ich heute Deine Hilfe an und die Hilfe Michaels und der Engel der Bewußtheit, wenn Ihr mich daran erinnert, darauf zu achten, wo mein Geist ist, und mich stets zu bemühen, ihn wieder in den Himmel des gegenwärtigen Augenblicks zurückzuführen.

Verweile für ein paar Minuten im Gebet der Sammlung, das du am 10. Januar gelernt hast. Die Vergegenwärtigung eines heiligen Augenblicks, wie wir sie gestern geübt haben, ist eine gute Methode, um in die Stille dieses kontemplativen Gebetes einzutreten.

Keimgedanke

Jeder Augenblick ist ein heiliger Augenblick, wenn wir in ihm gegenwärtig sind. Frieden und Stille, Liebe und Weisheit, Freude und schöpferische Kraft sind die Früchte der Gegenwart. Angst und Negativität existieren außerhalb des Jetzt und verschwinden ganz natürlich, sobald wir erkennen, daß *jetzt* der einzige Augenblick ist, der wirklich *ist.*

Gebet/Übung

Göttlicher Geliebter, gedankt sei Dir für das unbeschreibliche Geschenk des Lebens, des Bewußtseins, der Schöpferkraft. Ich danke Dir dafür, daß Du Deinen Geist mit mir teilst. Hilf mir bitte, das Leben zu würdigen, mich Deiner zu erinnern und anderen zu dienen, indem Du meine Motivation bestärkst, die uralte Methode des „Gegenwärtigen Augenblicks" zu erlernen.

Halte mehrmals im Laufe des heutigen Tages inne und atme loslassend durch, um deinen Geist zu sammeln. Trete mit all deinen Sinnen in den Augenblick ein. Nimm dir Zeit, vollkommen zu schmecken und zu riechen, zu hören und zu sehen, zu fühlen und dich zu bewegen. Sei so wachsam wie ein Panther, der sich an sein Abendessen heranschleicht!

Keimgedanke

Was tue ich auf der Erde, so fern von der Heimat? Ich kann mich an die leuchtenden Felder, von denen ich komme, nicht mehr erinnern – außer in meinen Träumen. Und selbst die vergesse ich, sobald ich aufwache. Mein Herz sehnt sich danach, in diesem Leben aus dem Traum dieses Lebens zu erwachen, auf daß ich mich hier und jetzt der Göttlichen Vereinigung möge erfreuen können. Ich bin bereit, jetzt aufzuwachen.

Gebet/Übung

Gedankt sei Dir, Göttlicher Geist, für einen neuen Tag. Ebenso wie ich heute morgen aus den Träumen der Nacht erwacht bin, hilf mir bitte, aus den Träumen des Tages zu erwachen, die mich von Dir getrennt halten. Jedesmal, wenn ich heute merke, daß mein Geist bei Sorgen der Vergangenheit und der Zukunft verweilt, lasse mich beten:

Ich bin bereit, jetzt aufzuwachen. Der Himmel ist hier, in diesem Augenblick.

Atme dann einmal loslassend durch und schalte vom besorgten kleinen Geist auf die liebende, geräumige Gegenwart des Großen Geistes um. Bleib wach und bewußt!

Keimgedanke

Um Bewußtheit zu entwickeln und von den Träumen des kleinen Geistes aufzuwachen, so daß wir in den weisen und liebenden Ozean des Großen Geistes eingehen können, müssen wir die *Absicht* dazu haben. Eine feste Absicht ist die für sich genommen wichtigste Voraussetzung dafür, daß Wachstum und Veränderung herbeigeführt werden, denn die Absicht - der Wille - versorgt uns mit der seelischen Energie, die unsere fortwährenden Bemühungen ermöglicht.

Gebet/Übung

Großer Geist, ich danke Dir an diesem Morgen für die Absicht, aufzuwachen und eins zu werden mit Deinem mitfühlenden Herzen. Ich danke Dir dafür, daß Du mich darin bestärkst, zu lieben und zu dienen, sowohl durch die süßen Offenbarungen, die Du schenkst, als auch durch die Leiden und Schwierigkeiten, die mich nach einer besseren Lebensweise suchen lassen.

Verweile für ein paar Minuten im Gebet der Sammlung, denn es gibt keine bessere Motivation, nach Gottes Gegenwart zu streben, als einen Vorgeschmack des Friedens, der Stille und der Liebe des Göttlichen.

Keimgedanke

Eine Frau erzählte mir einmal von einer Nahtoderfahrung, die sie als Kind hatte. Nachdem sie ihren Körper verlassen hatte, durchquerte sie einen langen Tunnel und wurde vom Großen Licht Gottes umfangen und geläutert. Dann führte sie ein Wesen aus Licht durch das Jenseits und zeigte ihr dort alles. Irgendwann sah sie ein graues Zimmer voll niedergeschlagener, einsamer Seelen. Überall um sie herum schwebten Wesen aus Licht, die, wie man ihr erklärte, bereit waren zu helfen, aber nichts unternehmen konnten, solange sie nicht darum gebeten wurden, weil der freie Wille des Menschen unantastbar ist.

Gebet/Übung

Gedankt sei Dir, Göttlicher Geliebter, für das unvorstellbare Universum, das Du erschaffen hast, um uns in die Fülle Deines Geistes zu versetzen, auf daß wir wahre Helfer werden können – sich immer weiter ausdehnende »Grenzen« Göttlichen Bewußtseins. Ganz besonders dankbar bin ich für die Hilfe der Engel, die mir jederzeit zur Verfügung steht, und ich bitte darum, daß ich mir dieser Wesen aus Licht klarer bewußt werden und lernen möge, wie ich sie um Hilfe bitten kann.

Keimgedanke

Vier Erzengel sind jederzeit bereit, uns zu helfen. Darüber hinaus sind unsere persönlichen Energiefelder in den verschiedenen Jahreszeiten auf das Gewahren jeweils bestimmter Engel eingestimmt. Michael, der häufig in schneeweiße Gewänder gekleidet dargestellt wird, ist der Erzengel des Winters, der Wächter des Nördlichen Tores im Großen Medizinrad des Jahreskreislaufs.

Gebet/Übung

Gedankt sei Dir, Großer Geist, an diesem Mittwintermorgen für die Gabe des Lebens. Mögen die gefrorenen Seen des Nordens Spiegel für meine Seele sein, auf daß ich mich selbst klarer erkennen und alte Denkgewohnheiten aufgeben möge, die mich daran hindern, in bewußtem Kontakt mit Dir zu stehen. Ich rufe den Erzengel Michael an – den Engel der Weisheit und Liebe –, daß er mir den ganzen Tag zur Seite stehe und mir helfe, mir der Liebe bewußt zu werden, die meine wahre Natur ist.

Atme im Laufe des heutigen Tages zwei- bis dreimal tief durch und versetze dich mit achtsamer Bewußtheit in den gegenwärtigen Augenblick. Rufe den Erzengel Michael an, daß er dir helfe, der Schönheit der Welt gewahr zu werden.

18. Januar

Keimgedanke

Wir sind nie allein. Die Engel sind jederzeit gegenwärtig, um uns bei unserem Wachstum und Erwachen zu helfen. Als die Verkörperung der Liebe und Weisheit ist Michael immer dann ein besonders wertvoller Helfer, wenn du Einsicht in ein bestimmtes Problem brauchst oder wenn dein Herz sich verschlossen anfühlt und du ein wenig Unterstützung benötigst, um es wieder zu öffnen.

Gebet/Übung

Atme mehrmals loslassend durch, bis du spürst, daß dein Körper-Geist stiller und gesammelter wird. Richte dein Gewahren nach links – auf die Nordseite deines Körpertempels – und bitte darum, die liebende Gegenwart Michaels zu spüren. Habe Geduld, und gleichgültig, ob du dir dieser Gegenwart jetzt gewahr wirst oder erst in sechs Monaten, zweifle nicht daran, daß sie da ist.

Wann immer dir im Laufe des heutigen Tages bewußt wird, daß dein Herz verschlossen ist, bitte Michael darum, daß er dir helfe, es wieder zu öffnen.

Keimgedanke

Engelswesen sind stets um uns, bereit, uns dabei zu helfen aufzuwachen, auf daß wir in Gottes Geist wohnen und uns in das Gesamtbild von Gottes Willen einstimmen können – den Göttlichen Plan. Sie versuchen immer wieder, unsere Aufmerksamkeit zu erregen, indem sie den ganzen Tag über liebende Energie auf uns richten – als berührten sie uns gleichsam am Arm und sagten: »Sieh dir das an. Es ist wichtig. Paß auf!«

Gebet/Übung

Gedankt sei Dir, Großer Geist, dafür, daß Du meine physischen und geistigen Sinne zu einem klareren Bewußtsein Deiner Gegenwart und der Gegenwart Deiner helfenden Engel öffnest. Michael, ich bin bereit, mein Herz und meinen Geist der Hilfe der Wesen aus Licht zu öffnen. Hilf mir bitte, den ganzen Tag über für diese Botschaften offen zu sein.

Atme ein paarmal loslassend durch, und wenn du merkst, daß du allmählich einen Zustand entspannter gesammelter Stille erreichst, richte deine Aufmerksamkeit nach links, auf die Nordseite deines Körpertempels. Heiße Michaels Gegenwart willkommen und bitte um das, was du brauchst. Verbringe ein paar Minuten in stiller Meditation.

Keimgedanke

Wir können unsere spirituelle Übung dadurch vertiefen, daß wir eine persönlichere Beziehung zu Gott herstellen. Dies konfrontiert uns mit einer widersprüchlichen mystischen Aussage, daß Gott sowohl eine allgegenwärtige unpersönliche, geheimnisvolle Kraft ist als auch ein persönlicher, äußerst intimer Freund, Geliebter und Führer jeder einzelnen Seele.

Gebet/Übung

Vergegenwärtige dir deine Beziehung zu Gott. In welcher Form ist dir das heilige Mysterium bewußt? Ist dir Gott am besten als Vater und Mutter zugänglich? Oder als Buddha oder Allah, Maria oder Shiva, Tara oder Inanna, Großer Geist, Das Licht, das namenlose und ungeformte Eine, Shakti oder Ishvara, Rama oder das Nichts, Jesus oder Jahwe? Wie die Facetten eines Edelsteins ist jeder Aspekt des Göttlichen ein vollkommener Ausdruck des Ganzen. Zu welchem Aspekt fühlst du dich hingezogen?

Keimgedanke

Gott ist eines der »geladensten« Wörter in unserer Sprache. Es hat oft genug als Leinwand für die Projektion unserer Ängste, Unzulänglichkeiten und Intoleranz dienen müssen. Eine reife Spiritualität entsteht dann am ehesten, wenn überkommene Ansichten über Gott einer gewissenhaften Prüfung unterzogen und, falls sie sich als unzulänglich erweisen, über Bord geworfen werden. Jede Vorstellung von Gott, die nicht die Eigenschaften »Liebe«, »Barmherzigkeit«, »Vergebung«, »Toleranz« und »Fürsorglichkeit« beinhaltet, ist lediglich ein Spiegelbild des kleinen Geistes und seiner Ängste. Gott ist wie die vollkommene Mutter, der nichts so sehr am Herzen liegt wie unser Wachstum und unser Wohlergehen.

Gebet/Übung

Gedankt sei Dir, Großer Geist, für diesen neuen Tag und meine sich vertiefende Beziehung zu Dir. Hilf mir, jegliche geistige Begrenzung zu überwinden, die mich daran hindert, den ununterbrochenen Strom Deiner Liebe zu empfangen. Erzengel Michael, Geist der Liebe und der Weisheit, hilf mir bitte, eine persönlichere Beziehung zu Gott aufzubauen. Hilf mir, daß ich mich im Laufe des heutigen Tages immer wieder daran erinnern möge, innezuhalten, zu atmen und zu beten:

Komm zu mir, Göttlicher Geliebter.
Offenbare mir Deine Lieblichkeit.

Verweile für ein paar Minuten im Gebet der Sammlung, um dir deutlicher der Gegenwart Gottes bewußt zu werden.

Keimgedanke

Mein Geist nimmt die Gestalt jeglichen Gegenstands an, bei dem er verweilt. Und mein Körper paßt sich dieser Gußform an. Wenn mein Geist ängstlich und klammernd ist, ist mein Körper angespannt und erschöpft. Es fällt mir dann schwer, loszulassen und Gottes Liebe zu spüren. Alte geistige Angewohnheiten bemächtigen sich meiner, und ich fühle mich wieder ausgegrenzt und allein. Wenn ich es lerne, in der Göttlichen Gegenwart zu ruhen, wird mein Körper die Form eines vollkommenen Lächelns annehmen.

Gebet/Übung

Stell dir im Raum vor dir diejenige Form des Göttlichen vor, die dir am vertrautesten ist. Spüre, wie Ströme Göttlicher Liebe und Göttlichen Lichts über dich und durch deinen Körper hindurch herabrinnen und jegliche Erschöpfung, Angst oder Negativität mit sich fortspülen. Während alle Dunkelheit aus deinen Fußsohlen hinausfließt, stell dir vor, daß das Licht in deinem Herzen immer heller und heller erstrahlt, dich gänzlich ausfüllt und sich über die Grenzen deines Körpers hinaus ausdehnt, bis es dich wie ein Ei umgibt. Gestatte dem Ei aus Licht, das du selbst bist, mit dem Licht der Göttlichen Gegenwart zu verschmelzen und eins zu werden. Verweile für ein paar Minuten in dieser Gegenwart.

Umgib dich im Laufe des heutigen Tages zwei- bis dreimal mit dem Ei aus Licht, denke an deinen Göttlichen Geliebten und sprich: »Ich bin eins mit Dir.«

Keimgedanke

Alle Dinge, die wir als materiell ansehen, bestehen in Wirklichkeit zum größten Teil aus leerem Raum. Die Entfernung zwischen den einzelnen Atomen unseres Körpers entspricht, gemessen an ihrer Größe, der Entfernung zwischen der Erde und der Sonne. Wir sind weitestgehend leerer, von Energieströmen durchquerter Raum. Unser wirklicher Körper besteht aus Licht. Dieses Licht strahlt nach außen und beeinflußt alle uns umgebenden Dinge. Wir wiederum werden vom Licht der anderen beeinflußt.

Gebet / Übung

Stell dir deine liebste Form des Göttlichen vor, wie sie halb vor dir, halb über deinem Kopf schwebt. Spüre, wie das Licht des Göttlichen über dich herabstrahlt und durch dich hindurchströmt, dich dabei von jeglicher Negativität befreit und das Licht offenbart, das in deinem Herzen leuchtet. Spüre, wie sich dieses Licht ringsum über die Grenzen deines Körpers hinaus ausdehnt, mit dem Göttlichen Licht verschmilzt und dich mit einem kosmischen Ei der Geborgenheit umgibt. Erkläre, daß nur liebevolle Gedanken von deinem Ei aus Licht ausgehen oder von außen her in es eindringen können.

Wann immer du dich im Laufe des heutigen Tages einsam fühlst oder dich fürchtest, umgib dich mit dem Ei aus Licht und bitte den Erzengel Michael um Hilfe.

24. Januar

Keimgedanke

Da es nur einen Geist gibt und wir alle in Ihm vereint sind, beeinflussen uns die Gedanken anderer Menschen, ob wir uns ihrer bewußt werden oder auch nicht. Ebenso beeinflussen wir andere Menschen durch das, was wir über sie denken. Es ist wichtig, daß wir uns unserer Gedanken bewußt sind, damit wir negative Werturteile und Gehässigkeiten ausschließen und mehr Ermutigung und Liebe in unser Denken einfließen lassen können.

Gebet/Übung

Gedankt sei Dir, Göttlicher Geliebter, für diesen neuen Tag und dafür, daß mir die Macht des Geistes zunehmend bewußter wird. Hilf mir, meinen Geist liebevoll einzusetzen – bei meinen Gedanken über mich selbst wie bei den Gedanken, die ich anderen zusende.

Meditiere über den Göttlichen Geliebten und versetze dich in das Ei aus Licht. Bekräftige deine Absicht, all den Menschen, denen du heute begegnest oder an die du denkst, liebevolle und ermutigende Gedanken zuzusenden. Achte im Laufe des heutigen Tages auf dein Denken. Wenn negative Werturteile oder von Angst bestimmte Gedanken auftauchen, lasse sie weiterziehen. Wenn es dir nicht gelingen will, versetze dich in das Ei aus Licht und bitte den Erzengel Michael, dich zu läutern und dich von negativen alten Denkmustern zu befreien.

Keimgedanke

Alles im Universum hat sein eigenes Lied. Ein Chor von Fröschen. Der Wind in den Bäumen. Lieder regen die Seele dazu an, sich des Liebens zu erinnern. »Ave Maria« öffnet das Herz dem Mitgefühl. »Kyrie eleison« ruft Vergebung wach. »Schalom aleichem« fordert die ermüdete Seele auf auszuruhen. »Om« stellt die Harmonie und Einheit wieder her. Musik ist eine mächtige Verbindung mit unserem Ursprung.

Gebet/Übung

Denke an ein spirituelles oder »weltliches« Lied, das dich anregt, mit Ehrfurcht erfüllt oder dein Herz öffnet. Spiele es ab oder singe es, bis dein Körper-Geist mit Frieden, Liebe, Mitgefühl, Dankbarkeit oder Andacht darauf antwortet. Sitze still in den Gefühlen, die die Musik ausgelöst hat. Versetze dich zuletzt in das Ei aus Licht und bekräftige deine Absicht, all jenen, denen du im Laufe des heutigen Tages leibhaftig oder im Geiste begegnen wirst, liebevolle Gedanken entgegenzusenden. Spüre links von dir Michaels Gegenwart und bitte gegebenenfalls darum, daß er dir helfe, liebevoll zu sein.

26. Januar

Keimgedanke

Wenn liebevolle Gedanken Ausdrucksformen der schöpferischen Energie Gottes sind, so sind es negative Gedanken nicht minder. Es ist leicht, durch die Liebe die Einheit mit Gott zu erfahren. Aber wie schwierig ist es, das Göttliche im Zorn, in der Eifersucht oder in der Angst zu sehen! Doch Gott muß auch darin sein, denn es gibt nichts, wo Gottes Gegenwart nicht wäre. Wir können mit Hilfe der intensiven Energie schmerzhafter Gefühle unseren Wunsch, in der Gegenwart Gottes zu leben und uns in den Göttlichen Willen einzustimmen, mit leidenschaftlicher Kraft erfüllen.

Gebet/Übung

Gedankt sei Dir, Göttlicher Geist, für das Geschenk eines neuen Morgens, eines neuen Körpers und eines neuen Bewußtseins. Ich danke Dir dafür, daß Du mir hilfst, die in negativen Gefühlen eingeschlossene schöpferische Energie in Brennstoff für das Feuer meiner Liebe zu Dir zu verwandeln. Jedesmal, wenn ich im Laufe des heutigen Tages die Leidenschaft schmerzlicher Gefühle verspüre, kann ich den Erzengel Michael um Beistand bitten und Dir meinen Schmerz mit dem Gebet darbringen:

Göttlicher Geliebter, nimm das Feuer, das in meinem Herzen brennt, und verwandle es in das Feuer der Liebe zu Dir.

Atme dann einmal loslassend durch und schalte vom kleinen Geist auf das gegenwart-gerichtete Gewahren des Großen Geistes um.

Keimgedanke

Wir lernen es, Negativität umzuwandeln, indem wir erkennen, daß alle von Angst und Getrenntheit bestimmten Gedanken Aufschreie des Herzens sind, das sich danach sehnt, sich an seinen Göttlichen Geliebten zu erinnern. Jeder von Getrenntheit bestimmte Bewußtseinszustand - Schuldgefühle, Zorn, Traurigkeit oder Angst, Schuldzuweisungen, negative Werturteile oder Hoffnungslosigkeit - kann als Aufforderung umgedeutet werden, *innezuhalten* und uns an unser Einssein mit dem Göttlichen Ursprung zu erinnern.

Gebet/Übung

Gedankt sei Dir, Göttlicher Geliebter, für das Geschenk eines neuen Tages und für das Bewußtsein, daß jeder von Getrenntheit bestimmte Gedanke ein Aufruf meines Herzens ist, mich an Dich zu erinnern. Jedesmal, wenn ich mich außerhalb des Augenblicks, außerhalb des Flusses fühle, werde ich die Gegenwart Michaels, des Erzengels der Liebe und der Weisheit, anrufen und bekräftigen:

Ich bin eins mit dem Herzen der Liebe.

Atme dann einmal loslassend durch und finde das stille Zentrum in dir, von wo aus du dann deine Aufmerksamkeit auf alles ausdehnst, was dich umgibt, und dich in achtsamem Gewahren des gegenwärtigen Augenblick übst.

Keimgedanke

Wie sollen wir heimgelangen zu Dir und im Frieden und der Liebe des Göttlichen Geistes ruhen? In der Thora steht geschrieben, daß wir uns Deiner erinnern können, indem wir Deinen Namen an die Türpfosten unseres Hauses und auf unsere Tore schreiben oder indem wir an Dich denken, wenn wir unser Haus betreten und wenn wir es verlassen. Wie oft vergessen wir Dich, Göttlicher Geliebter!

Gebet/Übung

Gedankt sei Dir, Großer Geist, für den neuen Tag und dafür, daß Du mir hilfst, mich an Dich zu erinnern, wenn ich komme und gehe und meine Rolle spiele in dem Stück, das Du inszenierst, auf daß meine Seele möge wachsen können. Mögen Michael und die himmlischen Heerscharen mich heute daran erinnern, immer wieder zu üben, in Deiner Gegenwart zu sein, indem ich meines jeden Kommens und Gehens gewahr bleibe und jedesmal bekräftige:

Dank sei Dir, Gott, daß ich gut angekommen (oder weggekommen) bin. Ich erfülle Dein Anliegen.

Keimgedanke

Die elfjährige autistische Tochter eines mit uns befreundeten Ehepaares sagte ihren Eltern einmal, die erste Lektion in spirituellem Wachstum sei, sich stündlich an Gott zu erinnern. Ein paar Tage später sagte sie ihnen, jetzt seien sie bereit für die zweite Lektion: Erinnere dich in jeder Minute an Gott.

Gebet/Übung

Gedankt sei Dir, Göttlicher Geliebter, für diesen neuen Morgen und für die spirituelle Sehnsucht, die Dir mein Herz noch weiter öffnet. Hilf mir, mich heute bei jedem Kommen und Gehen und jedesmal, wenn ich ... *(wähle eine geeignete Tätigkeit, wie zum Beispiel auf die Uhr sehen)*, Deiner zu erinnern. Michael, großer Engel der Weisheit und Liebe, hilf mir bitte, mich an den liebenden Ursprung zu erinnern, in dem ich lebe und mich rege und mein Sein habe.

30. Januar

Keimgedanke

Ein strahlender Engel bewacht die Pforte der Nacht und ein anderer die Pforte des Morgens. Vor dem Einschlafen kannst du den Engel der Nacht anrufen, daß er dir helfen möge, auf den vergangenen Tag zurückzublicken und dabei für die gewonnenen Einsichten und die Dinge zu danken, die du aus deinen Fehlern gelernt hast. Sobald du aufgewacht bist, kannst du den Engel des Tages anrufen, daß er dir helfen möge, dich daran zu erinnern, daß alles, was du tust, und jeder Gedanke, den du denkst, ein Dienst an deinen Nächsten ist und die Liebe Gottes spiegelt und ausdehnt.

Gebet/Übung

Denke heute morgen an den bevorstehenden Tag und überlege dir, welche Gelegenheiten sich für dich ergeben werden, dich im Kleinen wie im Großen nützlich zu machen – zu dienen. Mache dir bewußt, was du bereits durch ein Lächeln, durch ein bißchen mehr Aufmerksamkeit oder ein freundliches Wort bewirken kannst. Rufe die Engel an, daß sie dir helfen mögen, dich in jedem Augenblick des Tages an Gott zu erinnern, denn dies ist die stärkste Motivation, liebevoll zu dienen, die es überhaupt nur geben kann. Verbringe ein paar Minuten im Gebet der Sammlung.

Keimgedanke

Shakespeare schrieb: »Täusch eine Tugend vor, so sie dir fehlt.« Die meisten von uns sind noch in den kleinlichen, selbstbezüglichen Sorgen ihres falschen Ichs befangen. Nichtsdestoweniger verspüren wir die uralte Sehnsucht unserer Seele, das Ich zu überwinden und zur Vereinigung mit dem Göttlichen zu gelangen. Es spielt keine Rolle, ob unsere Motivation zur Einswerdung mit dem Göttlichen nachläßt und selbstsüchtige Gedanken die Oberhand gewinnen. Wenn wir die Sehnsucht nach Gott und den innigen Wunsch, unserem Nächsten zu dienen, *unaufhörlich vortäuschen*, werden diese Tugenden früher oder später Wirklichkeit werden. Oder wie mein Mann es formuliert: »Schwindel dich durch Schein zum Sein durch!«

Gebet/Übung

Gedankt sei Dir, Göttlicher Geliebter, für das Licht des Morgens und diesen weiteren Tag, an dem ich lernen, lieben und wachsen kann. Gleichgültig, ob ich mir des Feuers der Liebe in meinem Herzen bewußt bin oder ob meine Seele sich kalt und leblos anfühlt, gib, daß ich weiter übe, Dich zu lieben und meinem Nächsten zu dienen. Ich rufe Michael und die himmlischen Heerscharen an, daß sie mir helfen mögen, diese Ideale zu verinnerlichen, auf daß sie mir so vertraut werden mögen wie die Luft, die ich atme.

Verweile für ein paar Minuten im Ei aus Licht oder im Gebet der Sammlung, um dein Bewußtsein von der Göttlichen Gegenwart zu vertiefen. Rufe im Laufe des Tages immer wieder Michael an, daß er dir helfe, gleich ihm »wie Gott« zu werden – denn dies bedeutet Michael auf hebräisch.

Februar

Wohlwollende Güte

Die Aufgaben und Übungen des Februars betreffen
den Weg des Herzens.
Jesus und die Linie von Rabbis, der er entstammte,
faßten das Wesen des spirituellen Lebens
mit anmutiger Schlichtheit zusammen:
»Du sollst lieben Gott, deinen Herrn, von ganzem Herzen,
von ganzer Seele und von ganzem Gemüte,
und du sollst deinen Nächsten lieben wie dich selbst.«
Ein wundervoller Gedanke, der sich leichter aussprechen
als in die Tat umsetzen läßt.
In diesem Monat werden wir dessen praktische Umsetzung üben.
Durch uralte Meditationsmethoden, darunter
die buddhistische Praxis der *metta* oder wohlwollenden Güte,
durch Gewahrsein und Eingeständnis unserer Projektionen,
durch die Hilfe der Engelswelt
und durch unsere Absicht, zu lieben und zu dienen,
werden wir uns erinnern, wie wir unser Herz öffnen
und das Gift des Selbsthasses loslassen können,
das unsere Seele versklavt hält.
Auf diese Weise werden wir unseren Platz im großen Gewebe des
Lebens wiederfinden,
auf daß wir die Erde und all ihre Kinder
mit der größten Ehrfurcht und Liebe behandeln können.
Februar ist die ideale Zeit für das Erblühen des Mitgefühls.
Lausche den Stimmen der Uralten, die
das Schweigen des Winters durchdringen:

Die Samen beginnen sich zu regen
in Erdmutters finsterem Schoß.
Die Tage werden länger, und Bruder Bär
streckt sich in seiner Höhle.
Da unsre Herzen sich ebenfalls regen
und aufgehen in Liebe und Weisheit,
helfen uns der Erzengel Michael
und die Energien des Nordens
bei der Übung der wohlwollenden Güte
und der Geburt
des Mitgefühls.

Keimgedanke

In der winterlichen Dunkelheit des Februars beginnt neues Wachstum sich unter der gefrorenen Erde zu regen. Ebenso wie Pflanzen in der Dunkelheit unbemerkt sprießen, wächst auch unsere Seele immer weiter, auch wenn wir vielleicht außerstande sind, tägliche Fortschritte festzustellen. Eines Tages werden wir aufwachen, und unsere Blätter werden sich aus der Dunkelheit erheben und den Himmel berühren.

Gebet/Übung

Gedankt sei Dir, Göttlicher Geliebter, für den Beginn eines neuen Monats, eines neuen Tages und eines neuen Morgens. Jeden Tag wache ich als ein neuer Mensch auf, anders als am Tag davor, doch oft genug vermag ich nicht, die Veränderungen wahrzunehmen. Ich rufe Michael an und die Legionen der Liebe, daß sie mir helfen mögen, mich richtig wahrzunehmen – als ein Wesen, das wächst und blüht zur ihm gemäßen Jahreszeit.

Verweile für ein paar Minuten im Gebet der Sammlung und mache dir dann bewußt, daß du dich auf genau die richtige Weise entfaltest.

Wenn sich im Laufe des heutigen Tages Selbstzweifel und Selbstkritik einstellen, atme einmal loslassend durch und rufe Michael an, daß er dir helfe, die Richtigkeit deines Wachstums und deines Seins zu erkennen.

2. Februar: Imbolc oder Mariä Lichtmeß

Keimgedanke

Heute ist ein Übergangstag, auf halbem Weg zwischen Wintersonnenwende und Frühlingsäquinoktium. Die Kraft der Sonne macht sich zunehmend bemerkbarer, und die Tage werden allmählich länger. Im Boden kämpfen die Samen darum, ihre Hülle zu sprengen, und ebenso schwillt in deinem Herzen der Gottessame und treibt seinen Keim in Richtung Licht.

Gebet/Übung

Atme einmal tief durch und entlasse dich in die innere Stille. Stell dir vor, du seist ein Samen, der geborgen in Mutter Erdes Schoß schlummert. Spüre, wie sich das Leben in deinem Herzen regt und die Schutzhülle des Herzens sanft aufgeht. Du stehst am Anfang eines neuen Wachstumszyklus. Danke Michael, der allezeit an der Nordseite deines Körpertempels gegenwärtig ist, und dem Göttlichen Geliebten.

Keimgedanke

Die Bilder, die wir in unserem Geist hervorbringen, erschaffen die Wirklichkeit, in der wir leben. Wenn wir uns als hartherzig, starr und unnachsichtig ansehen, dann krampft sich der kleine Geist wie eine Faust um dieses Bild. Wenn wir uns als liebevoll, mitfühlend und »herzoffen« ansehen, dann laden wir den Großen Geist Gottes ein, diese hohle Form auszufüllen. Das alte Sprichwort »Nächstenliebe beginnt zu Haus« bedeutet, daß wir ein liebevolles, wachsendes Bild unserer selbst haben sollten.

Gebet/Übung

Gedankt sei Dir, Göttlicher Geliebter, für diesen neuen Morgen und das neue Wachstum, das sich auf der Erde und in meinem Inneren ereignet. Hilf mir bitte, mir selbst mein Herz zu öffnen, auf daß der Gottessame in meinem Inneren zu Deinem würdigen Sproß möge wachsen können.

Stell dir den Göttlichen vor, wie er im Raum halb vor dir, halb über deinem Kopf schwebt. Spüre, wie Ströme fürsorglicher Liebe in Form von Licht über dich und durch dich hindurch herabstürzen. Lasse das Licht Gottes jegliche Dunkelheit fortspülen, die dein Herz umgibt, so daß das Licht in deinem Herzen – der Gottessame – in gleißender Helligkeit erstrahlen kann. Danke dem Göttlichen Bewußtsein dafür, daß es in dir wohnt, und gelobe, diesen Gottessamen mit Güte und Liebe zu nähren.

Wenn im Laufe des heutigen Tages negative, selbstkritische Gedanken auftauchen, spüre, wie das Licht des Göttlichen über dich und durch dich hindurchströmt und den strahlenden Gottessamen in deinem Herzen benetzt.

4. Februar

Keimgedanke

»Herzoffenheit« ist sowohl ein körperliches Gefühl als auch eine innere Einstellung. Da der Körper-Geist ein Ganzes ist, passen sich unsere Gedanken automatisch dieser physischen Realität an, wann immer wir die körperliche Empfindung der Herzoffenheit in uns erzeugen.

Gebet/Übung

Großer Geist der Liebe und der Weisheit, ich danke Dir an diesem Morgen für einen neuen Beginn meiner Herzöffnung, die mir ermöglichen soll, Deine Barmherzigkeit, Deine schöpferische Kraft und Deinen Segen in all meinen Beziehungen wahrhaft zum Ausdruck zu bringen.

Schließe die Augen, atme ein paarmal loslassend durch und versetze dich in den Ort der inneren Stille. Rufe jetzt aus deinem »Speicher für besondere Erinnerungen« eine Situation ab, in der sich dein Herz öffnete – ob der Schönheit einer Blume oder eines Musikstücks, der Geburt eines Kindes oder einem Augenblick der Liebe oder Vergebung ... Spanne all deine Sinne in die Erinnerung ein: Vergegenwärtige dir die Farben und Formen ... die Klänge und Geräusche ... die Düfte und Gerüche ... die Bewegungen deines Körpers und die körperlich-seelische Empfindung deines sich auftuenden Herzens. Meditiere für ein paar Minuten über das Gefühl der Herzoffenheit.

Wann immer sich dein Herz im Laufe des heutigen Tages verschlossen anfühlt, rufe dir die Erinnerung ins Gedächtnis zurück – oder auch einfach nur das Gefühl deines aufgehenden Herzens.

Keimgedanke

Es ist völlig natürlich, daß das Herz sich im Laufe des Tages viele Male rhythmisch öffnet und schließt, wie der Kelch einer Blüte. Es wird uns immer dann am deutlichsten bewußt, daß unser Herz sich öffnet, wenn es davor völlig verschlossen gewesen war. Dieses Sichöffnen ist wie ein Gnadengeschenk, ein Moment erhöhten Gewahrseins, da wir uns aus dem kleinen Geist aufschwingen und in den grenzenlosen Himmel des Großen Geistes Gottes emporsteigen.

Gebet/Übung

Nimm dir für heute vor, bewußt darauf zu achten, ob dein Herz sich offen oder geschlossen anfühlt. Richte in regelmäßigen Abständen (beispielsweise jedesmal, bevor du irgend etwas ißt oder trinkst) deine Aufmerksamkeit darauf, ob dein Herz offen ist. Wenn es sich geschlossen anfühlt, rufe den Erzengel Michael an, daß er dir helfe, es zu öffnen. Halte dann inne, atme ein paarmal tief durch und rufe dir eine Situation ins Gedächtnis zurück, in der es offen war – so wie wir es in der gestrigen Übung getan haben. Es ist wichtig, nicht an den Ergebnissen zu hängen: Manchmal wird sich dein Herz offen anfühlen, manchmal auch nicht. Worauf es ankommt, ist die bewußte Aufmerksamkeit, die du in diese Übung einbringst.

Keimgedanke

Es ist oft leichter, unser Herz der Natur, Tieren, Kindern oder anderen Menschen zu öffnen als uns selbst. Praktisch vom Augenblick unserer Geburt an werden die meisten von uns von Eltern, Lehrern, Altersgenossen, Kirche, Werbung und den Medien mit Botschaften bombardiert, die uns vorschreiben, wie wir auszusehen, uns zu verhalten und zu fühlen haben, um den gängigen Idealen zu entsprechen. Unser Herz verhärtet sich immer mehr gegen uns, und wir treten in einen Teufelskreis von negativer Selbstbeurteilung und Projektion dieser Werturteile auf andere.

Gebet/Übung

Göttlicher Geliebter, ich trete vor Dein Angesicht voller Dankbarkeit und demütigen Herzens. Ich habe noch so viel zu lernen über Liebe und Barmherzigkeit! Möge ich heute mit der Hilfe Michaels und seiner Engel der Bewußtheit der negativen Beurteilungen gewahr werden, die ich über mich selbst abgebe und die den Gottessamen in mir am Keimen hindern. Ich bitte Dich aufrichtig um Verzeihung dafür, daß ich dem Gift des Selbsthasses fröne, der uns voneinander getrennt hält.

Verbringe ein paar Minuten im Ei aus Licht. Gestatte dem Licht des Göttlichen Geliebten, dich so zu umhüllen, wie eine Mutter ihr neugeborenes Kind in den Armen hält.

Keimgedanke

Die geistige Angewohnheit des Selbsthasses abzuschaffen ist eine wichtige Voraussetzung des spirituellen Wachstums. Swami Vivekananda, durch dessen 1893 vor dem ersten »Weltparlament der Religionen« gehaltenen Vortrag der Vedanta im Westen bekannt wurde, sagte: »Unsere vornehmste Pflicht ist, uns selbst nicht zu hassen.«

Gebet/Übung

Nimm dir für heute fest vor, dir all deiner selbstverurteilenden und von Selbsthaß bestimmten Gedanken und Vorstellungen bewußt zu werden. Selbsterkenntnis ist der erste Schritt zur Änderung. Wann immer du dich bei Selbstbeschimpfungen ertappst, bete sofort:

Lieber Gott, es tut mir schrecklich leid, daß ich mich von Dir abgewandt habe. Bitte mach, daß die Strahlen Deines Göttlichen Lichts den Schmerz und die Unwissenheit hinwegspülen, die mich vom Licht meines eigenen Herzens getrennt halten, dem verborgenen Gottessamen.

8. Februar

Keimgedanke

Unser Geist ist wie ein Feld, auf dem viele Samen keimen. Manche dieser Samen werden vom Wind hereingeweht. Andere werden absichtlich in den Boden gesteckt. Wir müssen unseren geistigen Garten gewissenhaft bestellen – alle Keime des Selbsthasses sorgfältig ausreißen und die Samen der Selbstliebe hegen und nähren.

Gebet/Übung

Großer Geist, heute morgen betrete ich den Garten Deines Göttlichen Gewahrens mit einem klareren Bewußtsein meiner Verpflichtung, mich selbst zu lieben, auf daß ich wahrhaft imstande sein möge, andere zu lieben. Ich brauche deine Hilfe und die Hilfe Michaels und der Engel des Gewahrseins der Gegenwart der Liebe, um die Samen der Selbstliebe zu pflanzen und zu hegen, die zu mitfühlendem Handeln zum Wohle aller Geschöpfe erblühen sollen.

Verweile für ein paar Minuten im Ei aus Licht und tauche ein in Gottes Liebe und in die Liebe, die mit jedem neuen Tag stärker aus deinem Herzen strömt, je mehr die geistigen Angewohnheiten der Unwissenheit dahinschmelzen und das Licht deiner wahren Natur hervorleuchten lassen.

Keimgedanke

Wenn wir selbsterniedrigende Gedanken denken, sind wir im Ich, im kleinen Geist, gefangen. Auf die Dauer offenbart der kleine Geist die Neigung, unserer Selbstkritik mit Selbstkritik zu begegnen: »Geht das schon wieder los, daß ich mich selbst schlecht mache! Ich bin wirklich ein hoffnungsloser Fall.« Dieser Teufelskreis kann durchbrochen werden, indem wir uns bewußtmachen, daß jeder selbstverurteilende Gedanke in Wirklichkeit ein Hilferuf der Seele nach Liebe ist.

Gebet/Übung

Atme ein paarmal loslassend durch und versenke dich in die innere Stille. Rufe dir eine herzöffnende Erinnerung ins Gedächtnis zurück und bringe alle deine Sinne darin ein. Danke Gott dafür, daß du dich der Göttlichen Gegenwart in dir und außerhalb von dir von Tag zu Tag häufiger und deutlicher erinnerst.

Jedesmal, wenn du dich im Laufe des heutigen Tages bei einem selbstkritischen Gedanken ertappst, beteure:

Oh, meine Seele, ich höre deinen Schrei nach Liebe. Es tut mir leid, daß ich dich vergessen und dein Gewahrsein der Gegenwart Gottes verfinstert hatte!

Keimgedanke

Wenn die alten jüdischen Rabbis gefragt wurden, worin der spirituelle Pfad bestehe, antworteten sie: »Du sollst lieben Gott, deinen Herrn, von ganzem Herzen, von ganzer Seele und von ganzem Gemüte, und du sollst deinen Nächsten lieben wie dich selbst.« Jesus war einer der größten Rabbis aller Zeiten. Als er gefragt wurde, was die wichtigste seiner Lehren sei, antwortete er: »Du sollst lieben Gott, deinen Herrn, von ganzem Herzen, von ganzer Seele und von ganzem Gemüte, und du sollst deinen Nächsten lieben wie dich selbst.«

Gebet/Übung

Göttlicher Geliebter, ich trete heute morgen erneuert vor Dein Angesicht, geläutert durch Deine süße Gegenwart. Lehre mich, gemäß der Weisheit der Rabbis zu leben, der Lehrer, der Großen, wie Jesus, die ihr Einssein mit Dir erfahren und sich dadurch als Deine Söhne und Töchter erwiesen haben, daß sie das Mysterium der Liebe lebten.

Atme ein paarmal loslassend durch und richte deine Aufmerksamkeit nach links, auf das Nördliche Tor des Energiefeldes, das deinen Körper umgibt. Bitte Michael darum, daß er dir helfe, die Bedeutung der Worte Jesu und seiner Vorgänger wahrhaft zu verstehen. Überlege dir, was es bedeuten würde, Gott, deinen Herrn, von ganzem Herzen, von ganzer Seele und von ganzem Gemüte zu lieben und deinen Nächsten zu lieben wie dich selbst. Setze im Laufe des heutigen Tages deine Erkenntnisse in die Tat um.

Keimgedanke

Der Buddha, das heißt »der Erwachte«, hinterließ uns ein System von spirituellen Methoden, die die Erfüllung des jüdisch-christlichen Gebots »Du sollst lieben Gott, deinen Herrn, von ganzem Herzen, von ganzer Seele und von ganzem Gemüte, und du sollst deinen Nächsten lieben wie dich selbst« darstellen. Eine von ihnen heißt *metta* oder »Meditation der wohlwollenden Güte«.

Gebet/Übung

Atme als erstes ein paarmal loslassend durch und betrete dann das innere Heiligtum der Stille. Stell dir das Licht und die Liebe des Göttlichen Geliebten vor, wie sie sich über dich ergießen und läuternd durch dich hindurchströmen, die Reinheit deines Herzens offenbaren, über die Grenzen deines Körpers hinausstrahlen und mit dem Göttlichen Licht verschmelzen. Sieh dich vollkommen vom Ei aus Licht umschlossen und wiederhole dann für dich selbst die folgenden Segenssprüche:

Möge ich Frieden erlangen. Möge mein Herz offen bleiben. Möge ich des Lichts meiner wahren Natur gewahr werden. Möge ich geheilt werden. Möge ich für alle Geschöpfe eine Quelle der Heilung sein.

Wiederhole diese Segenswünsche, wann immer du dich im Laufe des Tages einsam, verzagt oder vom inneren Licht getrennt fühlst.

Keimgedanke

Wir können andere nur so sehr lieben, wie wir uns selbst unser Herz geöffnet haben. Es ist kein Zeichen von Egoismus, als erstes sich selbst zu segnen, denn wenn unser Herz verschlossen bleibt, haben wir nichts, was wir geben könnten. Das selbstloseste Gebet ist die Bitte zu erwachen, so daß wir anderen dienen und dazu beitragen können, das Leiden zu lindern, das von der Unwissenheit um unser Einssein mit dem Großen Geist Gottes herrührt.

Gebet/Übung

Der zweite Schritt der Metta-Meditation besteht darin, geliebte Menschen in unsere Segenswünsche einzuschließen. Wiederhole die gestrige Übung, und nachdem du dich selbst gesegnet hast, vergegenwärtige dir einen geliebten Menschen. Sieh ihn so deutlich wie möglich, und stell dir dann vor, wie das Licht Gottes auf ihn herabscheint, ihn durchströmt und das Licht – den Gottessamen – in seinem Inneren ungehindert hervorstrahlen läßt. Sieh, wie dieses Licht immer heller und heller wird, mit dem Licht Gottes verschmilzt und den geliebten Menschen mit einem Ei aus Licht umgibt. Dann segne ihn:

Mögest du Frieden erlangen. Möge dein Herz offen bleiben. Mögest du des Lichts deiner wahren Natur gewahr werden. Mögest du geheilt werden. Mögest du für alle Geschöpfe eine Quelle der Heilung sein.

Wiederhole dies für so viele Menschen, wie du möchtest. Wenn sich im Laufe des heutigen Tages sorgenvolle Gedanken im Zusammenhang mit geliebten Menschen einstellen, nimm dir eine Minute Zeit, um ihnen statt Sorgen und Befürchtungen den Segen wohlwollender Güte zu schicken.

Keimgedanke

Der »Nächste«, den wir wie uns selbst lieben sollen, ist nicht derjenige, der uns am *nächsten* steht, sondern unser *Mit*mensch, also *jeder* Mensch. Unseren Nächsten zu lieben bedeutet, allen Menschen die Erleuchtung zu wünschen, einschließlich derjenigen, von denen wir vielleicht nicht allzuviel halten oder die wir gar als unsere Feinde betrachten.

Gebet / Übung

Der dritte Schritt der Metta-Meditation besteht darin, unsere Segenswünsche auch auf jene Menschen auszudehnen, die wir nur mit einigem – oder sehr viel – guten Willen lieben können. Fange besser mit solchen an, bei denen es dich nur ein wenig Überwindung kostet, sie zu lieben, anstatt direkt mit deinem Erzfeind. Lieber nichts überstürzen!

Versetze dich in das Ei aus Licht und wiederhole die Segenswünsche, die du am 11. Februar gelernt hast. Hole einen oder mehrere geliebte Menschen in das Ei aus Licht herein und wiederhole für sie die Segenswünsche, die du gestern gelernt hast. Hole jetzt jemanden zu dir ins Licht, mit dem du gewisse Schwierigkeiten hast, und sieh, wie das Licht all seine Negativität und Selbsttäuschung hinwegspült – ebenso, wie es das für dich getan hat. Segne dann diese Person:

Mögest du Frieden erlangen. Möge dein Herz offen bleiben. Mögest du des Lichts deiner wahren Natur gewahr werden. Mögest du geheilt werden. Mögest du für alle Geschöpfe eine Quelle der Heilung sein.

Sobald du merkst, daß sich negative Gedanken über andere Menschen in deinen Geist einschleichen, halte inne, segne dich selbst und schicke die Segenswünsche dann auch diesen Menschen.

Keimgedanke

Überall auf der Welt gibt es Menschen, die Liebe brauchen. Anstatt sie lediglich tatenlos zu bemitleiden, können wir ihnen auf zwei Ebenen helfen. Auf der äußeren Ebene können wir sozial und politisch tätig werden, Geld spenden, um Leiden zu lindern, und unsere Kinder Toleranz und Achtung vor allen Menschen lehren. Auf der inneren Ebene können wir unsere Metta-Meditation auf ganze Viertel, Städte, Länder, auf alle Menschen, die an AIDS oder Krebs leiden, oder auf jede andere Gruppe ausdehnen, deren Schicksal uns berührt.

Gebet/Übung

Versetze dich in das Ei aus Licht und übe Metta für dich selbst, für deine Freunde und Verwandten und schließlich für die »kleinen Tyrannen« in deinem Leben. Denke jetzt an eine Gruppe oder einen Kreis von Menschen, deren Schicksal dich wirklich tief berührt, und wiederhole die Segenswünsche jetzt auch für sie:

Möget ihr Frieden erlangen. Möge euer Herz offen bleiben. Möget ihr des Lichts eurer wahren Natur gewahr werden. Möget ihr geheilt werden. Möget ihr für alle Geschöpfe eine Quelle der Heilung sein.

Einen frohen Valentinstag! Du hast jetzt mehrere Methoden kennengelernt, um dein Herz zu öffnen. Denke daran, sie heute anzuwenden!

Keimgedanke

Unser kostbarer Planet macht gegenwärtig eine Zeit des Übergangs durch, eine dunkle Nacht unserer kollektiven Seele, in der alte Strukturen mehr und mehr zerfallen und neue Strukturen erst noch entstehen müssen. Diese Zeit des Übergangs kann sehr gefährlich sein – nämlich dann, wenn sich das Welt-Bewußtsein von der Angst übermannen läßt. Sie kann aber auch eine einzigartige Gelegenheit darstellen, wenn die Gedankenform der Liebe die Oberhand gewinnt. Die Ausübung von Metta für die ganze Welt kann dazu beitragen, daß ein mitfühlenderes und barmherzigeres Bewußtsein auf Erden entsteht.

Gebet/Übung

Versetze dich in das Ei aus Licht und wiederhole die Segenswünsche, die du am 11. Februar gelernt hast, für dich selbst, gefolgt von so vielen weiteren Schritten der Metta-Meditation, wie du möchtest. Stell dir dann unseren wunderschönen Planeten in Licht gehüllt vor – die grünen Kontinente, die blauen Ozeane, die weißen Polarkappen, die Zweibeiner und die Vierbeiner, die Fische im Wasser und die Vögel in der Luft. Segne sie alle:

Möge Frieden auf Erden sein. Mögen die Herzen aller Menschen für sie selbst und füreinander offen sein. Mögen alle des Lichts ihrer wahren Natur gewahr werden. Möge die ganze Schöpfung gesegnet und selbst ein Segen sein für Alles Seiende.

16. Februar: Der Tag von Buddhas Erwachen

Keimgedanke

Mit dem Bild »In meines Vaters Hause sind viele Wohnungen« spielte Jesus auf die unterschiedlichen Ebenen des Daseins an, in denen unsere Seele nacheinander »wohnt« und in denen sie die Liebe und Weisheit erwirbt, die sie benötigt, um sich mit dem Großen Geist zu vereinigen, so daß wir uns nach dem Willen Gottes ausrichten und zu vollkommen erwachten Mitschöpfern werden können. Der letzte Schritt der Metta-Meditation besteht darin, unsere Segenswünsche auf alle Wesen sämtlicher »Welten« oder Existenzebenen auszudehnen. Er kann auch am Ende jeder längeren Periode des Betens, Lernens oder Meditierens dazu verwendet werden, um die spirituellen Früchte unserer Übung der Erleuchtung aller Wesen zu widmen.

Gebet/Übung

Die folgende Widmung ist eine Abwandlung der traditionellen buddhistischen Praxis, wie sie der tibetische Lama Sogyal Rinpoche lehrt:

Führe zuerst beliebig viele Schritte der Metta-Meditation durch. Denke daran, daß die ersten Segenswünsche grundsätzlich dir selbst gelten müssen. Wenn du fertig bist, füge noch hinzu:

Durch die Macht und die Wahrheit dieser Übung:
Mögen alle Wesen Glück erfahren
und die Ursachen des Glücks;
mögen alle Wesen frei sein von Leid
und den Ursachen von Leid;
mögen alle in Gleichmut leben,
ohne allzuviel Anhaften und allzuviel Abneigung,
und mögen sie leben im Wissen
um die Gleichheit von allem, was lebt.

Keimgedanke

Indem wir üben, uns selbst wohlwollende Güte entgegenzubringen, fangen wir auch an, anderen gegenüber gütig zu denken und zu handeln. Die Einübung der wohlwollenden Güte erfolgt in zwei Phasen:

- Durch die Metta-Meditation setzen und pflegen wir die Samen des Mitgefühls.
- Indem wir unsere negativen oder begrenzenden Projektionen eingestehen und zurücknehmen, befreien wir unseren geistigen Garten vom Unkraut unfreundlicher Gedanken. Das Negative, das wir in anderen wahrnehmen, erschließt uns die Eigenschaften, die wir in uns selbst nicht wahrhaben wollen.

Gebet/Übung

Göttlicher Geliebter, ich erwache voll tiefer Dankbarkeit dafür, daß Du uns alles gelehrt hast, was wir zu wissen brauchen, um unser Herz zu öffnen und der Falle des kleinen Ichs zu entrinnen. Hilf mir bitte, mir der negativen Beurteilungen, die ich in Gedanken über andere abgebe, heute klarer bewußt zu werden, auf daß ich größere Einsicht in die Weise gewinnen möge, wie ich mich insgeheim selbst beurteile.

Versetze dich in das Ei aus Licht und führe so viele Schritte der Metta-Meditation durch, wie du möchtest. Vergiß nicht, die spirituellen Früchte deiner Übung der Erleuchtung aller Wesen zu widmen – so, wie wir es am 16. Februar gelernt haben. Achte den ganzen Tag über darauf, welcher Art die Urteile sind, die du über andere fällst. Beurteilst du Menschen nach ihrem Äußeren, nach ihren Motiven, ihrer Intelligenz? Unter welche Kategorien fallen deine Werturteile?

Keimgedanke

Ram Dass lehrt eine hervorragende Methode, wie wir unsere Projektionen zurücknehmen und uns der Werturteile, die uns voneinander, von uns selbst und von Gott trennen, klarer bewußt werden können. Seine Anleitung ist ganz einfach. Jedesmal, wenn du dich dabei ertappst, daß du ein Urteil über jemand anders abgibst, gestehe dir deine Projektion ein und nimm sie zurück, indem du sagst: »Und dasselbe trifft auf mich zu.«

Gebet/Übung

Mache dir bewußt, welche Urteile du im Laufe des gestrigen Tages über andere Menschen gefällt hast. Gingen sie alle mehr oder weniger in die gleiche Richtung, oder waren sie recht unterschiedlich? Falls du die gestrige Übung übersprungen hast, denke jetzt darüber nach, welcher Art deine häufigsten Urteile über andere Leute sind. Befolge Ram Dass' Empfehlung, indem du diese Urteile in Beziehung zu dir selbst setzt und erklärst: »Und dasselbe trifft auf mich zu.« Wann immer du dich heute dabei ertappst, daß du jemanden negativ beurteilst, ziehe deine Projektion sofort zurück – »Und dasselbe trifft auf mich zu.«

Keimgedanke

Der große österreichische Atomphysiker Erwin Schrödinger sagte, wenn es möglich wäre, alle geistigen Einheiten im Universum zu zählen, wäre die Gesamtsumme eins. Analog dazu bemerkte Albert Einstein: »Der Glaube, wir seien voneinander getrennt, beruht auf einer optischen Täuschung unseres Bewußtseins.« Ziehe jetzt einmal die Möglichkeit in Betracht, daß jeder Mensch, den du siehst, wie eine Person in einem Traum ist. Alle um dich herum sind lediglich deine Projektionen. Oder besser gesagt: Wir alle sind Personen im Traum des Einen Großen Träumenden.

Gebet/Übung

Großer Geist, Du bist wahrhaftig der Eine, der den trügerischen Eindruck erweckt, sich in die Vielen zerteilt zu haben, auf daß Du Dich Selbst erkennen und durch uns Du Selbst werden mögest. Hilf mir, mein Einssein mit Dir und allen anderen Wesen zu erfahren, indem ich erkenne, daß jeder, den ich sehe, ein Spiegel irgendeines Teils von mir ist. Lasse mich von meinen Freunden lernen, und lasse mich insbesondere von meinen Feinden lernen und von denen, über die ich mir ein Urteil anmaße.

Übe Metta und konzentriere dich dabei auf diejenigen Menschen, die du in den letzten paar Tagen in irgendeiner Weise negativ beurteilt hast.

Keimgedanke

Die Praxis der wohlwollenden Güte schließt die gesamte Schöpfung ein. Als der Häuptling Seattle im Jahre 1855 das im heutigen US-Bundesstaat Washington gelegene Land seines Volkes an die Weißen abtreten mußte, richtete er die leidenschaftliche Bitte an die Amerikaner, dieses Land gut zu behandeln und die Heiligkeit des Lebens zu respektieren, denn »alles ist verbunden. Was die Erde befällt, befällt auch die Söhne der Erde. Der Mensch schuf nicht das Gewebe des Lebens, er ist darin nur eine Faser. Was immer Ihr dem Gewebe antut, das tut Ihr Euch selber an.«

Gebet/Übung

Großer Geist, möge ein klareres Bewußtsein des heiligen Gewebes des Lebens in meinem Herzen heraufdämmern. Möge ich in Schönheit und Harmonie wandeln, Mutter Erde und all ihre Kinder hochachten und diesen schönen Planeten als ein kostbares Vermächtnis für kommende Generationen bewahren.

Versetze dich in das Ei aus Licht und übe Metta für die Bäume, für die Tiere, für die Flüsse, für die Meere.

Keimgedanke

Ein Mann, der nach einem Herzinfarkt eine Nahtoderfahrung gehabt hatte, kehrte in seinen Körper zurück, und das erste, was er in seinem Krankenhauszimmer sah, war eine Rose. Er erlebte die Wahrnehmung so, als sähe er zum allerersten Mal eine Rose – er erkannte, daß er aufs innigste mit dieser Blume verbunden war. Wenn er jetzt durch den Wald geht, fühlt er sich eins mit den Bäumen. Er hat seine Teilhabe am Gewebe des Lebens unmittelbar erfahren. Das Geheimnis des Glücks, erklärt er, ist zweifacher Natur: Es besteht darin zu erkennen, daß alle Dinge miteinander verbunden sind, und dann entlang dieser »Verbindungskanäle« Liebe auszusenden.

Gebet / Übung

Göttlicher Geliebter, rufe heute morgen eine neue, tiefere Dankbarkeit für alle Dinge und Wesen in meinem Herzen wach! Ich rufe Michael an, den Engel der Liebe und Weisheit, und bitte, daß er mir helfen möge, die wechselseitige Verbundenheit aller Dinge zu spüren, und daß er mir helfe, alle Dinge neu, durch keine vorgefaßten Meinungen und Urteile gefiltert, wahrzunehmen. Auf diese Weise kann ich durch die »Kanäle«, die mich mit allen Dingen verbinden, Liebe aussenden.

Führe die folgende Übung mit offenen Augen durch. Atme einmal tief durch und lasse los. Spüre, wie dein Körper und dein Geist sich allmählich entspannen. Richte deine Aufmerksamkeit auf die Bauchatmung. Sieh dich um und wähle einen Gegenstand aus, den du betrachten möchtest. Ohne deine Aufmerksamkeit von der Atmung abzuziehen, sieh den Gegenstand mit den Augen eines

Kindes an – so, als sähest du ihn zum erstenmal in deinem Leben. Nimm ihn verwundert, entzückt und konzentriert wahr. Dies heißt Achtsamkeit oder vollkommen gegenwärtiges nicht-urteilendes Gewahren. Übe dich im Laufe des heutigen Tages zwei- bis dreimal in Achtsamkeit.

Keimgedanke

Wenn wir achtsam sind und unsere Umgebung mit all unseren Sinnen wie neu erleben, lassen wir die Werturteile des kleinen Geistes hinter uns zurück und gehen in das Gewebe wechselseitigen Verbundenseins auf – in das Große Bewußtsein Gottes. Glück, Freude, Frieden und Dankbarkeit wallen dann spontan in unserem Herzen auf.

Gebet/Übung

Übe dich heute in Achtsamkeit, jedoch mit einem erneuerten Bewußtsein dessen, was sie für Mitgefühl und Glück bedeutet. Halte im Laufe des Tages mehrmals inne und atme loslassend durch. Versetze dich mit all deinen Sinnen in den gegenwärtigen Augenblick – nimm dir die Zeit, zu schmecken und zu riechen, zu hören und zu sehen, zu fühlen und dich zu bewegen. Spüre deine Verbundenheit mit allen Dingen. Mache den Anfang mit einem Augenblick der Achtsamkeit – jetzt!

Keimgedanke

Das Wissen um das wechselseitige Verbundensein aller Dinge ist ein erster Schritt in Richtung auf unser spirituelles Erwachen. Ein zweiter Schritt besteht darin, dieses Wissen durch vernünftigen, schonenden Umgang mit persönlichen und planetarischen Reserven in die Tat umzusetzen. Als der Medizinmann der Lakota Schwarzer Hirsch (Wallace Black Elk) gefragt wurde, wie wir die Erde heilen könnten, antwortete er, die Erde könne sich schon selbst heilen. Wir bräuchten nichts anderes zu tun, als aufzuhören, sie krank zu machen.

Gebet/Übung

Großer Geist, ich erwache heute morgen mit einem Herzen voller Dankbarkeit für alle Geschenke der materiellen Welt: die Dinge, die mir Nahrung, Kleidung, Obdach gewähren; die schönen Dinge, die meine Seele erheben, und die nützlichen Dinge, die mein Leben leichter machen. Hilf mir, klug und rücksichtsvoll mit diesen Geschenken umzugehen, damit sie unseren Kindern und deren Kindern und allen kommenden Generationen erhalten bleiben mögen.

Verweile für ein paar Minuten im Gebet der Sammlung oder einer anderen Meditation und überlege dir, auf welche Weise du dazu beitragen könntest, das Gewebe des Lebens zu erhalten und zu schützen. Kannst du deine Küchenabfälle kompostieren, nur noch Mehrwegflaschen verwenden, deine abgelegte Kleidung einer wohltätigen Organisation schenken oder den Kauf eines elektrischen Büchsenöffners so lange verschieben, bis die Arthritis oder ein vergleichbares Leiden dich daran hindert, deine Hände zu benutzen?

Keimgedanke

Die hinduistische spirituelle Meisterin Swami Chidvilasananda beginnt jeden ihrer öffentlichen Vorträge mit dieser Begrüßung: »Mit großer Achtung und Liebe heiße ich euch alle von ganzem Herzen willkommen.« Ein Freund von mir, der zu ihren Anhängern zählt, schickte mir einmal eine Karte, die mit den Worten endete: »Mit großer Achtung und Liebe«. Ich habe geweint, als ich es las. Geliebt und geachtet zu werden ist das, wonach wir uns vielleicht am innigsten sehnen. Und Liebe und Achtung sind das vielleicht wertvollste Geschenk, das wir einem anderen machen können.

Gebet/Übung

Gedankt sei Dir, Großer Geist, für die grenzenlose Achtung und Liebe, die Du mir trotz all meiner Fehler, Irrtümer und der vielen kleinen ichbezogenen Handlungen, die mich von Dir abgrenzen, zuteil werden läßt. Du bist wie eine beständige Sonne, die unablässig ihre Liebe und ihr Wohlwollen auf mich herabscheinen läßt. Hilf mir, mich diesen Geschenken zu öffnen und sie inniger zu empfinden, indem ich jedem, dem ich begegne, meine Achtung und Liebe darbringe.

Versetze dich in das Ei aus Licht und übe Metta für wenigstens zwei Menschen, mit denen du heute oder im Laufe dieser Woche zu tun haben wirst.

Keimgedanke

Wir können jemandem unsere Achtung und Liebe kaum auf eine bessere Weise zeigen als dadurch, daß wir ihm aufmerksam zuhören, wenn er spricht. Wie wichtig uns unser eigener Gesprächsbeitrag auch erscheinen mag – wenn wir jemanden unterbrechen, hemmen wir seinen Energiefluß und übermitteln ihm die nonverbale Botschaft, daß wir seine Gedanken und Gefühle für weniger wichtig halten als unsere.

Gebet / Übung

Schließe die Augen und atme ein paarmal loslassend durch. Lasse deinen Geist zur Ruhe kommen und betritt das Heiligtum der inneren Stille. Taste dich in diesen Ort hinein, indem du dir des Friedens und der Stille bewußt wirst, die von Natur aus immer in deinem Inneren herrschen. Sprich aus tiefstem Herzen zu Gott, als sei dieser Große Geist dein bester Freund. Wenn heute jemand zu dir spricht, höre ihm mit derselben Geduld, Achtung und Liebe zu. Erkenne und zügle jeden etwaigen Drang, ihn zu unterbrechen. Übe dich in Geduld und äußere dich erst, wenn dein Gesprächspartner zu Ende geredet hat.

Keimgedanke

Es gibt eine feine Energiebahn, etwas wie eine nichtstoffliche Ader, die das Herz mit den Augen verbindet. Du kannst durch deinen Blick viel Liebe übermitteln, indem du deine Seele oder die eines anderen Menschen direkt ansprichst.

Gebet/Übung

Hole einen Spiegel und sieh dir ins Gesicht. Sieh dich völlig wertfrei. Kümmere dich nicht um die Falten, die Flecken, die Schönheit oder deren Fehlen, von denen sich der kleine Geist angezogen oder abgestoßen fühlt. Sieh dich mit den Augen eines Kindes an, ohne dich zu beurteilen. Sieh dich als ein Kind, als das Göttliche Kind, das immer all deiner Liebe und Achtung würdig ist. Sieh dir tief in die Augen und sage dir im Geiste: »Ich liebe und achte dich.« Sage dir dann, was immer du von einem Menschen hören möchtest, der sich wirklich wünscht, du würdest erwachen und das Göttliche in deinem Herzen und deinem Leben entdecken. Sprich heute zu allen, denen du begegnest, mit dem Herzen und lasse es zu, daß Achtung und Liebe aus deinen Augen in ihre Seele fließt.

Keimgedanke

Liebe ist ihrem Wesen nach Handeln. Sie kann nur erfahren werden, wenn sie fließt. Wenn wir zu einer Quelle der Liebe werden, wenn die Liebe durch unsere Augen fließt, durch unsere Stimme, unsere Gebete und die selbstlosen Akte wohlwollender Güte, die wir für andere vollbringen, dann empfinden wir Glück.

Gebet/Übung

Großer Geist, Lehrmeister der Liebe, hilf mir bitte, zu einer Quelle der Liebe zu werden. Erzengel Michael, der du die Liebe und Weisheit Gottes verkörperst, hilf mir, Liebe zu schenken, auf daß ich durch das Schenken selbst Liebe empfangen und Glück empfinden möge.

Übe dich heute darin, anderen durch die Kraft deines Blicks Achtung und Liebe zu schenken. Du kannst dies nur erreichen, wenn die Energiebahn, die Herz und Augen miteinander verbindet, offen ist. Öffne also zuerst dein Herz durch Achtsamkeit, durch Vergegenwärtigung einer herzöffnenden Erinnerung, durch Anrufung des Erzengels Michael, durch Vergegenwärtigung des körperlichen Gefühls der »Herzoffenheit« oder auf jede beliebige andere Weise. Stell dir dann vor, daß ein Strahl liebenden Lichts aus deinem Herzen und durch deine Augen hinausströmt, während du – tatsächlich oder im Geiste – mit einem anderen redest.

Keimgedanke

Seit kurzem gibt es in den Vereinigten Staaten eine wunderschöne Bewegung, die sich »random acts of kindness« nennt. Eine solche »gute Tat ohne Anlaß«, bei der wir einfach mal was Gutes tun, wäre beispielsweise, für einen Unbekannten Münzen in eine Parkuhr zu stecken, wenn du zufällig siehst, daß sie abgelaufen ist, ein Fünfmarkstück auf den Bürgersteig zu legen, damit irgendein Passant die Freude hat, es zu finden, den Abwasch zu erledigen, auch wenn eigentlich »der andere« dran wäre, oder ein Liebesbriefchen auf dem Küchentisch liegenzulassen. Möglichkeiten, jemandem eine unerwartete Freude zu bereiten, gibt es mehr als genug.

Gebet/Übung

Göttlicher Geliebter, Du vollbringst unentwegt gute Taten ohne Anlaß für alle Geschöpfe. Ebenso wie der Regen auf alle Pflanzen fällt, gleichgültig, ob sie etwas dafür getan haben oder nicht, ergießt sich deine Liebe unaufhörlich auf uns alle. Ich bin unendlich dankbar, denn wenn ich nichts tun kann, um Deine Liebe zu verdienen, kann ich auch nichts tun, um sie zu verlieren. Hilf mir, so zu lieben, wie Du liebst – grenzenlos und ohne Bedingungen.

Vollbringe im Laufe des heutigen Tages wenigstens eine gute Tat ohne Anlaß.

29. Februar: Schalttag

Keimgedanke

Mache dir bewußt, daß der 29. Februar nur einmal alle vier Jahre vorkommt – also ein seltener Tag ist. Unsere wichtigsten Feiertage sind diejenigen, die von der Liebe geheiligt werden: Geburtstage, Hochzeitstage, heilige Tage, die uns an den göttlichen Geist erinnern, und Jahrestage des Todes geliebter Menschen. Ebenso können wir den Schalttag – oder jeden anderen Tag – durch Handlungen wohlwollender Güte heiligen.

Gebet / Übung

Wir danken Dir, Großer Geist, für die Abfolge von Tagen und Nächten, die den Kreislauf eines Jahres unseres Lebens ausmacht, und danken insbesondere für den zusätzlichen Tag, der uns durch dieses Jahr zuteil wird, auf daß wir zum Gedenken an Deine Liebe Akte wohlwollender Güte vollbringen mögen.

Nimm dir für heute vor, durch »gute Taten ohne Anlaß« möglichst vielen Menschen – Familienangehörigen, Freunden, Arbeitskollegen, ebenso aber auch »wildfremden Menschen« – eine Freude zu machen, damit dieser seltene Tag zu einem Fest der Liebe werden möge.

März

Mut

Das Thema des Märzes ist die Entdeckung von Glauben und Mut
durch Loslassen der Angst.
Wir haben die Wahl, wie wir mit den Bildern unseres Geistes
umgehen.
Indem wir uns in das Ei aus Licht versetzen,
Schutzgebete sprechen, unsere Atmung beobachten,
die Hilfe der Engel erbitten und
uns stets unserer Beweggründe bewußt werden, können wir
die Zwillingsflammen des Mutes und des Mitgefühls entfachen,
die unseres Herzens wahres Licht sind.
Geduld, Ergebung und der zuversichtliche Glaube,
daß alles gut werden wird,
tragen dazu bei, das Fundament zu legen
für tiefen Seelenfrieden.
Wenn wir erkennen, daß die Einstellung, die wir
gegenüber unserer Arbeit haben,
wichtiger ist als die Ergebnisse,
beginnen wir,
die Keime der Geduld und Nichtanhaftung zu pflegen.
Der März ist ein Monat des Erwachens.
Lausche den Stimmen der Uralten, da sie
mit den laueren Winden des Frühlings heranwehen:

Das Medizinrad dreht sich
und öffnet sich zum Östlichen Tor hin.
Vater Sonne kehrt zurück und läßt Leben hervorgehen
aus Erdmutters Leib.
Bruder Bär erwacht.
Der Erzengel Uriel
und die Engel der Klarheit
liefern die Energie, die den Schleier der Angst
durchdringt
und uns gestattet,
unsere Segel zu hissen
in den Wind
der Gnade.

1. März

Keimgedanke

März ist ein Monat des Kommens und Gehens, gleichsam der Wachablösung. Der Winter macht dem Frühling Platz. Die Dunkelheit weicht dem Licht. Die Angst weicht dem Mut. Wir werden aufgefordert, uns der ängstlichen Gedanken des Ichs zu enthalten und uns statt dessen mit gläubiger Zuversicht zu füllen. Die Moslems begehen diesen Wechsel mit dem Ramadan, die Juden mit dem Purimfest, die Katholiken mit der Fastenzeit. Die Energie der Erde hilft uns dabei, den Schleier der Angst zu durchstoßen.

Gebet/Übung

Gedankt sei Dir, Großer Geist, für einen neuen Tag und einen neuen Monat. Tag für Tag wird die Kälte des Winters mehr von der Wärme des Frühlings verdrängt, und die ersten Schößlinge neuen Lebens treten aus der kahlen Erde hervor. Möge ich ebenso in mir erkennen, daß ich wachse, da ich an alte Ängste mit größerem Mut und der Zuversicht herantrete, daß jede Situation, richtig betrachtet, eine Gelegenheit darstellt, an Liebe und Weisheit zuzunehmen.

Verweile für ein paar Minuten im Frieden des Gebets der Sammlung oder im Ei aus Licht.

Keimgedanke

Meine Mutter starb an einem kalten Tag im März, als die Tage schon allmählich länger wurden. Als die Sonne für sie zum letztenmal in diesem Leben unterging, machten wir uns gegenseitig zwei kostbare Geschenke: wechselseitige Vergebung und das »Austauschen von Seeleneigenschaften«. Sie vermachte mir ihren Mut. Ich schenkte ihr mein Mitgefühl. Wir hatten damals noch nicht erkannt, daß diese Eigenschaften die zwei Seiten ein und derselben Medaille waren.

Gebet/Übung

Gedankt sei Dir, Großer Geist, für das neue Bewußtsein, das in meinem Leben heraufdämmert. Indem ich mein Herz für mich und andere öffne, öffne ich mich dem göttlichen Gewahren. In Deinem Geist gibt es keine Angst vor Trennung, nur das süße Verbundensein aller Dinge. Ebendiese Erkenntnis bildet den Grundstein des gläubigen Vertrauens und die Substanz des Mutes.

Verweile für ein paar Minuten im Gebet der Sammlung oder im Ei aus Licht. Denke über die enge Beziehung von Mut und Mitgefühl nach.

Keimgedanke

Das Wort »Beherztheit« bringt die innige Beziehung des Mutes zum Herzen zum Ausdruck. Mut oder Beherztheit und Mitgefühl sind die Zwillingsflammen der Weisheit, die aus dem Gottessamen in unserem Herzen – unserem eigentlichen Wesen oder Höheren Selbst – hervorlodern. Wir brauchen nicht zu *lernen*, mutig zu sein, denn Mut ist bereits ein Teil unserer wahren Natur. Wir müssen nur *verlernen*, uns zu fürchten.

Gebet/Übung

Göttlicher Geliebter, manchmal fühle ich mich mit dem Leben verbunden, aber zu anderen Zeiten fühle ich mich ausgegrenzt und allein. Hilf mir zu erkennen, daß diese Momente der Angst und der Einsamkeit Gelegenheiten darstellen zu lernen, den kleinen Geist loszulassen und mich Deinem Göttlichen Geist zu öffnen. Auch wenn ich selbst dazu nicht imstande bin, hilf mir bitte zu wissen, daß die Hilfe der Engel mir jederzeit zur Verfügung steht. Ich bin nie allein.

Richte deine Aufmerksamkeit nach links, auf das Nördliche Tor deines Energiekörpers, und rufe Michael an, dessen mitfühlende Gegenwart noch über diese letzten Wochen des Winters herrscht. Sei still und nimm so viel von der engelhaften Gegenwart zur Kenntnis, wie du kannst. Mache dir bewußt, daß du nie allein bist. Die Hilfe der unsichtbaren Welt steht dir immer zur Verfügung.

Wenn du dich im Laufe des heutigen Tages allein fühlst oder dich fürchtest, versetze dich in das Ei aus Licht und/oder rufe den Erzengel Michael an.

Keimgedanke

Es gibt verschiedene Arten von Angst, und jede von ihnen ist ein Geschenk des Göttlichen Geistes. Die Angst, die durch eine Bedrohung unserer körperlichen Unversehrtheit hervorgerufen wird, aktiviert den Körper-Geist und ermöglicht es uns, lebensgefährliche Situationen zu überstehen. Die Angst vor Unzulänglichkeit und Ablehnung kann uns dahin führen, alte Wunden zu heilen und deren tieferen Sinn zu erkennen. Die Angst, das Universum werde von einer feindseligen oder strafenden Macht regiert, kann die Suche nach wahrem Glauben auslösen.

Gebet/Übung

Achte heute darauf, welche »Arten« von Angst sich in dir bemerkbar machen. Teile sie in solche ein, gegen die du aktiv etwas unternehmen kannst, solche, gegenüber denen du machtlos bist, und solche, die du augenblicklich loslassen kannst, indem du einmal tief aufseufzt und für fünf bis zehn Atemzüge auf Bauchatmung umschaltest.

Keimgedanke

Ein Freund von mir, der mit AIDS lebt, machte eine Zeit schier unerträglicher Panikanfälle durch. Er schrieb mir, er sei »weiser und erweitert« daraus hervorgegangen. »Ich könnte tagelang darüber reden und auch darüber, was ich gelernt habe, aber letztlich läuft es schlicht darauf hinaus, es anzunehmen und es loszulassen – wobei ›es‹ jedes beliebige Ereignis im Leben bedeutet. Es ist leichter gesagt als getan, aber ich arbeite daran.« Wir alle arbeiten daran.

Gebet/Übung

Reinhold Niebuhrs Gebet der Gelassenheit ist ein Klassiker. Sprich es aus tiefstem Herzen und lasse zu, daß diese Weisheit deinen Geist durchdringe:

Gott gebe mir den Mut,
Dinge zu ändern, die ich ändern kann,
die Gelassenheit, Dinge hinzunehmen,
die ich nicht ändern kann,
und die Weisheit,
das eine von dem anderen zu unterscheiden.

Sitze für ein paar Minuten im Gebet der Sammlung oder im Ei aus Licht und gib dich der heiteren Gelassenheit der Göttlichen Gegenwart hin.

Wenn dich im Laufe des heutigen Tages Angst erfaßt, begib dich in das Ei aus Licht, rufe den Erzengel Michael an oder wiederhole das Gebet der Gelassenheit. Probiere diese Übungen mit entspannter Aufmerksamkeit aus und achte darauf, was für Veränderungen jede von ihnen in dir hervorruft.

6. März

Keimgedanke

Dinge hinzunehmen, die nicht zu ändern sind, ist einer der Schlüssel zum Seelenfrieden. Wie oft schon haben Sorgen über Situationen, die du nicht beeinflussen konntest, deine Gelassenheit zunichte gemacht und deinen Körper-Geist in Aufruhr versetzt? Vor Jahren, als ich eine schreckliche Phase der Angst durchmachte, hatte eine Freundin von mir einen Traum, der sich auf meine Situation bezog. Sie fand sich in genau der gleichen Lage wieder, der ich zu entkommen gehofft hatte, akzeptierte das Problem und beteuerte: »Was ist, ist, und ich kann damit fertig werden.«

Gebet/Übung

Gedankt sei Dir, Großer Geist, für einen neuen Tag und eine größere Entschlossenheit, achtsam zu bleiben und den furchtsamen Geist loszulassen. Wenn ich mich dabei ertappe, daß ich mich über Dinge sorge oder gräme, die ich nicht ändern kann, schenke mir Glauben und echte Hingabe. Erzengel Michael, wann immer ich mich in ängstlichen Gedanken und Sorgen verliere, hilf mir, mich zu fangen und mir zu sagen: *»Was ist, ist, und ich kann damit fertig werden.«*

Keimgedanke

Albert Einstein wurde einmal gefragt, welches seiner Meinung nach die wichtigste Frage sei, die der Mensch beantworten müsse. Er antwortete: »Ist das Universum ein freundlicher Ort oder nicht?« Die meisten Menschen verschwenden kaum einen Gedanken an diese Frage, solange ihr Leben glatt verläuft. Erst wenn Schicksalsschläge auftauchen – Krankheit, Scheidung, Verlust –, wird in Herz und Seele die verzweifelte Frage laut: »Warum?« Wenn das Universum ein freundlicher Ort ist, warum geschehen dann so schreckliche Dinge?

Gebet/Übung

Versetze dich in die Stille der Meditation. Dann stelle dir die Frage: »Warum passieren so schreckliche Dinge?«

Keimgedanke

Psychologische Untersuchungen haben ergeben, daß eine pessimistische Geisteshaltung um drei bestimmte Gedanken kreist, mit denen sich der Mensch die Frage beantwortet, warum schreckliche Dinge geschehen: »Es ist alles meine Schuld – ich verpfusche alles, was ich tue – und mir passieren andauernd schlimme Dinge.« Diese Grundeinstellung erzeugt ein Gefühl der Hilflosigkeit, ein niedriges Selbstwertgefühl und ständige Besorgtheit. Aber denk nur an das noch schlimmere Los des religiösen Pessimisten, der diesen drei Gedanken noch den vierten hinzufügt: »Offenbar will mich Gott bestrafen.«

Gebet/Übung

Denk an eine Zeit zurück, da du dich in einer wirklich schwierigen Situation befandest. Welche Ursachen hast du damals dafür verantwortlich gemacht? Bist du ein Pessimist, oder betrachtest du Widrigkeiten und Leiden als Gelegenheiten zu wachsen? Lasse alles Denken los, versenke dich in das Gebet der Sammlung und lasse dich von den mütterlichen Armen Gottes für ein paar Minuten liebevoll umfangen halten.

Keimgedanke

Die Geschichte Hiobs ist der Archetyp des guten Menschen, dem scheinbar grundlos schreckliche Dinge widerfahren. Hiob war der gütigste, liebevollste Mann im ganzen Land, und dann starben seine Kinder, seine Feldfrüchte gingen in Flammen auf, seine ganze Existenz wurde ihm förmlich mit einem Ruck unter den Füßen weggezogen. Eine Woche lang versuchte er die Frage »Warum gerade ich?« zu beantworten, und schließlich gelangte er zu dem Ergebnis, daß das Universum ungerecht und Gott ein Tyrann war. Plötzlich erschien Gott in einem Wirbelwind und fragte Hiob, wo er gewesen sei, als die Welt gegründet wurde, daß er sich vermessen könne zu glauben, er durchschaue den Göttlichen Plan.

Gebet/Übung

Großer Geist, ich trete vor dich mit einem demütigen Herzen, das ich von dem Irrglauben zu befreien wünsche, ich könnte je Deinen Göttlichen Plan erkennen. Geliebter, gewähre mir die Gnade der Hingabe und das Wissen darum, daß jede Schwierigkeit eine Gelegenheit darstellt, an Liebe und Weisheit zu wachsen. Schenke mir wahren spirituellen Mut.

Keimgedanke

Wir können nicht wissen, warum sich bestimmte Ereignisse in unserem Leben zutragen, weil unser spiritueller Horizont dazu viel zu eng ist. Vielleicht war das, was wir als eine Katastrophe ansahen, gerade die Situation, die wir – oder andere Menschen – benötigten, um wachsen zu können. Leo Tolstoi lehrte uns eine wunderbare Weise, Schwierigkeiten zu betrachten, indem er sagte: »Das einzige, was wir wissen können, ist, daß wir nichts wissen, und dies ist die höchste Erkenntnis, zu der sich der menschliche Geist aufschwingen kann.«

Gebet/Übung

Stell dir vor, die höchste Manifestation des Göttlichen schwebe halb über deinem Kopf, halb vor dir. Lasse Wellen liebenden Lichts über dich und durch dich hindurchbranden und dich von jeglichem Glauben an einen strafenden Gott oder ein sinnloses Universum befreien. Spüre, wie das Licht in deinem Herzen immer heller aufstrahlt, da der Schleier der Unwissenheit und des Leidens hinweggespült wird. Lasse die Zwillingsflammen des Mutes und des Mitgefühls, die das wahre Licht deines Herzens sind, mit dem Göttlichen Licht verschmelzen. Sitze für ein paar Minuten im Frieden der Göttlichen Gegenwart.

Keimgedanke

Bittet, so wird euch gegeben;
suchet, so werdet ihr finden;
klopfet an, so wird euch aufgetan.

Denn wer da bittet, der empfängt; und
wer da sucht, der findet; und wer
da anklopft, dem wird aufgetan.

– Jesus (Matthäus 7, 7–8)

Gebet/Übung

Gedankt sei Dir, Großer Geist, für den Glauben, der in meinem Herzen heraufdämmert, und für die Erkenntnis, daß meine Gebete erhört werden. Schenke mir bitte die Geduld und die Reife zu wissen, daß meinen Hilferufen auf vielfältige Weise geantwortet wird. Vielleicht bekomme ich nicht immer, was ich mir wünsche, deshalb lasse mich darauf vertrauen, daß ich das bekomme, was ich brauche.

Wenn sich im Laufe des heutigen Tages bei dir Verwirrung, Sorge, Unbehagen oder Gereiztheit bemerkbar machen, bitte die Engelswesen um Hilfe. Bitte Uriel um Klarsicht, Raphael um Heilung, Michael um Weisheit und Liebe und Gabriel um Kraft. Selbst ein unbestimmtes »Hilfe!« öffnet die Pforte zwischen den Welten.

Keimgedanke

Dieselbe Lebenskraft, die einen Eichbaum aus einer Eichel, einen Berg aus dem flüssigen Kern der Erde, einen Bach aus der Schneeschmelze, ein Kind aus einer Ei- und einer Samenzelle, eine Idee aus dem Geist eines Menschen entstehen läßt, ist in allen Dingen, allen Gedanken und allen Erfahrungen gegenwärtig. Es gibt keinen Ort, wo Gott nicht ist.

Gebet/Übung

Gedankt sei Dir, Göttlicher Geliebter, für einen neuen Morgen, einen neuen Körper und einen neuen Geist. Hilf mir, Deine Gegenwart in allen Gegebenheiten wahrzunehmen, guten wie schlechten, und jede Situation als eine Gelegenheit zu erkennen, zu lernen, auf die Liebe zu vertrauen, anstatt mich in Angst zu üben.

Werde dir heute all deiner ängstlichen Gedanken bewußt. Kannst du tief durchatmen und sie loslassen? Kannst du dich in Hingabe üben – nach dem Motto: »Was ist, ist, und ich kann damit fertig werden«? Kannst du die Engel um Hilfe bitten? Übe, übe, übe, die Angst loszulassen!

Keimgedanke

Die Meditation des Eis aus Licht, die wir seit dem 23. Januar üben, ist eine der ältesten Methoden, sich des göttlichen Schutzes bewußt zu werden und ihn anzuflehen. Zusätzlich dazu, daß du dich allmorgendlich in das Ei aus Licht versetzt, kannst du auch jederzeit – wann immer du Mut benötigst – eine Kurzform dieser Übung durchführen.

Gebet/Übung

Stelle dir einen Stern aus liebendem Licht vor, der halb über deinem Kopf, halb vor dir in der Luft schwebt. Lasse es zu, daß Bäche flüssigen liebenden Lichts über dich herabrinnen und durch dich hindurchfließen und dadurch jegliche Angst, Negativität oder Illusion, die das Licht in deinem Herzen verschleiern, mit sich fortspülen. Gestatte deinem Herzlicht, sich auszudehnen, bis es eins wird mit dem Licht Gottes und dich wie ein großes Ei aus Licht umgibt. Wenn du möchtest, kannst du auch das Schutzgebet der Unity Church sprechen:

Das Licht Gottes umgibt uns, die Liebe Gottes umfängt uns, die Macht Gottes beschützt uns, die Gegenwart Gottes wacht über uns. Wo immer wir sind, ist Gott, und alles ist gut.

Keimgedanke

In einem chassidischen Volkslied heißt es: »Die ganze Welt ist eine schmale Brücke. Und das wichtigste ist, sich nicht zu fürchten, sich überhaupt nicht zu fürchten.« Bist du schon einmal über eine Planke balanciert, die auf dem Boden lag, und hast dir dann ausgemalt, wie fürchterlich es wäre, das gleiche in 30 Metern Höhe tun zu müssen? Wenn wir wirklich fest daran glaubten, daß das Universum uns trägt, fiele es uns viel leichter, über die schmale Brücke dieses Lebens zu balancieren.

Gebet/Übung

Gedankt sei Dir, Großer Geist, dafür, daß Du mich stützt und trägst, auch wenn ich mir einbilde, ich sei allein. Um mir zu helfen, mutig zu werden, erschaffst Du viele Illusionen: die Illusion des Todes; die Illusion, Du könntest je Deine Kinder verlassen. Selbst Jesus fiel dieser Täuschung zum Opfer, als er am Kreuz ausrief: »Mein Gott, mein Gott, warum hast du mich verlassen?« Doch Du warst immer da, und Dein Göttlicher Plan lief genauso ab, wie er sollte.

Versetze dich in das Ei aus Licht und führe dir alle etwaigen Probleme zu Bewußtsein, mit denen du gegenwärtig zu kämpfen hast. Überlege dir, was du aus diesen Schwierigkeiten lernst.

Keimgedanke

Leid ist der Große Erwecker, der uns unser Bedürfnis nach und unsere Fähigkeit zum Glauben zu Bewußtsein führt. Der Buddha war ursprünglich ein Prinz namens Siddhartha und lebte in Reichtum und Luxus, bis er eines Tages den königlichen Palast verließ und mit der Wirklichkeit des Leidens konfrontiert wurde: Krankheit, Armut, Alter und Tod. Daraufhin gelobte er, den Weg zur Überwindung des Leidens zu finden, und zwar nicht nur für sich selbst, sondern zum Wohl aller Wesen.

Gebet/Übung

Atme ein paarmal loslassend durch und richte deine Aufmerksamkeit auf deine linke Seite. Rufe den Erzengel Michael an und bitte ihn um Einsicht in die Weise, wie wir Leiden erzeugen. Stell dir vor, wie es wäre, nicht zu leiden – wie das Leben sein könnte, wenn du die Vergangenheit losließest und dich nicht an das klammertest, was die Zukunft bringen mag. Wie würde sich ein ruhiger Geist wohl anfühlen? Verbringe ein paar Minuten in der Stille des Gebets der Sammlung. Achte im Laufe des heutigen Tages darauf, wann du in Angst gerätst, und versuche loszulassen. Du kannst dich dazu der Atmung bedienen, des Gebets der Gelassenheit (5. März), der Hilfe der Engel, der Hingabe oder des Eis aus Licht nebst dem Schutzgebet (13. März). Du hast viele Möglichkeiten!

Keimgedanke

Glauben ist eine innere Haltung, die es uns ermöglicht, unser Bestes zu tun, ohne an den Ergebnissen zu hängen. Wir wollen das Beste für unsere Kinder, deshalb lieben wir sie, lehren sie, Recht von Unrecht zu unterscheiden, und unternehmen alles, was für ihr Wohlergehen nötig ist. Aber wenn wir nur unter der Voraussetzung glücklich sein können, daß sie später Arzt oder Tänzerin werden, an einem bestimmten Ort wohnen oder eine bestimmte Sorte Mensch heiraten, werden wir durch unsere Anhaftungen Leiden erzeugen.

Gebet/Übung

Gedankt sei Dir, Großer Geist, für diesen neuen Tag. Hilf mir, im Augenblick zu leben, bewußt wahrzunehmen, was gerade *ist*, und mich dem Fluß Deiner Liebe hinzugeben. Wenn ich mich an was auch immer klammere – Erwartungen, Bedauern, Groll –, hemme ich den Fluß und verursache Leiden. Hilf mir zu lernen, wie ich notwendige Pläne machen kann, um verantwortungsbewußt zu leben, ohne jedoch an den Ergebnissen zu hängen.

Verbringe ein paar Minuten im Gebet der Sammlung, im Ei aus Licht oder jeder anderen Form von Meditation, die dir besonders zusagt. Gib dich dem göttlichen Fluß hin. Achte im Laufe des heutigen Tages darauf, welche Anhaftungen dich aus diesem Fluß herauszuzerren drohen. Übe loszulassen.

Keimgedanke

Die Anthropologin und Sachbuchautorin Angeles Arrien hat vier »goldene Lebensregeln« formuliert:

- Schließ dich nicht aus.
- Sei aufmerksam.
- Sag die Wahrheit.
- Häng nicht an den Ergebnissen.

Was die ersten drei Regeln anbelangt, mache ich mich schon ganz gut, aber die vierte ist – wie auch der Buddha erklärt hat – die schwierigste und stellt den Pfad dar, der über das Leiden hinausführt.

Gebet/Übung

Rufe dir ins Gedächtnis zurück, was du dir für heute vorgenommen hast. Danke Gott für die Gelegenheiten, zu lieben, zu wachsen und zu dienen, die dir gegeben sind. Bete um die Kraft und den Mut, alle deine Vorhaben mit Klarsicht, Lauterkeit und Hingabe durchzuführen – und ohne an den Ergebnissen zu hängen. Sprich dann die Affirmation aus:

Ich habe Vertrauen in Deinen Göttlichen Plan. Was auch für Ergebnisse meine Bemühungen zeitigen mögen, ich widme sie Dir und dem Wohl aller Geschöpfe.

Keimgedanke

Der heilige Paulus war ein äußerst interessanter Charakter. Er steckte voll glühenden Eifers, den er mit unbeirrbarer Zielstrebigkeit auf alles wandte, was er gerade tat. Er war gerade unterwegs nach Damaskus, um im Namen dessen, was ihm »heilig« war, Anhänger Jesu zu verfolgen, als er unvermittelt von einem Licht überwältigt wurde, das so hell war, daß er vorübergehend erblindete – dem Licht Gottes. Glücklicherweise ließ Paulus von seinen Plänen ab und wurde zum Zentrum und der treibenden Kraft der frühchristlichen Bewegung. Er lehrte: »Es ist aber der Glaube eine gewisse Zuversicht des, was man hofft, und ein Nichtzweifeln an dem, das man nicht sieht.« (Hebräer 11, 1)

Gebet/Übung

Gedankt sei Dir, Großer Geist, für die Gnade, die mir hilft zu erwachen, und die Zuversicht, daß ich mich, wie alle Deine Kinder, auf der Heimreise zurück zu Dir befinde. Und wenn ich auch, wie Paulus, bisweilen den falschen Weg einschlage, möge mein aufrichtiger Wunsch, zu erwachen und anderen zu helfen, stets die Macht Deiner göttlichen Gnade herbeirufen, daß sie mich errette und meine Irrtümer in Lernerfahrungen verwandle.

Verweile für ein paar Minuten in der Meditation deiner Wahl.

Keimgedanke

Zu allen Zeiten hat es viele Geschichten über die unverdiente und unaufgeforderte Wirkung der Gnade gegeben. Die Gnade ist ein Geschenk, das uns, unabhängig von unseren guten Werken oder unseren noch so schweren Irrtümern, zuteil wird. Wie die Sonne scheint sie ungehindert auf alle herab. Der große hinduistische Heilige Ramakrishna drückte diese Tatsache sehr schön bildhaft aus, indem er sagte, daß die Winde der Gnade allezeit wehen – wir brauchen nur unsere Segel zu hissen. Sobald wir es tun, treiben uns diese sanften Winde rasch heim zu Gott.

Gebet/Übung

Wie hissen wir unsere Segel in den Wind der Gnade? Durch Glauben und sanfte Hingabe; dadurch, daß wir uns in die innere Stille versenken und dem Göttlichen Geist gegenwärtig werden; dadurch, daß wir den gegenwärtigen Augenblick bewußt wahrnehmen, wodurch unser Herz zum Frieden findet und wir die stille, ruhige Stimme des inneren Lotsen vernehmen können, der uns über den ungeheuren Ozean dieser Welt in die Heimat steuert.

Atme ein paarmal tief durch und versenke dich in das Schweigen des Gebets der Sammlung – ohne um etwas zu bitten, auf etwas zu hoffen, an irgendwelchen »Ergebnissen« zu hängen!

Wenn sich scheinbare Anhaftungen bemerkbar machen, lasse kritische Urteilskraft walten. Ist dein Wunsch nach einem bestimmten Ergebnis von Angst oder selbstsüchtigem Interesse motiviert – oder veranlaßt dich das Wirken des Höheren Selbst dazu, deine besonderen Gaben im Einklang mit dem Göttlichen Plan einzusetzen? Wie du das entscheiden kannst? Tritt in die Stille ein; bitte um Führung. Mit der Zeit – wenn du immer wieder still wirst, bittest, geduldig lauschst – wird die innere Stimme klar vernehmlich werden.

Keimgedanke

Drei Monate lang hat der Erzengel Michael die Nördliche Pforte des Winters bewacht. Auch wenn Michaels Gegenwart das ganze Jahr über bei dir ist, sobald du sie nur anrufst, ist die beständige spirituelle Gegenwart des Frühlings der Erzengel Uriel. Uriel bedeutet auf hebräisch »Licht (oder ›Feuer‹) Gottes«. Dieses Feuer führt uns zum Östlichen Tor des Medizinrades, dem Haus der aufgehenden Sonne und der Neuanfänge.

Gebet/Übung

Atme ein paarmal loslassend durch und betritt den Ort der inneren Stille. Richte deine Aufmerksamkeit nach links, auf das Nördliche Tor deines Körpertempels, und danke dem Erzengel Michael für die Einsichten und die Weisheit des Winters. Bitte Michael darum, daß er dir den ganzen Tag und das ganze Jahr über weiter gegenwärtig bleibe. Jetzt verlagere deine Aufmerksamkeit und richte sie auf den unmittelbar vor dir liegenden Raum, auf das Östliche Tor deines Körpertempels. Rufe die Gegenwart Uriels an und danke für den Frühling, für die Rückkehr des äußeren Lichts und des inneren Lichts der Klarsicht. Sitze ruhig in Uriels Gegenwart und mache dich mit dieser Energie vertraut.

Werde dir im Laufe des Tages zwei- bis dreimal des vor dir liegenden Raumes bewußt und bitte um Uriels Gegenwärtigsein. Wenn du Klarheit bezüglich irgendeines Problems brauchst, bitte um Uriels Hilfe.

21. März: Frühlingsäquinoktium

Keimgedanke

Der heutige Tag ist ein Schwebepunkt im Mandala des Jahres, ein Tag, an dem sich die Stunden des Lichts und die Stunden der Dunkelheit die Waage halten. Wir werden dazu aufgefordert, des stetig wechselnden Gleichgewichts in uns selbst eingedenk zu sein, der Unbeständigkeit unserer inneren Jahreszeiten, die, wie die äußeren, fortwährend und unaufhörlich wechseln. Wir werden dazu aufgefordert, sowohl unser Licht als auch unseren Schatten anzunehmen.

Gebet/Übung

Großer Geist, wie herrlich ist der Kreislauf der Jahreszeiten und die Ankunft des Frühlings! Da ich aus meinem Winterschlaf erwache, lasse mich nach dem Gleichgewicht suchen im inneren wie in meinem äußeren Leben. Lasse mich den Teil von mir, der geheilt und im Licht ist, und meine schwierigen Charakterzüge, die das Wasser auf der Mühle meines Wachstums sind, gleichermaßen hoch achten.

Versenke dich durch ein paar Minuten der Bauchatmung oder Meditation in die innere Stille und rufe Uriels Gegenwart in den Raum, der unmittelbar vor dir liegt. Bitte um Klarheit bezüglich deiner »dunklen« Charakterzüge. Schließe die Übung damit ab, daß du losläßt und dich in der Göttlichen Gegenwart ausruhst.

Keimgedanke

Im Jahre 1945 wurden in Ägypten, auf der Stätte eines christlichen Klosters des 2. Jahrhunderts, 53 alte Manuskripte entdeckt. Sie enthielten unter anderem ein wunderschönes Gedicht, »Der Donner, Vollkommener Geist«, in dem die Stimme einer weiblichen Weisheit spricht:

Denn ich bin die Erste und die Letzte.
Ich bin die Verehrte und die Geschmähte.
Ich bin die Hure und die Heilige.
Ich bin die Stärke und ich bin die Angst.
Ich bin der Krieg und ich bin der Frieden.

Dieses insgesamt sieben Seiten lange Gedicht ähnelt einem Lied, das Jesus nach Aussage der apokryphen Johannesgeschichte seinen Jüngern beim letzten Abendmahl vorgetragen haben soll. Darin erklärte auch Jesus, er sei zugleich Krieg und Frieden, Verratener und Verräter.

Gebet/Übung

Göttlicher Geliebter, Großer Einer, der sich in die Vielheit aufgesplittert hat, wie viele Rollen müssen wir in Deinem Theater des Seelenwachstums spielen! Auch wenn ich die Rolle des Geachteten vorziehe, lasse mich auch die Funktion der Schmähung würdigen. Auch wenn ich die Stärke vorziehe, lasse mich die Angst achten. Auch wenn ich den Frieden vorziehe, hilf mir zu verstehen, daß es gerade die Gegensatzpaare sind, die die Welt ins Dasein treten lassen.

Verweile für ein paar Minuten im Frieden der Meditation, der alle Gegensatzpaare transzendiert. Wenn dir im Laufe des heuti-

gen Tages Verachtung widerfährt, denke darüber nach, wie sie dich die Bedeutung der Achtung lehrt. Wenn du Angst verspürst, mache dir bewußt, wie sie dir hilft, den Wert des Friedens zu begreifen. Werde geräumig genug, um die Gegensatzpaare in dir aufnehmen zu können.

Keimgedanke

Der Schweizer Psychiater und Mystiker C.G. Jung sprach häufig vom »Schatten« – jenem verborgenen Teil unserer selbst, der alle unausgesprochenen Ängste und die nicht gelebte Kreativität umfaßt. Dr. Jekylls Problem war, daß er in seinem krampfhaften Bemühen, gut zu sein, alle seine natürlichen Impulse verleugnete – seinen Drang, Risiken einzugehen, sich aufzulehnen, leidenschaftlich zu leben. Diese verleugneten Wesensseiten spalteten sich von seiner Person ab und führten fortan ein eigenständiges Dasein in Gestalt des verwerflichen, destruktiven Mr. Hyde.

Gebet/Übung

Großer Geist, ich danke Dir für diesen frischen Frühlingsmorgen und für den Mut, ganz zu werden, indem ich bewußt meine Dunkelheit wie mein Licht wahrhabe.

Achte heute gewissenhaft auf Urteile, die du über andere Menschen fällst; sie verweisen auf Teile deiner selbst, die in deinem Schatten verborgen liegen. Ist dieser Mensch zu fröhlich? (Was ist mit deiner *Fröhlichkeit passiert?) Ist jener zu zornig? (Wie gehst* du *mit deinem Zorn um?) Vergiß nicht, deine Projektionen mit Hilfe der Affirmation, die wir am 18. Februar kennengelernt haben, einzugestehen und zurückzunehmen: »Und dasselbe trifft auf mich zu!«*

Keimgedanke

Der Dichter Robert Bly bezeichnet das, was Jung unter »Schatten« verstand, als einen Seesack, den wir hinter uns herschleifen und der all die verleugneten Teile unserer selbst enthält, von denen Eltern, Lehrer, Altersgenossen, Kirche oder Gesellschaft uns sagten, sie seien nicht gut genug. Wie Bly erklärt, »verbringen wir die ersten 20 Jahre unseres Lebens damit zu entscheiden, welche Teile von uns selbst wir in den Seesack stecken sollen, und den Rest unseres Lebens damit zu versuchen, sie wieder herauszuziehen«. Es erfordert Mut, uns unsere verlorenen Teile wieder anzueignen, aber echte Spiritualität verlangt, daß wir den Schatten sichtbar und das, was geteilt ist, ganz machen.

Gebet/Übung

Als Kind sang ich für mein Leben gern, aber meine Mutter witzelte immer, ich hätte eine Stimme wie eine heisere Krähe. Schon bald schämte ich mich deswegen und traute mich jahrelang nur noch, im Flüsterton zu singen. Schließlich beschloß ich, meine Stimme aus dem Seesack hervorzuholen und richtig, aus voller Brust zu singen. Es hat Spaß gemacht, einige Überwindung gekostet – und mir sehr gut getan.

Atme ein paarmal loslassend durch und versetze dich in den Ort der inneren Stille. Denke an einen schöpferischen Impuls, den du irgendwann im Laufe deiner ersten 20 Lebensjahre verleugnet hast. Der Frühling ist eine hervorragende Jahreszeit, um deine Kreativität aus dem Seesack herauszulassen.

Keimgedanke

Am Tor des Apollotempels zu Delphi stand die Inschrift zu lesen: »Nichts im Übermaß«. Selbst unsere Stärken können, wenn bis zum Exzeß getrieben, zu Schwächen werden. Selbstvertrauen kann sich in Draufgängertum verkehren, Fleiß in Arbeitssucht. Die Fähigkeit, loszulassen und sich dem Fluß hinzugeben, kann zu Trägheit werden. Der Wunsch, spirituell zu wachsen und Gott zu finden, kann zu starrem Fanatismus werden. Ich muß lachen, wenn ich heute daran zurückdenke, wie oft ich schon sicher war, ich hätte »die Wahrheit« gefunden, und mir einbildete, ich täte anderen Menschen einen Gefallen, wenn ich ihnen meine starren Glaubenssätze aufzwang!

Gebet/Übung

Göttlicher Geliebter, wie froh bin ich, mit neuer Zuversicht, tieferem Glauben und größerer Ausgeglichenheit aus meinem Winterschlaf zu erwachen! Heute bitte ich Dich, Uriel, und die Engel der Klarsicht, daß Ihr mir helfen möget, Mäßigung in meine Stärken zu bringen.

Verweile für ein paar Minuten in der Stille der Meditation. Mache dir dann deine zwei größten Stärken bewußt und überlege dir, inwiefern sie zu Schwächen werden können, wenn sie das rechte Maß verlieren.

Keimgedanke

Selbstdisziplin ist eine geistige Eigenschaft, die auf Klarsicht und innerem Gleichgewicht basiert. Klarsicht erfordert ein Verständnis des größeren Zusammenhangs, die Kenntnis des »Gesamtbildes«. Was ist das Wichtigste, das in diesem unserem Leben vollbracht werden sollte? Haben wir uns erst einmal darüber Klarheit verschafft, müssen wir unentwegt auf unser Ziel hinarbeiten, aber mit der Flexibilität, die aus Selbstakzeptanz und Geduld hervorgeht.

Gebet/Übung

Verweile für ein paar Minuten in der Stille der Meditation oder des Gebets der Sammlung und richte dann deine Aufmerksamkeit auf das Östliche Tor deines Körpertempels, also auf den unmittelbar vor dir liegenden Raum. Rufe Uriel und die Engel der Klarheit an, daß sie dir helfen mögen, dir bewußtzumachen, was dein wichtigstes Ziel ist. Was ist das Wichtigste, das du aus diesem Leben mitnehmen wirst, und was ist das wichtigste Vermächtnis, das du anderen hinterlassen wirst? Welche innere Einstellung mußt du am meisten pflegen, und was mußt du vor allem tun, um dein Ziel zu erreichen?

Keimgedanke

Das Wort »Disziplin« kommt vom lateinischen *discipulus*, »Lehrling, Schüler«. »Disziplin« ist demnach das, was der Schüler lernt, oder das, was sein Wesen als eines Lernenden ausmacht. Wenn wir Selbstdisziplin als SELBST-Disziplin begreifen, bedeutet das Wort also »von unserem Höheren Selbst lernen«. Allzuoft verstehen wir unter Selbstdisziplin, mit der Peitsche knallen, um uns selbst zum Gehorsam zu zwingen. Wie verschieden die wirkliche Bedeutung doch davon ist!

Gebet/Übung

Gedankt sei Dir, Großer Geist, dafür, daß Du mir hilfst, aus dem unergründlichen Brunnen der Weisheit zu schöpfen, der schon immer in mir war. Heute will ich dem inneren Lehrer lauschen und auf die Ahnungen, die Hinweise des GEISTES achten, die mich anleiten, wie ich leben und meine Rolle als Mitschöpfer dieses herrlichen Universums spielen sollte.

Atme einmal tief durch und entlasse dich in den Ort innerer Stille. Frage dich: »Worauf muß ich in diesem Augenblick achten?« Gleichgültig, ob du direkt eine Antwort erhältst oder nicht, stellst du auf diese Weise die Verbindung zum inneren Lehrer her. Wiederhole diese Übung mehrmals im Laufe des heutigen Tages.

Keimgedanke

Die Ausübung der Selbstdisziplin ist ein zweifacher Prozeß. Er besteht darin,

- unsere Prioritäten stets im Sinn zu behalten, so daß all unsere Gedanken und Handlungen im Einklang mit unseren Zielen stehen, und
- alle geistigen Angewohnheiten und Verhaltensmuster, die uns am Erreichen dieser Ziele hindern könnten, zu erkennen und zu beseitigen.

Der islamische Fastenmonat Ramadan und die katholische Fastenzeit haben etwas mit Selbstdisziplin und dem Aufgeben all jener Dinge zu tun, die unsere Fähigkeit zu lieben, anderen zu dienen und unseren Lebenszweck zu erfüllen, beeinträchtigen oder blockieren.

Gebet/Übung

Gedankt sei Dir, Göttlicher Geliebter, für diese neue Jahreszeit des Gewahrseins und die Erneuerung meines Glaubens, meines Mutes, meines inneren Gleichgewichts und meiner Selbstdisziplin. Ich gelobe, mich bis zum Ende dieses Monats einer geistigen Angewohnheit oder Verhaltensweise (wie Kritiksucht, Ungeduld, Trägheit, Alkohol- oder Nikotingenuß ...), die mir den Weg zu Dir versperrt, zu enthalten. Ich weiß, daß Du meine Bemühungen durch ein ihnen entsprechendes Maß an Gnade unterstützen wirst und daß ich dadurch zu größerem Einklang mit Deiner Weisheit und Deiner Liebe gelangen werde.

Keimgedanke

Selbstdisziplin ist eine Lebenshaltung, die Geduld verlangt, und Geduld ist eine der am wenigsten verstanden Tugenden. Ein Schweizer spiritueller Meister namens Hugo erklärte, was Geduld *nicht* ist. Er sagte, was die meisten Leute für Geduld hielten, sei in Wirklichkeit »bis zum äußersten gespannte Ungeduld«.

Gebet/Übung

Atme ein paarmal loslassend durch und erlaube deinem Geist, allmählich zur Ruhe zu kommen. Richte deine Aufmerksamkeit nach vorn, auf das Östliche Tor deines Körpertempels. Rufe Uriel und die Engel der Klarsicht an, auf daß sie dir helfen mögen, die wahre Natur der Geduld zu erkennen.

Wann immer du im Laufe des heutigen Tages merkst, daß du die Geduld verlierst, atme loslassend durch und nimm die Gelegenheit wahr, dich in achtsamem Gewahrsein zu üben.

Keimgedanke

Geduld hat etwas mit echtem spirituellem Mut zu tun. Sie ist die gläubige Zuversicht, daß das Universum sich genauso entfaltet, wie es sollte, selbst wenn sich die Ereignisse nicht an unsere Pläne oder unsere Zeitvorstellungen halten. Alles, was wir tun können, ist, uns strebend zu bemühen und im Einklang mit unseren Prioritäten und den Weisungen der stillen, sanften Stimme in unserem Inneren zu handeln. Danach müssen wir aufgeben, an den Ergebnissen zu hängen.

Gebet/Übung

Gedankt sei Dir, Großer Geist, dafür, daß Du mein Verständnis vom Wesen der Geduld und das Gottvertrauen, auf dem sie gründet, vertieft hast. Es ist leicht, geduldig zu sein, wenn ich die Früchte meiner Handlungen sehen kann. Schwerer ist es, wenn noch keine Früchte zum Vorschein gekommen sind. Möge ich mit Deiner Hilfe darin Erfüllung finden, daß ich alle meine Handlungen als einen Dienst an Dir und allen Wesen vollbringe, anstatt sie einzig nach ihren Ergebnissen zu beurteilen.

Achte heute gewissenhaft auf die Einstellung, mit der du deinen Pflichten nachgehst. Wenn du zum Zeitpunkt deines Todes deinen Körper verläßt und die Lichtwesen dir helfen, dein ganzes Leben noch einmal zu überblicken, wirst du feststellen, daß der wichtigste Maßstab für den Wert deines Lebens weniger die Summe der Ergebnisse, die du erzielt, als die Einstellung ist, aus der heraus du gehandelt hast.

Keimgedanke

Ein mittelalterliches Gralsepos beginnt mit den Worten: »Jede Handlung zeitigt gute und böse Auswirkungen zugleich. Das Beste, was wir tun können, ist, das Gute zu beabsichtigen.« Diese Einsicht stärkt Glauben, Geduld und Hingabe. Als ich acht Jahre alt war, verbog ich einmal aus Versehen den Stock meines Regenschirms. Als mein älterer Bruder versuchte, ihn wieder geradezubiegen, brach er entzwei. Ich fing an zu weinen, und mein Bruder glaubte, es sei wegen meines zerbrochenen Schirms. Aber meine Tränen galten ihm. Er hatte das Gute beabsichtigt, auch wenn der Schirm jetzt hin war. Durch seine Zerstörung wurde aber ein höheres Gut erzielt – die Erweckung des Mitgefühls in meinem Herzen. Das Leben ist nicht immer so, wie es zu sein scheint, aber wir können darauf vertrauen, daß eine gute Absicht uns immer zum Ziel führen wird, selbst wenn die unmittelbaren Ergebnisse gelegentlich von dem abweichen, was wir im Sinn gehabt hatten.

Gebet/Übung

Versetze dich in das Ei aus Licht und führe die Metta-Meditation durch, die wir vom 11. bis zum 15. Februar gelernt haben. Metta ist eine Übung in Liebe, Geduld, Glauben und Hingabe. Metta bedeutet, das Gute zu beabsichtigen. Achte im Laufe des heutigen Tages darauf, welche Absicht jeweils hinter deinen Handlungen steht. Wenn die Absicht von Liebe und dem Wunsch zu dienen motiviert ist, kannst du – auf einer höheren Ebene – mit einem guten Ergebnis rechnen, auch wenn du nach außen hin nur dürftige Resultate erzielen solltest.

Östliches Tor

Erzengel Uriel

Frühling

April

Freiheit: Vom Ich zum Höheren Selbst übergehen

April ist ein Monat der Freiheit und der Wiedergewinnung
der Unschuld.
Passah, Ostern und Ramadan –
die jüdischen, christlichen und islamischen April-Feiertage –
haben etwas mit Erneuerung zu tun,
mit Wiedergeborenwerden aus der Sklaverei des Ichs
in die Geräumigkeit des Göttlichen Geistes hinein.
Die Frühlingstagundnachtgleiche wiederum
ist die Einladung der Erdmutter und ihrer Engel,
wieder wie kleine Kinder zu werden,
neu geboren zu werden in der Ganzheit unserer Kräfte.
Dies verlangt, daß wir lernen, so listig wie der Fuchs
und so sanft wie die Taube zu sein,
daß wir uns bewußt werden, wie das Ich funktioniert,
und die geistige Kampfkunst üben,
unseren Ängsten auszuweichen.
Dadurch werden wir achtsamer,
eher imstande, im geräumigen, nichtwertenden Gewahrsein
der Gegenwart zu leben – der Pforte, durch die wir
das Allerheiligste betreten werden.
Auf diesem geweihten Boden erlangen wir echte Demut,
die absolute Gewißheit, daß wir Kinder
des Einen Liebenden Ursprungs sind.
Lausche den Stimmen der Uralten,
da des Winters Absterben
die Geburt des Frühlings verheißt:

Kleine Bären treten aus der Höhle ins Freie,
während die Sonne
am östlichen Himmel aufsteigt.
Unter der Schutzherrschaft
des Erzengels Uriel
werden wir erneuert.
Wir fordern unsere Macht ein
durch Demut –
die Zuversicht, die der Gewißheit folgt,
daß wir alle
Kinder des Lichts sind.

Keimgedanke

Dieser Tag, an dem wir andere scherzhaft zum Narren halten, ist das Fest der Wiedergeburt der Unschuld, die sich in der Frische des Frühlings offenbart. Viele mystische Traditionen lehren das Ideal des »Narren Gottes«. Narren sind oft weitaus weiser als Gelehrte, da sie mit den Augen eines Kindes sehen und nicht zu »klug« sind, um zu übersehen, daß des Kaisers neue Kleider – Luft sind ... und das selbst dann, wenn sie selbst der Kaiser sein sollten!

Gebet/Übung

Gedankt sei Dir, Großer Geist, für die Wonnen eines frischen Frühlingsmorgens und für die Wiedergeburt der Unschuld in meiner Seele. Möge ich die stumpfsinnigen geistigen Angewohnheiten des Zynismus, der Einbildung und des Stolzes fahrenlassen, die mich zum Gefangenen der Begrenzungen des kleinen Geistes machen.

Atme ein paarmal loslassend durch und begib dich an den Ort der inneren Stille. Öffne die Augen, wenn du sie geschlossen hattest, und sieh dich um, als tätest du es zum allerersten Mal. Finde einen Gegenstand und untersuche ihn so gründlich wie möglich – mit deinen Augen, der Nase, den Händen, ja, wenn es dir angebracht erscheint, selbst mit der Zunge. Tu so, als seist du gerade vom Mars auf der Erde gelandet und als sei dir noch niemals zuvor etwas so Wunderbares begegnet.

Wann immer du dich im Laufe des heutigen Tages seelisch abgespannt oder gelangweilt fühlst, atme einmal tief durch und sieh dich mit wacher Aufmerksamkeit und Neugierde um.

Keimgedanke

Die meisten spirituellen Traditionen bedienen sich des Gleichnisses, um unsere besserwisserische Natur zu überwinden und einen unmittelbaren Kontakt zu der Unschuld herzustellen, die wir als Kinder besaßen. In einem berühmten Zen-Gleichnis besucht ein Universitätsprofessor einen Mönch, um festzustellen, ob dieser ihm noch etwas beibringen könne. Der Mönch schenkt dem Professor Tee ein, doch als die Tasse voll ist, richtet er die Kanne nicht wieder auf, sondern gießt munter weiter, bis die Tasse überläuft und sich eine heiße Lache auf dem Tisch bildet. Der Professor springt erschrocken auf und ist überzeugt, es mit einem hoffnungslosen Idioten zu tun zu haben. Der Mönch aber erklärt gelassen, der Geist des Professors sei wie die Tasse – schon zu voll, als daß noch etwas hineinpassen könnte.

Gebet/Übung

Großer Geist, lasse mich in die Freiheit fliegen auf den Schwingen der Demut! Hilf mir zu erkennen, daß ich, je weniger ich behaupte zu wissen, desto mehr von den Lektionen des Lebens in mich aufnehmen kann.

Verweile für ein paar Minuten in der Stille und Unschuld des Gebets der Sammlung. Es gibt keinen Ort, wohin der Geist gehen könnte – also sei einfach gegenwärtig, frei von jeder Erwartung.

Keimgedanke

Wahrlich, ich sage euch: Wenn ihr nicht umkehret und werdet wie die Kinder, so werdet ihr nicht ins Himmelreich kommen. Wer sich nun selbst erniedrigt wie dies Kind, der ist der Größte im Himmelreich.

– Jesus (Matthäus 18, 3–4)*

Gebet / Übung

Übe dich in Demut, indem du dir bewußtmachst, daß das meiste von dem, was du zu wissen meinst, tatsächlich das Ergebnis der Hypnose durch die Übereinkunft dessen ist, was wir als Wirklichkeit bezeichnen. Schau dich jetzt, in diesem Moment, um und konzentriere dich auf einen beliebigen Gegenstand. Sage dir nun: »Was, wenn ich noch nie eine Lampe (ein Waschbecken, eine Hand ...) wirklich gesehen hätte?« Rufe Uriel und die Engel der Klarheit an, daß sie dir helfen mögen, diesen Gegenstand so zu sehen, wie er ist, anstatt so, wie du meinst, daß er sei. Wiederhole diese Übung noch zwei- bis dreimal im Laufe des heutigen Tages.

* In allen Geschichten, die ich aus dem Evangelium nacherzähle, stammen die Worte Jesu direkt aus der [modernisierten Luther-]Bibel und sind durch Anführungsstriche gekennzeichnet.

Keimgedanke

Don Juan ist ein indianischer »Mann des Wissens«, der durch die Bücher des Anthropologen Carlos Castaneda Weltruhm erlangt hat. Don Juan sagt, daß wir deswegen außerstande sind, die Welt so zu sehen, wie sie ist, weil unser Energiefeld in unserem Gefühl eigener Wichtigkeit eingeschlossen bleibt – in dem also, was manche philosophischen Systeme unser »Ich« nennen. Wir sind dann wie Fernsehgeräte, die nur einen einzigen Kanal empfangen können: denjenigen Sender, der für unsere persönlichen Anliegen und unsere Lebensgeschichte am wichtigsten ist.

Gebet/Übung

Gedankt sei Dir, Großer Geist, dafür, daß Du mich lehrst, die Welt mit neuen Augen zu sehen. Hilf mir, Menschen und Dinge nicht nur als das zu sehen, was sie *für mich bedeuten*, sondern in ihrem wahren Wesen. Hilf mir, den Eigendünkel auszulöschen, der alle meine Wahrnehmungen in das beschränkte Bedeutungsfeld hineinquetscht, das für das »Ich« und seine selbstsüchtigen Interessen am wichtigsten ist.

Atme ein paarmal loslassend durch und begib dich an den Ort der inneren Stille, den Ort, der jenseits deiner gewohnten Erklärungen und Interessen liegt. Lasse deinen Blick aufmerksam durch den ganzen Raum schweifen und sage zu dir selbst: »Alles, was ich sehe, existiert in Beziehung zu mir. Ich rufe Uriel und die Engel der Klarsicht an, daß sie mir helfen mögen, uneigennützig zu sehen.«

5. April: Fest der Kwan Yin, des chinesischen weiblichen Bodhisattwa des Erbarmens

Keimgedanke

Wir können unseren Eigendünkel nicht aufgeben und die Grenzen von »ich« und »mein« nicht überschreiten, solange wir kein Ich- oder Selbstgefühl haben, von dem wir ausgehen könnten. Wenn wir danach streben, gleich und eins mit dem Göttlichen zu werden, unterliegen wir oft einem weitverbreiteten Irrtum. Er besteht darin, eine »spirituelle Umgehungsstraße« einzuschlagen: In unserer Eile, das begrenzte Ich aufzugeben, unterlassen wir es, auf unsere Lebensgeschichte zurückzublicken und sie genau zu erforschen, unsere Wunden zu heilen und die Weisheit unserer vielen Vergangenheiten zu ernten. Ehe wir dies nicht geleistet haben, sind wir noch nicht vollständig in unser Ich »eingezogen«, können es also auch nicht bewußt verlassen.

Gebet/Übung

Großer Geist, mein Herz sehnt sich nach Freiheit und Vereinigung mit Deiner Liebenden Gegenwart. Hilf mir bitte, die Arbeit der Selbstreflexion und Selbstannahme zu vollenden, auf daß ich meinen Eigendünkel Dir hingeben und beginnen kann, die Welt so zu sehen, wie sie wirklich ist.

Atme ein paarmal loslassend durch und verweile für ein paar Minuten im Gebet der Sammlung oder im Ei aus Licht. Reflektiere über die Heilung deiner Lebensgeschichte, die du bis zu diesem Augenblick bereits bewirkt hast. Beglückwünsche dich selbst zu dem, was du bislang erreicht hast, und überlege dir, welche zusätzlichen Schritte jetzt noch nötig sein könnten.

6. April

Keimgedanke

Um wieder wie ein Kind sein und der Welt mit Unschuld und Demut begegnen zu können, müssen wir uns unserer zwiefachen Natur bewußt werden. Unser Höheres Selbst, der verborgene Gottessame, hat schon immer in bewußtem Kontakt zur Göttlichen Gegenwart gestanden, hat schon immer die Welt so gesehen, wie sie ist. Unser Ich, die Maske aus Eigendünkel, die wir der Welt zeigen, ist ausschließlich durch unsere Lebensgeschichte bestimmt.

Gebet/Übung

Das Ich ist ein vollendeter Lehrer der spirituellen Kampfkünste. Wenn wir mit ihm streiten oder ihm Widerstand entgegensetzen, wird es nur stärker. Wenn wir es zur Kenntnis nehmen und weiterziehen lassen, kommt unser Höheres Selbst spontan zum Vorschein.

Wenn sich im Laufe des heutigen Tages dein Ich in Gestalt von Kritiksucht, Angst, Unsicherheit, Stolz oder »Besserwissertum« meldet, verschwende keine Zeit damit, deine Regungen zu untersuchen. Nimm sie einfach zur Kenntnis und lasse sie vorübergehen. Sag dir: »Ach, da ist ja wieder mein Ich.« Atme einmal tief durch und ziehe weiter.

Keimgedanke

In *Die Kraft der Stille* beschrieb Carlos Castaneda eine Erfahrung, die ihm den Unterschied zwischen seinem Ich und seinem Höheren Selbst vor Augen führte. Sein Höheres Selbst erschien »alt, sorglos und gleichgültig ... weil es allen Dingen ebenbürtig war. Es erwartete nichts und freute sich an allem. Der andere Teil war ... neu ... nervös und schnell. Er machte sich Sorgen, weil er unsicher war. Er konnte sich an nichts erfreuen, weil er nicht mit den anderen Dingen verbunden war.« Castaneda begriff, daß er die Welt ausschließlich durch diesen einsamen, verletzlichen Teil seiner selbst betrachtete.

Gebet/Übung

Die tibetisch-buddhistische Praxis der Shamatha-Vipassana, der Meditation des ruhigen Verweilens (shamatha) *und der Einsicht* (vipassana), *ist eine grundlegende Übung, um mit dem Höheren Selbst anstatt mit den Augen des Ichs sehen zu lernen.*

Nimm eine würdevolle, aufrechte Sitzhaltung ein. Sieh direkt vor dich, mit leicht nach unten gerichteten Augen und ohne etwas Bestimmtes zu fixieren. Werde dir deines Atems bewußt – wie er hereinströmt und dich füllt und wie er wieder in den Raum hinausfließt. Halte ungefähr 25 Prozent deiner Aufmerksamkeit auf den Atem gerichtet und die übrigen 75 Prozent auf das Gefühl von Geräumigkeit. Wenn Gedanken auftauchen, lasse sie einfach vorüberziehen. Fahre fünf Minuten lang so fort.

Keimgedanke

Das Ich ist unermüdlich in seinem Denken und Urteilen. Deswegen nenne ich es oft den »Richter«. Es ist völlig unmöglich, den Richter auszutricksen oder durch logische Argumente zu schlagen – das einzige, was man tun kann, ist, ihn hinter sich zu lassen, genauso wie wir in der Meditation lernen, unsere Gedanken hinter uns zu lassen. Sogyal Rinpoche, ein tibetischer Lama, vergleicht die Gedanken, die während der Meditation auftauchen, mit den Wellen des Ozeans. Es liegt in der Natur des Ozeans, sich zu wellen. Wir können ihn nicht daran hindern, aber, wie Sogyal sagt, wir können »die Wellen den Wellen überlassen«.

Gebet/Übung

Durch die Meditation erlernen wir die geistige Kampfkunst, die es uns ermöglicht, dem durchtriebenen Ich und seinen unablässigen Beurteilungen auszuweichen. Verweile für ein paar Minuten in der Shamatha-Vipassana, so, wie wir es gestern geübt haben. Wenn Gedanken auftauchen, »überlasse die Wellen den Wellen«. Wann immer dein Ich im Laufe des heutigen Tages seine ermüdende Richtertätigkeit wiederaufnimmt, »überlasse die Wellen den Wellen«.

Keimgedanke

Das Ich ist in gewissem Sinne derjenige Teil von uns, der statt im gegenwärtigen Augenblick in unserer historischen Vergangenheit lebt. Wenn jemand etwas sagt und wir reagieren mit einer Heftigkeit, die in keinem vernünftigen Verhältnis zur Bemerkung steht, dann ist es das Ich, das von seinem gefährdeten Standpunkt des Eigendünkels aus reagiert. Indem wir lernen, unserem Ich auszuweichen, lernen wir gleichzeitig auch, uns nicht ködern zu lassen, wenn das Ich eines anderen uns herausfordert.

Gebet/Übung

Gedankt sei Dir, Großer Geist, dafür, daß Du mir den Weg in die Freiheit weist. Es ist schwierig, die Welt mit neuen Augen zu sehen und die ständigen kritischen Bemerkungen meines geschwätzigen Ichs nicht zu beachten. Ich bin des Leidens müde, das mein urteilendes Ich verursacht. Hilf mir bitte zu lernen, mit einem geräumigeren Geist an das Leben heranzutreten, einem Geist, der Reizungen und Ärgernisse kommen sieht und sie einfach an sich vorüberziehen läßt.

Rufe Uriel an, daß er dir helfe, heute einen klaren Geist zu bewahren, indem du jedes »Angebot«, dich verletzen oder reizen zu lassen, ablehnst. Verbringe ein paar Minuten in der Shamatha-Vipassana-Meditation.

Keimgedanke

Ein altes Sprichwort lautet: »Wie schnell du auch rennst, deinen Füßen kannst du nicht weglaufen.« Ein anderes Sprichwort drückt den gleichen Gedanken etwas anders aus: »Wohin du auch gehst, dort bist du.« Du nimmst dein Ich überallhin mit, in jede Situation, und erschaffst aus den Bildern deiner Vergangenheit die Bedeutung von allem, was dir widerfährt, und allem, was du siehst.

Gebet/Übung

Wenn dein Ich im Laufe des heutigen Tages auf irgendwelche Situationen wertend oder gereizt reagiert, lasse die Gelegenheit, dich verletzt und/oder wichtig zu fühlen, einfach verstreichen. Dann überlege dir, auf welchen Menschen oder welches Ereignis aus deiner Vergangenheit du in Wirklichkeit gerade dabei warst zu reagieren. Sprich die Affirmation: »Ich bin bereit, mich von der Vergangenheit zu befreien. Ich wähle die Freiheit.«

Verweile für ein paar Minuten im Gebet der Sammlung, im Ei aus Licht oder in der Shamatha-Vipassana-Meditation.

Keimgedanke

Shamatha-Vipassana ist eine Übung in jetzt-gerichteter Aufmerksamkeit, die dich aus deiner »Geschichte« herausholt und dich in den gegenwärtigen Augenblick versetzt. Sie ist die Meditation, die der Buddha einst unter dem Bodhi-Baum praktizierte und durch die er zuletzt aus seinem Ich erwachte. Da diese Meditation mit offenen Augen durchgeführt wird, läßt sie sich leicht in den Rest des Tages »hinübertragen«.

Gebet/Übung

Verbringe wenigstens fünf Minuten in der Shamatha-Vipassana-Meditation. Wenn du für eine längere Zeit sitzen möchtest, strecke dich alle fünf Minuten, so daß dein Körper-Geist frisch und im Augenblick bleibt. Vergiß nicht, daß nur 25 Prozent deiner Aufmerksamkeit der Atmung gelten. Die restlichen 75 Prozent sind darauf gerichtet, geräumig zu sein und etwaige Gedanken und Wahrnehmungen durch den Himmelsraum deines Geistes kommen und gehen zu lassen.

Keimgedanke

Wir können die Praxis der achtsamen Aufmerksamkeit und Geräumigkeit auch über die begrenzte Zeitspanne der »eigentlichen« Meditation hinaus in unseren Alltag hinübertragen. Der vietnamesische buddhistische Dichter, Friedensarbeiter und Meditationsmeister Thich Nhât Hanh hat ein wunderschönes Buch mit dem Titel *Das Wunder der Achtsamkeit* geschrieben. Mit schlichten und anrührenden Worten erinnert er uns daran, daß wir auch bei alltäglichen Betätigungen erwachen können, indem wir allem, was wir tun – sei es essen, Geschirr spülen, an einer Rose riechen, mit unserem Partner schlafen –, unsere ganze Aufmerksamkeit widmen.

Gebet/Übung

Nimm heute eine Frucht, die du besonders magst, und iß sie mit Achtsamkeit. Sei dir ihres Geschmacks bewußt, ihres Geruchs, der Weise, wie sie sich anfühlt. Achte darauf, wie sich dein Mund in Erwartung ihres köstlichen Geschmacks mit Speichel füllt. Sei dir jedes Bissens bewußt, der sich durch deine Speiseröhre bis hinunter in den Magen bewegt. Achtsam zu sein bedeutet, statt in deinem Ich in deinem Höheren Selbst gegenwärtig zu sein.

Keimgedanke

Ich hatte einmal eine Patientin, die von mir ganzheitliche Heilmethoden zur Behandlung eines Geschwürs erlernen wollte. Im Laufe unseres Gesprächs vertraute sie mir an, sie habe auch Schwierigkeiten damit, Sex zu genießen. Ich fragte sie, wann sie mit ihrem Mann schlief. »Samstagmorgens«, sagte sie, »direkt bevor ich zum Supermarkt, zur Reinigung und zur Autowaschanlage fahre.« »Wo sind ihre Gedanken, während Sie mit ihrem Mann schlafen?« fragte ich. »Im Supermarkt, in der Reinigung und in der Autowaschanlage.« Kein Wunder, daß ihr Sex so wenig befriedigend war – es war nie jemand zu Haus, der ihn hätte genießen können!

Gebet/Übung

Führe eine fünfminütige Shamatha-Vipassana-Meditation durch und bekräftige deine Absicht, heute achtsam zu leben. Wähle eine bestimmte Tätigkeit aus, wie Spazierengehen, Geschirrspülen oder Duschen, und nimm dir fest vor, sie so achtsam wie möglich durchzuführen. Du wirst sehen: Es wird dir wirklich Freude machen!

Keimgedanke

Es liegt in der Natur des Ichs, in seinen unablässigen Gedanken zu leben, wodurch es uns von der Wirklichkeit dessen, was ist, trennt. Die Natur des Höheren Selbst ist, in der Gegenwart zu leben und sich dabei mit allen Dingen verbunden zu fühlen. Da die Gegenwart die einzige Zeit ist, in der wir uns an etwas erfreuen können, ist das Ich ständig unzufrieden und unglücklich. Das einzige, was es dagegen zu unternehmen vermag, ist, gierig nach Dingen zu haschen, im Glauben, wenn es nur dieses oder jenes hätte, wäre es endlich glücklich. Glücklich ist das Ich in dem Augenblick, in dem es sich etwas aneignet, weil es für diesen einen Moment aufhört, woanders zu suchen. Aber dieser Moment ist stets von äußerst kurzer Dauer.

Gebet/Übung

Führe eine fünfminütige (oder auch längere) Shamatha-Vipassana-Meditation durch und rufe dir dann deine gestrige Achtsamkeitsübung ins Gedächtnis zurück. Hattest du Erfolg? Wie war es? Sind deine Gedanken abgeschweift, so wie es dir während der Meditation passiert? Hast du dich erinnert, dich auf deine Atmung zu konzentrieren, um deinen Geist zu beruhigen und wieder in die Gegenwart zurückzukehren? Führe die gestrige Achtsamkeitsübung heute noch einmal durch.

Keimgedanke

Das Höhere Selbst fühlt sich mit allem verbunden. Es ist Menschen oder Situationen weder zugetan noch abgeneigt. Es *ist* lediglich. Deshalb gewahrt es mit wertfreier Aufmerksamkeit. Es ist jenseits der Anhaftungen und Abneigungen, die uns so viel Leiden verursachen. Das Höhere Selbst, der innere Gottessame, ist dein Christusselbst, deine Buddhanatur. Es ist derjenige Teil von dir, der schon immer wach war und nie in den hypnotischen Bann des Eigendünkels und des Getrenntseins geraten ist.

Gebet/Übung

Gedankt sei Dir, Großer Geist, für die Frische dieses Frühlingsmorgens. Möge ich ihn mit achtsamer Aufmerksamkeit erleben, stets auf der Hut vor dem Ich und seinen Wertungen. Ich rufe Uriel und die Engel der Klarsicht an, daß sie mir helfen mögen, die Welt mit der wertfreien Aufmerksamkeit und Unschuld eines Kindes zu betrachten. Dies ist der Pfad zu Freiheit und Erwachen.

Verbringe wenigstens fünf Minuten in der Shamatha-Vipassana-Meditation und achte darauf, 25 Prozent deiner Aufmerksamkeit der Atmung und den Rest einem geräumigen achtsamen Gewahren zu widmen. Wann immer du im Laufe des heutigen Tages merkst, daß du in Angst oder sorgenvolles Grübeln gerätst, erinnere dich, einmal loslassend durchzuatmen und zur Achtsamkeit, zur Geräumigkeit zurückzukehren.

Keimgedanke

Jedes spirituelle System beschreibt das Höhere Selbst auf seine Weise. Jesus nannte es das Himmelreich. Die Hindus nennen es den ungeborenen und todlosen Atman, denjenigen Teil von uns, »der nicht von Feuer verbrannt, von einem Messer geschnitten oder von einen Felsen zermalmt werden kann«, weil er ewig und unsterblich ist. Die tibetischen Buddhisten nennen es *rigpa*, unsere eigene wahre Natur. Rigpa reflektiert das Drama des Lebens wie ein klarer Spiegel, ohne dadurch befleckt zu werden. Unser Höheres Selbst war schon immer und wird immer rein sein. Es ist der makellose, unzerstörbare Geist Gottes.

Gebet/Übung

Großer Geist, hilf mir bitte, mir deutlicher meiner zwiefachen Natur bewußt zu werden – des Ichs und des Höheren Selbst. Hilf mir, wann immer ich mich im Ich verfange, einmal tief durchzuatmen und in das Gewahren des gegenwärtigen Augenblicks und in den Frieden, die Schöpferkraft und die Liebe meiner wahren Natur »umzuschalten«, meines Höheren Selbst.

Eines Tages fuhr ich von New York City zu einem Tagungszentrum im Norden des Staates, wo ich ein spirituelles Wochenend-Retreat leiten sollte. Da ich schon seit mehreren Tagen unterwegs war, fing ich an, mir leid zu tun, und dachte: »Andere Leute, die in Colorado wohnen, kommen wenigstens ab und an dazu, Ski zu fahren, und was tu ich? Wieder mal arbeiten!« Schon bald steckte ich bis über beide Ohren in einem Sumpf aus Selbstmitleid – von Geräumigkeit und Gegenwärtigkeit konnte nicht im entferntesten die Rede sein. Aber es bedurfte nur der blitzartigen Erinne-

rung, daß es einzig und allein von meiner Entscheidung abhing, ob ich mich elend oder geräumig fühlen wollte, und schon konnte ich loslassen und den Augenblick genießen. Erinnere dich im Laufe des heutigen Tages immer wieder daran, daß du die Wahl hast.

Keimgedanke

Tag für Tag werden uns mehr oder weniger flüchtige Erscheinungsweisen des Höheren Selbst zuteil, wenn wir in einen sogenannten »Zustand der Gnade« geraten: Wir fühlen uns unvermittelt friedvoll und zufrieden und sehen Schönheit überall um uns herum. Solche Zustände der Gnade können mehrere Stunden oder auch nur wenige Sekunden andauern. Indem wir ein aufmerksames Gewahrsein dieser Ausnahmezustände entwickeln, können wir die Zeitspanne, in der wir uns im Höheren Selbst befinden, immer weiter ausdehnen, ehe wir wieder einschlafen und in der unsicheren Selbstbefaßtheit des Ichs versinken.

Gebet/Übung

Gedankt sei Dir, Göttlicher Geliebter, für die Momente der Gnade, in denen ich den kleinen Geist spontan loslasse und vom geräumigen Strömen des Großen Geistes, des Göttlichen Gewahrens, hinweggetragen werde. Ich rufe Uriel und die Engel der Klarheit an, daß sie mir helfen mögen, auf diese Augenblicke zu achten und sie als Gelegenheiten zu erkennen, vollständiger aufzuwachen und in meinem Höheren Selbst zu verbleiben.

Achte heute auf die Augenblicke der Gnade, die dir zuteil werden. Selbst flüchtige Momente der Zufriedenheit sind Fenster zum Höheren Selbst. Wenn du eines solchen Moments gewahr wirst, gib dich ihm rückhaltlos hin. Verweile in ihm so lange, wie du kannst, indem du dem Sog des denkenden und urteilenden Ichs ausweichst. Verbringe ein paar Minuten in der Shamatha-Vipassana-Meditation, im Gebet der Sammlung oder im Ei aus Licht.

Keimgedanke

Das Wort *yoga* bedeutet auf Sanskrit »Vereinigung«, nämlich die Vereinigung des menschlichen Geistes mit dem Göttlichen Geist. Da unser Geist im Göttlichen Gewahren lebt und atmet und sein Dasein hat, bedeutet Yoga eigentlich eher, zu *entdecken*, daß wir noch nie von Gott getrennt gewesen sind, als die Einheit mit Ihm erst *herzustellen*. Im ersten Lehrsatz seiner Yogasutras, eines der ältesten Werke, die den Weg zur Vereinigung mit Gott beschreiben, definiert Patanjali Yoga als die »Unterdrückung der Modifikationen des Geistes« – seines Geschwätzes und seines immerwährenden Befaßtseins mit den Begriffen »ich« und »mein«.

Gebet/Übung

Großer Geist, wie wahr ist der Satz: »Sei still, und du wirst Gott erkennen«! Bitte hilf mir, in den stillen, lautlosen Fluß Deiner Liebe einzutreten, aus dem alles Leben hervorgeht. Hilf mir, den zwanghaften Sog meines Ichs zu überwinden, indem ich wiederholt tief durchatme und mich in den gegenwärtigen Augenblick fallen lasse, den Lebensstrom des Göttlichen Geistes.

Verweile für fünf Minuten im Gebet der Sammlung oder in der Shamatha-Vipassana-Meditation.

Keimgedanke

Patanjali sagt, daß jeder Mensch von Zeit zu Zeit einen »Zustand der Gnade« oder heiligen Augenblick erlebt, wenn die Schönheit des Daseins ihn aus dem kleinen Geist des Ichs heraus- und in den Großen Geist Gottes hineinzieht. Doch wie Patanjali erklärt, macht das »Hineinstolpern« in einen Zustand der Gnade noch keinen Yogi aus: Ein Yogi beherrscht die Kunst, *bewußt* und *willentlich* in diesen Zustand einzutreten und in ihm zu leben.

Gebet/Übung

Großer Geist, ich bin bereit zu erwachen. Ich erkenne, daß meine tiefsten Ängste nichts anderes sind als der Schrei meines Höheren Selbst, das nie die Hoffnung aufgegeben hat, mich aus dem Tiefschlaf des Ichs zu erwecken. Ich danke meinem Höheren Selbst, dem Gottessamen in meinem Inneren. Ich gelobe, auf seine Weisungen zu achten, mein ganzes Leben wie eine Meditation zu führen und mich der Vereinigung mit Gott zu verschreiben. Heute werde ich bei all meinen Handlungen achtsam sein.

Keimgedanke

April ist der Monat, in dem wir unsere Befreiung durch die Überwindung des Ichs und den Einzug in das gelobte Land unseres Höheren Selbst feiern. Dies ist die innere, esoterische Bedeutung des Passah-Festes, mit dem die Juden noch heute ihrer Befreiung aus der ägyptischen Sklaverei gedenken. Jesus stellt dasselbe Drama des Erwachens durch die Kreuzigung und Auferstehung dar. Beide Feste – Passah und Ostern – feiern unser Absterben dem Ich und Wiedergeborenwerden im Licht unserer wahren Natur, unseres Gottessamens oder Höheren Selbst.

Gebet/Übung

Gedankt sei Dir, Göttlicher Geliebter, für die Zeichen, die Du uns hinterlassen hast, auf daß wir den Weg zurück in die Freiheit finden mögen, und für das Leben solcher großen Gestalten wie Moses und Jesus, die die Überwindung des Ichs und die Auffindung des gelobten Landes symbolisieren, des inneren Himmelreichs.

Verweile für ein paar Minuten in der Shamatha-Vipassana-Meditation. Wenn du aufstehst und deinen alltäglichen Beschäftigungen nachgehst, gehe achtsam, gehe mit der Anmut und Würde eines freien Menschen.

Keimgedanke

Freiheit ist eher eine innere Einstellung als ein äußerer Zustand. Etty Hillesum war eine niederländische Jüdin, die, noch nicht 30jährig, in den Gaskammern von Auschwitz starb. Ihre unter dem Titel *Das denkende Herz der Baracke* veröffentlichten Tagebücher sind ein Bekenntnis zum achtsamen Gewahren – zu wertfreier Aufmerksamkeit. Ihr Mitgefühl galt gleichermaßen ihren zu Skeletten abgemagerten Mithäftlingen und den SS-Schergen. Die Sonne von Ettys Höherem Selbst leuchtete auf alle Geschöpfe mit demselben Glanz.

Gebet/Übung

Gedankt sei Dir, Großer Geist, für das Geschenk, heute morgen als freier Mensch aufzuwachen. Hilf mir, ungeachtet meiner äußeren Situation die innere Freiheit wertfreien Gewahrens und Mitgefühls mit allen Menschen zu erfahren.

Führe die Metta-Meditation durch und segne mit wohlwollender Güte alle Menschen, die überall auf der Welt von Gittern, repressiven politischen Regimes oder von ihrem eigenen Hängen an ihrer Vergangenheit und dem Eigendünkel des Ichs gefangengehalten werden. (Für eine Beschreibung der Metta-Meditation siehe 11.–15. Februar.)

Keimgedanke

Die alten Juden träumten vom Einzug ins Gelobte Land. Jesus beschrieb das Gelobte Land als das Himmelreich. Die Mahayana-Buddhisten sprechen von der Wiedergeburt im Reinen Land als der letzten Inkarnation vor dem Eintritt ins Nirvana. Die großen spirituellen Gleichnisse aller Kulturen offenbaren, wie du aus dem Schlaf des Ichs erwachen und das Licht deines Höheren Selbst und seine Verbundenheit mit Gott und Allem Seienden gewahren kannst, denn das gelobte Land ist in dir, hier und jetzt.

Gebet/Übung

Verweile für ein paar Minuten im Gebet der Sammlung, im Ei aus Licht, in der Shamatha-Vipassana- oder der Metta-Meditation. Wenn du dich zu einer bestimmten Religion zugehörig fühlst oder auch mit unterschiedlichen religiösen Traditionen vertraut bist, verbringe ein paar Minuten in Kontemplation der Großen Gleichnisse, die uns offenbaren, wie wir erwachen und das Gelobte Land erreichen können.

Keimgedanke

Das Leben Jesu ist eine der herrlichsten Gleichnisse über Freiheit, Demut und Urteilslosigkeit. Jesus sagte:

Kommet her zu mir alle, die ihr mühselig und beladen seid; ich will euch erquicken. Nehmet auf euch mein Joch und lernet von mir; denn ich bin sanftmütig und von Herzen demütig; so werdet ihr Ruhe finden für eure Seelen, denn mein Joch ist sanft, und meine Last ist leicht.

– Matthäus 11, 28–30

Gebet/Übung

Göttlicher Geliebter, lehre mich die Freiheit. Hilf mir, das Joch der Kritiksucht abzulegen und mich von den Ketten des Ichs zu befreien. In dieser Jahreszeit von Passah und Ostern rufe ich Jesus und Uriel an, daß sie mich in das gelobte Land der Klarsicht, der Achtsamkeit und des wertfreien Gewahrens führen mögen.

Verbringe ein paar Minuten im geräumigen Gewahrsein der Shamatha-Vipassana-Meditation.

Keimgedanke

Eine Zen-Geschichte erzählt, wie zwei Mönche einmal zur Zeit der Frühlingsschmelze entlang eines reißenden Flusses wanderten. Nach einer Weile begegneten sie einer Frau, die es wegen ihrer langen, schweren Kleider nicht wagte, das Wasser zu durchwaten, also hob der eine Mönch sie auf seine Schultern und trug sie entschlossen hinüber. Mehrere Stunden später wandte sich der zweite Mönch seinem Begleiter zu und schalt ihn erbittert wegen seiner Tat: Mönche dürften Frauen nicht einmal berühren, geschweige denn auf den Schultern tragen! Der erste Mönch lächelte darauf sanft und sprach: »Mein Bruder, ich habe die Frau schon heute morgen am anderen Ufer wieder abgesetzt. Du trägst sie offenbar noch immer mit dir herum.«

Gebet/Übung

Großer Geist, lasse mich diesen Tag mit bewußter Aufmerksamkeit und der Absicht beginnen, alle Werturteile loszulassen, die mein Ich über andere Menschen fällt. Mache, daß ich meine Lasten ablege und mir nicht die Lasten anderer aufbürde. Möge sich meine achtsame Bewußtheit zur Geräumigkeit echter wohlwollender Großherzigkeit ausdehnen.

Mache eine Metta-Meditation und richte dabei deine Segenswünsche insbesondere auf all jene, denen du etwas nachträgst oder die du negativ beurteilst. (Siehe 11.–15. Februar.)

25. April

Keimgedanke

Der Sufimeister Janaid sagte: »Wenn du einen Bruder suchst, der deine Last mit dir teilt, sind Brüder wahrlich schwer zu finden. Doch wenn du auf der Suche nach jemandem bist, der dir von seiner Last abgeben kann – an solchen Brüdern gibt es keinen Mangel!« An andere zu denken ist ein bewährtes Mittel, um den Eigendünkel des Ichs auszulöschen.

Gebet/Übung

Gedankt sei Dir, Großer Geist, für diesen Aprilmorgen und für den Drang meiner Seele, sich frei emporzuschwingen, den Ketten der Selbstbefaßtheit zu entrinnen und sich Dir im unendlichen blauen Himmel reinen Geistes anzuschließen. Wann immer ich im Laufe des heutigen Tages anfange, nach Mitleid oder Aufmerksamkeit zu heischen, hilf mir, mich zu fangen und danach zu streben, statt dessen jemand anderem Aufmerksamkeit und Mitgefühl zu schenken.

Keimgedanke

Der Baal Schem Tov oder »Meister des guten Namens« – eigentlich Rabbi Israel Ben Elieser, ein jüdischer Mystiker des 18. Jahrhunderts – war der Begründer des Chassidismus. Er lehrte, daß der Demütige eine »Anziehungskraft« besitzt. Solange wir uns selbst hochschätzen und uns über andere stellen, setzen wir uns in Wirklichkeit Grenzen, und Gott »kann nicht seine Heiligkeit in uns gießen«, denn Gott ist grenzenlos. Nur indem wir unseren Eigendünkel aufgeben, werden wir grenzenlos fähig, die Segnungen des Universums in uns und durch uns zu ziehen.

Gebet/Übung

Göttlicher Geliebter, wie sehr wünsche ich mir die grenzenlose Freiheit der Demut, auf daß Deine Macht, Deine Liebe und Dein Wille widerstandslos durch mich zu fließen vermögen! Hilf mir, in meiner wachsamen Selbstbeobachtung nicht zu erlahmen und zu erkennen, wann ich meine eigenen Interessen an die erste Stelle setze. Hilf mir, die Tricks des Ichs zu durchschauen und zu erkennen, auf welche Weise ich Mildtätigkeit, Hilfsbereitschaft und andere »Tugenden« eher dazu verwende, meinen Eigendünkel zu bestärken als meinen Mitmenschen Gutes zu tun.

Verweile für ein paar Minuten im Gebet der Sammlung, im Ei aus Licht oder in der Shamatha-Vipassana-Meditation.

Keimgedanke

Baha'u'llah, der Begründer der Bahai-Religion, wies darauf hin, daß selbst fromme Andacht eine Übung in Selbstverherrlichung sein kann. Eine Frau hatte ihn zum Abendessen eingeladen und zu dem Anlaß ein erlesenes Mahl vorbereitet. In ihrem glühenden Wunsch, ihn zufriedenzustellen, betete sie inbrünstig um den Erfolg ihrer Bemühungen – und ließ derweil das Essen anbrennen. Baha'u'llah lachte und erklärte ihr, wenn man kocht, bestehe die angemessenste Form von Gebet darin, ganz bei der Sache zu sein.

Gebet/Übung

Betrachte jede Handlung als ein Gebet. Wenn du ißt, iß. Versuche, eine einzige Mahlzeit einzunehmen, ohne zu reden, zu lesen oder dir Musik oder die Nachrichten anzuhören. Wenn du gehst, gehe. »Verankere« deine Aufmerksamkeit, wie bei der Shamatha-Vipassana-Meditation dadurch, daß du dir deiner Atmung leicht bewußt bleibst und den Rest deiner Aufmerksamkeit auf die sinnlichen Eindrücke richtest, die dir im Zusammenhang mit deiner jeweiligen Tätigkeit bewußt werden. Wenn dein Geist abgelenkt wird, lasse die Gedanken ziehen und kehre zur Achtsamkeit zurück – dem »angemessenen Gebet«.

Keimgedanke

Während Demut bedeutet, jegliche Selbstverherrlichung aufzugeben, darf sie nicht mit Selbsterniedrigung und der Verleugnung unserer Kraft, unserer Leistungen und unseres Wertes verwechselt werden. Selbstkritik ist die Stimme des Ichs, nicht die Offenbarung des Höheren Selbst. Der Baal Schem Tov lehrte, daß jeder von uns einzigartig ist – es hat noch nie zuvor jemand wie du oder ich existiert. Wir dürfen nicht vergessen, erklärte er, daß wir die Söhne und Töchter eines großen Königs sind. Dieses Bewußtsein ist das Fundament der Demut, weil es uns wahre Selbstgewißheit schenkt.

Gebet/Übung

Göttlicher Geliebter, Gottvater und -mutter, lasse mich voll Dankbarkeit der Tatsache eingedenk sein, daß ich wahrhaft Dein Kind bin. Möge ich mich stets erinnern, daß das Leben ein unschätzbares Geschenk ist, eine niemals endende Rolle in Deiner Schöpfung. Lehre mich, daß Demut der natürliche Ausdruck der Selbstgewißheit ist und die Erkenntnis, daß ich stets Deiner Liebe würdig bin. Ich brauche nichts zu beweisen, denn ich bin bereits dadurch »bewiesen« und gerechtfertigt, daß ich *bin.*

Verweile für ein paar Minuten in der Metta-Meditation, im Gebet der Sammlung, im Ei aus Licht oder in der Shamatha-Vipassana-Meditation.

Keimgedanke

Alles im Universum fließt und bewegt sich. Nichts ist statisch. Materie ist langsam fließende Energie. Der negative Pol einer Batterie ist der empfängliche Pol, der den elektrischen Strom an sich zieht. Demut ist der negative Pol von Gottes Macht, der die Energie des Universums in unsere Sphäre hereinzieht, damit wir erschaffen können, indem wir durch unsere Fähigkeit, zu empfangen, die Werke des Göttlichen Baumeisters erweitern.

Gebet / Übung

Großer Geist, lasse mich erwachen und der Tatsache gewahr werden, daß ein demütiges Herz Deine Göttliche Energie in die Schöpfung hereinzieht. Laß mich die Unsicherheit aufgeben, die das dünkelhafte Ich stützt, und meinen rechtmäßigen Platz als Dein Göttliches Kind einnehmen im sicheren Bewußtsein, daß ich würdig bin, den unablässigen Strom Deiner Liebe zu empfangen. Lasse mein Herz ein leerer Kelch sein, angefüllt mit Deinem schöpferischen Impuls.

Atme einmal tief durch und schließe die Augen. Stell dir vor, du säßest als drei- oder vierjähriges Kind vor dir. Kannst du dich an die Hoffnungen und Ängste deines Kindheits-Ichs erinnern? Besser als jeder andere kennst du die Prüfungen, Leiden und Freuden, die das Kind, das vor dir sitzt, erfahren wird, während es zur Ganzheit heranwächst. Du bist dieses Kind, das vorbehaltlose Achtung und Liebe verdient. Bleibe für ein paar Minuten so sitzen und lasse es zu, daß diese Liebe dein Herz erfüllt.

Keimgedanke

Da wir den Schlußstein auf den Monat April setzen, bedenke, daß Freiheit niemals gelehrt, sondern nur gekostet werden kann. Intellektuelles Verständnis ist nichts als eine weitere Möglichkeit, das Gefühl von Besonderheit zu nähren, das die eigentliche Natur des unsicheren Ichs ausmacht. Sei schlicht wie Nasruddin, der närrisch-weise Held so vieler Sufi-Erzählungen. Erforsche die Freiheit auf eigene Faust. – Eines Tages hörte Nasruddin, Papageien würden 150 Jahre alt. »Warum sollte ich etwas so Hanebüchenes glauben?« fragte er sich. Also ging Nasruddin los und kaufte sich einen Papagei, fest entschlossen, selbst die Wahrheit herauszufinden!

Gebet/Übung

Es erfordert nicht mehr Zeit, achtsam zu sein als achtlos, und Achtsamkeit ist die Weise, wie du die Freiheit kosten wirst. Nimm dir für den nächsten Monat vor, zusätzlich zu den anderen täglichen Übungen jeden Tag eine bestimmte Tätigkeit achtsam durchzuführen.

Mai

Dankbarkeit und das Göttliche Weibliche

Mai ist ein Monat der Dankbarkeit und eine Feier des
weiblichen Aspekts Gottes
– Gottmutters –,
der alle Dinge einschließlich uns selbst
erschafft und nährt.
Die Schönheit des Mais lockt uns aus dem Winterschlaf
in ein natürliches achtsames Gewahren
des Segens und Überflusses der Natur.
Dankbarkeit und Achtsamkeit hängen aufs engste
zusammen, denn
indem wir uns in Dankbarkeit üben,
werden wir bewußter, gegenwärtiger.
Wir erwachen.
Der Frühling ruft uns zu, unser Leben zu vereinfachen,
auf daß wir alles inniger und anmutiger genießen können –
unsere Beziehungen, unser Zuhause, unser Hab und Gut.
Im Mai erinnert sich unser Herz dessen,
was unser Geist bisweilen vergißt –
daß das Leben ein unschätzbares Geschenk ist.
Es ist an der Zeit, das Geschenk auszupacken.
Lausche den Stimmen der Uralten,
da sie aus dem Herzen der auflebenden Erde sprechen:

Bärenjungen spielen in der Sonne,
nähren sich vom neuen Wachstum,
das die Erdmutter beschert hat.
Die schlichten Freuden des Frühlingsregens,
aufbrechender Knospen und neuer Monde
ziehen uns aus dem sorgenvollen Ich
in eine Feier des Göttlichen Geistes.
Der Erzengel Uriel
und die Energien des Ostens
lehren uns die Kunst
der Achtsamkeit
und das Sakrament
der Dankbarkeit.

1. Mai: Beltane

Keimgedanke

Der Maifeiertag ist ein weiterer Schwebepunkt des Medizinrades, das uralte Fest Beltane, das auf halbem Wege zwischen dem Frühlingsäquinoktium und der Sommersonnenwende begangen wurde. Die Tage werden länger, verlocken die Erde dazu, sich den lebenspendenden Eigenschaften der Sonne zu öffnen und die verschiedensten Früchte hervorzubringen. Beltane ist eine Feier der Fruchtbarkeit der Erde und der Fruchtbarkeit unserer Seele. Es ist ein Aufruf zur Dankbarkeit dafür, daß alles im Universum fortwährend neu erschaffen wird - einschließlich uns selbst.

Gebet/Übung

Großer Geist, ich beginne den Monat Mai mit einem innigen Dank für das zunehmende Licht, das Leben aus meiner Seele und aus der Erde hervorkommen läßt. Möge mein Herz ein fruchtbarer Boden für das Keimen Deines Gottessamens sein, auf daß ich meiner Familie, meiner Gemeinde und allen Geschöpfen durch liebevollen Dienst möge nützen können.

Schließe die Augen und atme ein paarmal loslassend durch. Finde geduldig nach und nach in die innere Stille. Spüre das Aufwallen der Lebenskraft, die in dieser Stille verborgen liegt. Meditiere über die Lebenskraft in deinem Inneren.

Keimgedanke

Im Mai blühen die Blumen, und die Erde bedeckt sich mit einem grünen Kleid. Wir können dieses Wunder tiefer, inniger schätzen, da wir aus der Ödnis des Winters erwacht sind. Die Schönheit Gottes entfaltet sich in einer wahren Springflut von Farben, Düften, Wärme und einer schwindelerregenden Vielfalt von Formen und Arten. Wir gewinnen einen schwachen Eindruck von der wahren Herrlichkeit und Fruchtbarkeit unserer Kosmischen Geliebten. Nach der jüdischen Tradition ist es Gott die Mutter, die Schechina, die alle Dinge ins Dasein überführt.

Gebet/Übung

Kosmische Geliebte, Königin der Erde und des Himmels, Dein Überfluß ist wahrlich ehrfurchtgebietend. Du erweckst uns zyklisch aus unserem Schlaf und bringst jede Frucht zur rechten Zeit hervor – die Früchte der Erde und die Früchte unserer Seelen. Ich danke Dir und bete darum, daß ich das Göttliche Weibliche in mir erfahren möge, die Lebenskraft, die Leben spendet und erhält.

Widme dich ein paar Minuten lang der Metta-Meditation (11.–15. Februar): Sie ist ein Ausdruck der Liebe und des Segens des Göttlichen Weiblichen in dir.

Keimgedanke

Das Lied der Lieder oder Hohelied Salomos ist eine der schönsten Äußerungen der Freude und der Feier wahrer spiritueller Liebe und ihres Erscheinens in der Wiedergeburt des Frühlings. Diese berühmten Verse aus dem Hohenlied Salomos wurden erstmals im 4. Jahrhundert vor Christi Geburt niedergeschrieben. Sie feiern die mystische Vereinigung des Männlichen und Weiblichen in uns selbst, des Menschen und Gottes sowie des männlichen und weiblichen Aspekts des Schöpfers.

Gebet/Übung

Verweile für ein paar Minuten im Gebet der Sammlung oder in der Shamatha-Vipassana-Meditation. Dann rezitiere die folgende Passage aus dem Hohenlied – langsam, als eine Kontemplationsübung.

Steh auf, meine Freundin, meine Schöne, und komm her! Denn siehe, der Winter ist vergangen, der Regen ist vorbei und dahin. Die Blumen sind aufgegangen im Lande, der Lenz ist herbeigekommen, und die Turteltaube läßt sich hören in unserm Lande. Der Feigenbaum hat Knoten gewonnen, und die Reben duften mit ihren Blüten. Steh auf, meine Freundin, und komm, meine Schöne, komm her!

– Hohelied Salomos 2, 10–13

4. Mai

Keimgedanke

Die Chassidim, eine Mitte des 18. Jahrhunderts in Osteuropa entstandene mystische jüdische Sekte, feierten ihre Vereinigung mit Gott durch Gesang und Tanz und warteten die ganze Woche lang voll ekstatischer Vorfreude auf die Ankunft der Schechina – des Göttlichen Weiblichen –, die sie dann als spirituelle Geliebte empfingen: die »Sabbat-Königin«. Im Frühling und Sommer zogen sie am Freitagabend hinaus auf die fruchtbaren grünenden und goldenen Getreidefelder und hießen die Sabbat-Königin mit dem Liebeslied »Lechah Dodi« willkommen – einem Lied, das, wann immer ich es höre, meine Seele vor Wonne erschaudern läßt.

Gebet/Übung

Großer Geist, Göttliches Mysterium jenseits der Dualität von männlich und weiblich, Mutter und Vater, Mutter und Kind, hilf mir, Dich zu erkennen, indem ich jeden Deiner Aspekte begreife. In diesem Monat Mai hilf mir, Dich als Gott die Mutter zu verstehen, als Sie, die Leben spendet und erhält.

Verweile für ein paar Minuten im Gebet der Sammlung. Öffne dich der Göttlichen Gegenwart als ein empfangsbereites Gefäß für die Liebe Gottes.

Keimgedanke

Jede Woche ist ein in sich abgeschlossener Zyklus, eine mikrokosmische Abbildung des Jahreskreislaufs. Ebenso wie die moderne Gesellschaft die größeres Zyklen vergessen hat, die Weisheit der Jahreszeiten und der Erdenergien, die uns miteinander und mit dem heiligen Mysterium in Einklang bringen, genauso ist auch der Zyklus der Woche weitgehend in Vergessenheit geraten. Sich auf die Energien der Woche einzustimmen, deren Herz der Sabbat ist, ist unter den Zehn Geboten vielleicht dasjenige, das wir am leichtesten übertreten.

Gebet/Übung

Denke über diese uralte Weisheit nach, die Moses auf dem Berg Sinai als Teil der Formel zuteil wurde, durch die wir uns an unser Einssein mit Gott erinnern:

Gedenke des Sabbattages, daß du ihn heiligst. Sechs Tage sollst du arbeiten und alle deine Werke tun. Aber am siebenten Tage ist der Sabbat des Herrn, deines Gottes. Da sollst du keine Arbeit tun, auch nicht dein Sohn, deine Tochter, dein Knecht, deine Magd, dein Vieh, auch nicht dein Fremdling, der in deiner Stadt lebt, denn in sechs Tagen hat der Herr Himmel und Erde gemacht und das Meer und alles, was darinnen ist, und ruhte am siebenten Tage. Darum segnete der Herr den Sabbattag und heiligte ihn.

– 2. Mose 20, 8–11

Keimgedanke

Jede Woche hat einen Sabbat. Wenn es uns nicht möglich ist, uns einen ganzen Tag frei zu nehmen, um mit Familie und Freunden die Schöpfung zu feiern – zu schmausen, zu singen, zu tanzen, zu beten, zu lieben und zu danken –, können wir doch mit Sicherheit *einen* Teil eines bestimmten Tages zu unserem Sabbat erklären und ihn regelmäßig als ein Dankfest für die vielfältigen Segnungen in unserem Leben begehen.

Gebet/Übung

Überlege dir, wie du einen allwöchentlichen Sabbat feiern könntest. Der traditionelle jüdische Sabbat dauert von Freitagabend bis Samstagabend, während er im Christentum schon in früher Zeit auf den Sonntag verlegt wurde. Wenn du keine Synagoge, Kirche oder sonstige Kultstätte besuchst, könntest du dann nicht ein privates wöchentliches Ritual für dich und deine Familie oder Freunde ersinnen? Gebet, Lesungen spiritueller Schriften, Gesang, ein festliches Mahl und heitere Geselligkeit sind Teil der Sabbattradition. Deine Feier könnte eine Stunde oder auch einen ganzen Tag dauern – worauf es ankommt, ist deine Absicht, für die Dauer dieses »Zeitfensters« die Welt anzuhalten. *Dich bewußt auszuruhen und zu erholen wird weitreichende Auswirkungen auf dein ganzes Leben haben.*

Verweile für ein paar Minuten in Meditation und mache dir die Weisheit des Sabbattages bewußt. Überlege dir, ob es sich für dich richtig anfühlen würde, die Woche durch einen persönlichen Sabbat zu krönen.

Keimgedanke

Ebenso, wie wir einmal in der Woche im Schoß der Sabbat-Königin ruhen können, können wir uns jeden Tag die Ruhe eines Mini-Sabbats gönnen. Eine Zeit der Reflexion, des Gebetes und der spirituellen Übung stellt den heiligen Rhythmus des Tages wieder her. Die äußere Zeit wird mit der inneren Zeit ins Gleichgewicht gebracht. Es ist wichtiger, gewissenhaft auf die Einhaltung täglicher kurzer Zeiten der Meditation und des Gebetes zu achten als sich in unregelmäßigen Abständen längeren spirituellen Übungen hinzugeben. Selbst fünf Minuten täglichen Gebets haben auf dic Dauer eine große Wirkung, indem sie uns an unser wahres spirituelles Leben erinnern.

Gebet/Übung

Göttliche Mutter, lasse mich den Frieden und die Stille Deines Schoßes aufsuchen, wo ich täglich ausruhen kann. Die Lebenskraft fließt durch Dich in alle Dinge, die auf diesem Planeten zur Erscheinung gelangen. Wenn ich in Deine friedvolle Gegenwart eintauche, wird mein Energieleib die Gestalt des Göttlichen Willens annehmen, und ich werde vollkommener zu dem werden, was mir zu sein bestimmt ist.

Atme ein paarmal tief durch und gestatte deinen Augen, sich zu schließen. Konzentriere dich auf deine Atmung und achte darauf, wie dein Körper sich beim Einatmen hebt und beim Ausatmen senkt und entspannt. Stell dir vor, daß du dich bei jedem Ausatmen gelöst in die Arme der Göttlichen Mutter fallen läßt. Fahre zwei bis drei Minuten lang so fort.

Keimgedanke

Die mittelalterliche englische Mystikerin Juliana von Norwich ist besonders bekannt für ihre Verehrung Gottes als Mutter. In der Niederschrift ihrer Visionen, die unter dem Titel *Offenbarungen von göttlicher Liebe* veröffentlicht wurde, erklärt sie: »Dieses schöne und liebliche Wort ›Mutter‹ ist in sich so süß und so gütig, daß es rechtens auf niemanden bezogen werden kann außer auf Ihn, der die wahre Mutter des Lebens und aller Dinge ist. Zum Wesen der Mutterschaft gehören Natur, Liebe, Weisheit und Wissen, und dies alles ist Gott.«

Gebet/Übung

Gedankt sei Dir, Göttliche Mutter, dafür, daß Du heute morgen die Welt abermals ins Dasein gerufen hast. Lasse mich Deinen Frieden und Deine Stille spüren. Lasse mich Deine Arme um mich spüren, da ich mich mit jedem Ausatmen in Deine Göttliche Gegenwart fallen lasse. Wenn ich heute durch die Welt wandle, lasse mich jeden Aspekt der Natur als Dein Werk würdigen und innehalten, um Deinen Puls, Deinen Atem in allem Lebendigen zu spüren.

Finde heute eine lebende Pflanze – eine Topfpflanze, einen Baum, eine Blume, ein Kraut. Setze dich vor ihr nieder und zentriere dich mit Hilfe deiner Atmung. Begib dich an den inneren Ort der Stille und erweitere dann deinen Geist nach und nach, bis er die Pflanze mit einschließt. Meditiere für ein paar Minuten über die Lebenskraft, die in der Pflanze wirkt.

Keimgedanke

Hildegard von Bingen ist eine weitere christliche Mystikerin, die ich ganz besonders liebe. Sie lebte im 12. Jahrhundert, und ihr Werk vereinigt in sich Wissenschaft, Kunst und Religion. Hildegard liebte und verehrte die Natur, die sie als den getreusten Spiegel der göttlichen Schöpferkraft ansah. Sie schrieb: »Die Erde ist zugleich Mutter, sie ist die Mutter alles Natürlichen, Mutter alles Menschlichen. Sie ist die Mutter von allem, denn in ihr sind die Samen von allem enthalten. Die Erde der Menschheit birgt alle Feuchtigkeit, alles Grünen, alle Keimkraft in sich. Sie ist in vielfältigster Weise fruchtbar. Alle Schöpfung geht aus ihr hervor.«

Gebet/Übung

Der Kraft der Natur, also des Mutterprinzips, können wir durch Dankbarkeit gewahr werden. Schließe die Augen und atme ein paarmal loslassend durch. Erinnere dich an einen heiligen Augenblick, der dir einmal in der Natur zuteil wurde, einen Moment, da du einem Sonnenaufgang, einer Gebirgslandschaft, der ehrfurchtgebietenden Größe des Meeres, einer Blumenwiese – oder einer keimenden Bohne in einem leeren Joghurtbecher – vollkommen gegenwärtig warst. Rufe dir das Erlebnis mit allen Sinnen ins Gedächtnis zurück. Was hast du damals gesehen? Hast du irgendwelche Gerüche wahrgenommen? Irgendwelche Geräusche? Körperliche Empfindungen? Wind oder Sonne? Bewegung? Spüre dein Verbundensein mit der Welt der Natur und die Dankbarkeit, die spontan in deinem Herzen aufwallt.

10. Mai

Keimgedanke

Dankbarkeit ist eine natürliche Folge der Achtsamkeit. Sie ist zugleich auch eine Möglichkeit, achtsam zu werden. Oft sperren wir die Schönheit der Natur aus, indem wir uns aus Unachtsamkeit in das Geschwätz und die ängstlichen Grübeleien des kleinen Geistes mit seinem unaufhörlichen selbstbezüglichen Hängen an Vergangenheit und Zukunft hineinziehen lassen. Der Frühling bietet uns eine hervorragende Gelegenheit, unsere kleinlichen Sorgen loszulassen und uns durch tiefempfundenes Gewahren der Herrlichkeit der Natur dem Göttlichen Geist zu öffnen.

Gebet/Übung

Göttliche Mutter, Du hast die ganze Schöpfung in die Festgewänder des Frühlings gekleidet. Selbst in der Stadt blühen Bäume, treiben Sträucher Blütenknospen und duftet die Brise lieblich nach Blumen. Heute rufe ich Uriel und die Engel der Klarheit und Achtsamkeit an, daß sie mir helfen mögen, deine Werke wirklich zu sehen. Heute werde ich mich in Dankbarkeit üben. Wann immer ich etwas Schönes sehe, werde ich innehalten und es gebührend bewundern: »Gut gemacht, Göttliche Mutter!«

Keimgedanke

Einer der schönsten religiösen Bräuche, die ich durch meine jüdische Herkunft kenne, ist die Rezitation von sogenannten *brachot* – kurzen Dankgebeten in Form von Segnungen. Der Judaismus ähnelt darin dem griechisch-orthodoxen Christentum, daß beides Religionen der Dankbarkeit sind. Im Judentum gibt es über 100 Segnungen oder *brachot*, mit denen wir Gott für die verschiedensten Wunder der Natur danken können – für alles, was wächst und gedeiht; für die Sterne, die leuchten; für den Regenbogen; für die Speisen, die wir zu uns nehmen; ja selbst für die natürlichen Ausscheidungsvorgänge, die unseren Körper gesund erhalten!

Gebet/Übung

Eine bracha *ist eine Segnung Gottes für alles, was erschaffen worden ist. Du kannst einen spontanen Segen aussprechen, wann immer du etwas Wunderbares oder Schönes bemerkst:*

Gesegnet seist Du, Schöpfer des Universums, der Du uns den ersten Stern des Abends gegeben hast, das Licht des Mondes, das Lächeln eines Säuglings ...

Rezitiere heute wenigstens fünf brachot *zum Dank dafür, daß du etwas Schönes siehst. Verweile nach jeder Segnung für ein bis zwei Minuten in gesammelter Achtsamkeit. Mache dir bewußt, wie Dankbarkeit und achtsame Aufmerksamkeit die Lebenskraft in dir erwecken.*

Keimgedanke

David Steindl-Rast ist ein Benediktinermönch, der zu einer neuen Gattung kontemplativer Christen mit einem innigen Verständnis der Achtsamkeit und der Weisheit des Ostens gehört. Steindl-Rast bezeichnet Dankbarkeit als »das Herz des Gebets«. Er sagt, wenn wir Gebet als achtsame Aufmerksamkeit verstehen, können wir darüber reden, »ohne in einen religiösen Jargon zu verfallen ... Nennen wir es ... Sammlung oder Leben aus vollem Herzen, dann ist es leichter, das Gebet als eine Haltung zu erkennen, die all unsere Handlungen charakterisieren sollte. Je lebendiger und wacher wir werden, um so mehr wird alles, was wir tun, zum Gebet.«

Gebet/Übung

Gedankt sei Dir, Göttliche Geliebte, für diesen Frühlingsmorgen und die Neuerschaffung der Welt in einer neuen Morgenröte. Heute rufe ich Uriel und die Engel der Klarsicht an, daß sie mir helfen mögen, mein Leben in Achtsamkeit und Dankbarkeit zu leben. Lasse meine Haltung gegenüber allem, was ich sehe und erlebe, ein Dankgebet sein, das alles, was Du erschaffen hast, verherrlicht.

Verweile für einige Minuten im Gebet der Sammlung und lasse dich im Fluß der Liebe Gottes dahintreiben. Wenn du dich still und mit dem Göttlichen eins fühlst, verbringe noch ein paar Minuten in Kontemplation der Dinge, für die du dankbar bist.

Keimgedanke

Bruder David Steindl-Rast praktiziert Dankbarkeit als eine Methode, Achtsamkeit zu lernen. Jede Nacht, bevor er das Licht ausschaltet, denkt er an eine Sache, für die er noch nie dankbar gewesen ist. Es ist eine wunderbare Übung. Nachdem ich sie ein paar Wochen lang durchgeführt hatte, begannen mir die offensichtlichen Gründe für Dankbarkeit auszugehen. Da ich jedoch wußte, daß ich die Übung in der Nacht wieder machen würde, erinnerte ich mich tagsüber immer daran, achtsam zu sein und Dinge zu bemerken und zu würdigen, die mir ansonsten vielleicht gar nicht aufgefallen wären.

Gebet/Übung

Während du heute deinen Geschäften nachgehst, denke daran, etwas zu bemerken, wofür dir bislang nie in den Sinn gekommen war, dankbar zu sein. Lasse unmittelbar vor dem Einschlafen den Tag noch einmal an dir vorüberziehen und danke für die eine Sache, die du heute zum erstenmal zu schätzen gewußt hast.

Keimgedanke

Mein Mann und ich besuchten einmal einen Heilgottesdienst in einer römisch-katholischen Kirche. Der Priester, ein wundervoll demütiger und einfacher Mann, sagte etwas, das uns wirklich tief berührte. »Dankt Gott für alles, was es in eurem Leben gibt, das keiner Heilung bedarf.« Bisweilen, wenn mein rastloses Ich beginnt, in Dingen außerhalb meiner selbst nach dem Glück zu suchen, überfällt mich die Langeweile. Dann denke ich an Zeiten zurück, in denen ich äußerst nervös und ängstlich war, und ich danke Gott für mein jetziges Leben, das so friedlich verläuft, daß mein Ich sogar Gelegenheit findet, sich zu langweilen!

Gebet/Übung

Gedankt sei Dir, Göttliche Mutter, für diesen neuen Tag, diesen neuen Geist und diesen neuen Körper. Ich danke Dir für all die Dinge, die in meinem Leben keiner Heilung bedürfen.

Widme dich für ein paar Minuten der Kontemplation dieser Dinge und lasse dein Herz vor aufrichtiger Dankbarkeit überfließen. Verweile anschließend für ein paar Minuten im Gebet der Sammlung oder in der Shamatha-Vipassana-Meditation.

Keimgedanke

Einmal kehrten mein Mann und ich nach einem langen Arbeitstag in einer fremden Stadt in unser Hotelzimmer zurück. Wir hatten noch zwei Wochen dieses »Lebens aus dem Koffer« vor uns, und mein Ich fing an, sich in Selbstmitleid zu suhlen. »Ach, ich Arme! Ich muß so hart arbeiten!« Dann hielt ich aber inne und vergegenwärtigte mir, was ich alles hatte: ein warmes, behagliches Zimmer, eine sinnvolle Beschäftigung, eine gesunde Familie, einen vollen Magen und den Mann, mit dem ich seit über 20 Jahren zusammenlebte, neben mir im Bett. Ich sah ihm in die Augen und verspürte eine tiefe Dankbarkeit für die schlichte Tatsache, daß wir zusammen waren, weil mir mit einem Male die Unbeständigkeit aller Dinge bewußt geworden war und ich mich daran erinnert hatte, daß unweigerlich der Tag kommen würde, an dem wir uns an der Pforte des Todes würden trennen müssen.

Gebet/Übung

Göttliche Mutter, ich bin so dankbar für die vielen Geschenke des Lebens, insbesondere für das Geschenk, Familienangehörige und Freunde lieben und umsorgen zu können, das ich bisweilen für selbstverständlich nehme. Lasse mich die Zeit, die wir zusammen verbringen dürfen, bewußt genießen, und lasse mich stets der Unbeständigkeit des Lebens eingedenk sein und unseres Glücks, jetzt zusammensein zu können.

Das nächstemal, wenn du einen geliebten Menschen oder einen guten Freund triffst, probiere diese »achtsame Umarmung«, die ich vom vietnamesischen buddhistischen Mönch und Meditations-

meister Thich Nhât Hanh gelernt habe, aus. Schließe die betreffende Person in die Arme und denke beim ersten Einatmen: »Ich liebe dich«, und beim Ausatmen: »Ich bin so froh, hier mit dir zusammenzusein.« Beim nächsten Einatmen: »Ich bin wirklich glücklich, daß es dich gibt«, und beim nächsten Ausatmen: »Da ich weiß, daß wir uns eines Tages werden trennen müssen.«

Keimgedanke

Den Wert unseres Körpers erkennen wir in der Regel erst, wenn wir krank werden, und dann nehmen wir es ihm oft auch noch übel, daß er uns im Stich läßt. Bevor ich morgens aufstehe, führe ich manchmal eine Kurzfassung einer taoistischen »Meditation der Dankbarkeit gegenüber dem eigenen Körper« durch. Sie macht Spaß, weil sie einen dazu bringt, all seine Organe anzulächeln!

Gebet/Übung

Atme ein paarmal loslassend durch und versenke dich allmählich, geduldig in den Ort der inneren Stille. Richte deine Aufmerksamkeit auf deine Augen, lächle sie inwendig an und danke ihnen für ihre treuen Dienste. Wiederhole dies mit deinen Ohren, deiner Nase, deiner Zunge, deinen Stimmbändern, deinem Magen, deinem Darm, deinem Herzen, deinem Immunsystem und mit so vielen weiteren Organen, wie dir deine Zeit und deine anatomischen Kenntnisse noch erlauben!

Keimgedanke

Einmal bekam ich eine schmalzkringelförmige Grußkarte, auf der zu lesen stand: »Wer ist ein Opti-, wer ein Pessimist? Du weißt es doch: Ersterer sieht den Kringel, letzterer nur das Loch.« Es gibt Menschen, die mit allem gesegnet zu sein scheinen, was das Leben nur angenehm und erfreulich macht, und die dennoch immer nur Mangel und Ungenügen wahrnehmen. Andere wiederum besitzen in materieller Hinsicht sehr wenig, haben vielleicht Schweres, ja Tragisches durchgemacht, und sind trotzdem imstande, die Schönheit des Lebens zu sehen. Solche Menschen kennen das Geheimnis des Glücklichseins.

Gebet/Übung

Großer Geist, ich heiße Dich an diesem schönen Tag willkommen. Ich rufe Dich freudigen Herzens an und danke Dir für alles, womit Du mein Leben gesegnet hast. Heute bete ich darum, daß Du mir Bewußtheit schenkst. Wenn mein Ich sich wieder einmal einmischt und an diesem und jenem zu mäkeln und zu nörgeln beginnt, mach, daß ich diese pessimistischen Gedanken durchschaue und statt dessen erkenne, womit ich gesegnet bin.

Übe dich ein paar Minuten lang in der Achtsamkeit der Shamatha-Vipassana-Meditation.

Keimgedanke

Ein wohlgefüllter Küchenschrank ist mir immer wieder eine Quelle des Stolzes und der Freude. Schließlich möchte niemand, der hoch in den Bergen, eine halbe Autostunde vom nächsten Geschäft entfernt wohnt, plötzlich ohne Klopapier dasitzen. Aber es ist mehr als das. Ich schwelge förmlich im Anblick unserer Regale voll Tütensuppen und Mehl, Obstkonserven und ordentlich aufgereihten Gewürzgläschen. Es schenkt mir ein Gefühl der Sicherheit – bis mir wieder bewußt wird, wie lächerlich es ist zu glauben, Sicherheit sei in einem Küchenschrank zu finden. Das Leben ist ständig im Fluß, ständig im Wandel begriffen, und es gibt keine andere Sicherheit, als unser bewußt gepflegtes Gefühl des Einsseins mit Gott.

Gebet/Übung

Göttliche Mutter, lasse mich durch die Pforten der Achtsamkeit und Dankbarkeit zum Einssein mit Dir gelangen. Wenn mein Geist in der Außenwelt nach Sicherheit sucht, lasse mich statt dessen innen Zuflucht suchen bei meiner gläubigen Zuversicht, indem ich über diese schönen Worte Jesu nachsinne:

Darum sage ich euch: Sorget nicht um euer Leben, was ihr essen sollt, auch nicht um euren Leib, was ihr anziehen sollt. Das Leben ist mehr als die Speise und der Leib mehr als die Kleidung. Sehet die Raben an: sie säen nicht, sie ernten auch nicht, sie haben auch keinen Keller noch Scheune, und Gott nährt sie doch ... Sehet die Lilien an, wie sie nicht spinnen noch weben. Ich sage euch aber, daß auch Salomo in aller seiner Herrlichkeit nicht ist bekleidet gewesen wie deren eine.
– Lukas 12, 22–28

Keimgedanke

Wir wissen dann, daß der Gottessame in uns keimt, wenn wir die Freude, die Dankbarkeit und den Optimismus der wahren Demut in uns verspüren. Demut ist die Freiheit, die darin besteht, nichts beweisen zu müssen, weil wir uns unserer Identität als Kinder des Göttlichen ganz gewiß sind. Wenn das Unkraut der Anmaßung in unserem Garten zu sprießen beginnt, so ist dies ein Zeichen dafür, daß Unsicherheit in uns Wurzeln geschlagen hat, wodurch wir unseren wahren Wert, unsere wahre Natur vergessen: Schöpferkraft, Liebe und Weisheit.

Gebet/Übung

Gedankt sei Dir, Göttliche Mutter, für die Lebenskraft, die an diesem Maimorgen durch die Erde emporsteigt und in mir pulsiert. Hilf mir, den Garten meines Geistes zu pflegen, der wie ein fruchtbarer Acker ist, auf dem Dein Bewußtsein gedeiht. Hilf mir, die Triebe der Arroganz auszureißen – die besserwisserischen Gedanken und Handlungsweisen, die aus der Unsicherheit des Ichs sprießen und den Gottessamen in meinem Inneren daran hindern, vollkommen zur Blüte zu gelangen.

Achte heute auf alle Gedanken, die dir in den Sinn kommen. Arroganz ist der Feind der Demut und daher das Gegenteil der Dankbarkeit. Wenn ein arroganter Gedanke in deinem Bewußtsein auftaucht, nimm ihn zur Kenntnis, und lasse ihn ziehen, indem du den Erzengel Uriel bittest, deine Geistesklarheit wiederherzustellen.

Keimgedanke

Die Notwendigkeit, die eigenen Rechnungen zu bezahlen, ist eine hervorragende spirituelle Lehre und – richtig betrachtet – sogar ein Grund zur Dankbarkeit. Wir sind am Leben, wir führen mit den Menschen, von denen wir Dienstleistungen gekauft haben, einen mit-schöpferischen Tanz auf, und wir lernen, selbst zu entscheiden, wie wir unsere Kräfte einsetzen wollen und was für uns die höchste Priorität besitzen soll. Die Weise, wie wir unsere Rechnungen bezahlen, verrät einiges über unsere optimistische oder pessimistische Weltsicht. Der Optimist ist dankbar für das, was gegeben und empfangen worden ist. Der Pessimist wird eher eine geistige Armut an den Tag legen und seine Gläubiger des Wuchers, des Betrugs oder der Selbstsucht bezichtigen.

Gebet/Übung

Gedankt sei Dir, Göttliche Mutter, dafür, daß Du die achtsame Selbstbeobachtung in jeden Winkel meines Lebens trägst und insbesondere auf meine Einstellung gegenüber dem Geld richtest, die ein empfindlicher Anzeiger des Reichtums beziehungsweise der Armut meines Geistes ist. Hilf mir zu erkennen, inwiefern die Weise, wie ich mein Geld ausgebe, die Wertvorstellungen widerspiegelt, nach denen ich mein Leben ausrichte.

Verweile für ein paar Minuten im Gebet der Sammlung und sieh dir dann dein Haushaltungsbuch an (wenn du keines führst, versuche dich daran zu erinnern, wofür du im vergangenen Monat Geld ausgegeben hast). Wie ist deine gefühlsmäßige Einstellung gegenüber deinen Ausgaben? Spiegeln deine Ausgaben deine grundlegenden Wertvorstellungen wider? Wenn nicht, welche Änderungen könntest du vornehmen?

Keimgedanke

Indem du dich beklagst, bestärkst du deine negative Geisteshaltung, die überall nur Mangel und Unzulänglichkeit wahrnimmt. Wenn etwas nicht in Ordnung ist, unternimm etwas dagegen, anstatt dich zu beklagen! Pessimisten jammern und geben sich selbst und anderen die Schuld an dem jeweiligen Mißstand. Sie machen sogar Gott Vorwürfe. Optimisten sind über das Stadium der Schuldzuweisungen hinausgewachsen. Selbst in schwierigen oder regelrecht bedrohlichen Situationen sind sie dankbar für die Herausforderungen, die ihnen helfen, die eigenen Grenzen zu überwinden.

Gebet/Übung

Achte heute darauf, wie dein Ich durch Klagen und Schuldzuweisungen deine Fähigkeit einschränkt, glücklich zu sein. Selbst wenn alles in bester Ordnung ist, kann das Ich endlos darüber phantasieren, was schiefgehen könnte. Befreie dich von derlei Hirngespinsten mit Hilfe der mentalen Kampfkunst. Nimm zur Kenntnis, was dein Geist gerade tut, und sage dir: »Klagen« oder »Schuld zuweisen.« Dann atme loslassend durch und lasse die Klagen einfach vorüberziehen – ebenso, wie du es während der Meditation mit auftauchenden Gedanken tust.

Verweile für ein paar Minuten im Gebet der Sammlung oder in der Shamatha-Vipassana-Meditation und lasse das Ich und seine Klagen einfach an dir vorüberziehen, ohne dich verwickeln zu lassen und ihnen Leben einzuflößen.

Keimgedanke

Das menschliche Dasein ist eine große Chance, die allzuhäufig verkannt oder unterschätzt wird. Eine Frau, die ich kenne, versuchte als junges Mädchen, sich umzubringen, weil sie von ihren Eltern mißhandelt wurde. Als sie im Jenseits ankam, erklärte ihr ein liebendes Lichtwesen, das Leben sei ein äußerst kostbares Geschenk, und sie habe nicht das Recht, es wegzuwerfen. Als sie sich beklagte, niemand liebe sie, erwiderte das Lichtwesen, ihre jetzige Existenz gebe ihr die Gelegenheit zu begreifen, daß sie selbst lieben müsse. Sie kehrte zurück, erfüllt von Dankbarkeit für das Leben und von der Erkenntnis durchdrungen, daß sie sogar für ihre Leiden, durch die sie eine der wichtigsten Lektionen des Lebens überhaupt lernen würde, dankbar sein konnte.

Gebet/Übung

Für Leiden und Entbehrungen dankbar zu sein bedeutet nicht, daß wir uns mit erniedrigenden oder ungesunden Situationen abfinden müssen. Es gibt Zeiten des Handelns und Zeiten der Hingabe. Beide Vorgehensweisen bieten Gelegenheit zu wertvollen Lernerfahrungen und Grund zur Dankbarkeit. Verweile für ein paar Minuten in Meditation und mache dir dann die Schwierigkeiten bewußt, mit denen du im Leben zu kämpfen hast. Sage das Gebet der Gelassenheit auf:

Gott gebe mir den Mut, Dinge zu ändern, die ich ändern kann, die Gelassenheit, Dinge hinzunehmen, die ich nicht ändern kann, und die Weisheit, das eine von dem anderen zu unterscheiden.

Ich könnte hinzufügen: Gott gebe mir die Einsicht, die es mir ermöglicht, für alles dankbar zu sein, was mir widerfährt.

Keimgedanke

Viele Menschen, die von einer Nahtoderfahrung zurückkehren, sind von einem neuen Bewußtsein vom unschätzbaren Wert der menschlichen Existenz durchdrungen. Diese Erkenntnis bestätigt die Lehre vieler östlicher Religionen, der zufolge das Leben als Mensch das größte Glück überhaupt sei, da es den einzigen möglichen Zugang zur Erlösung darstelle. Die tibetischen Buddhisten sagen: Wenn es einen Ozean gäbe, so groß wie das Universum, und wenn ein einziger hölzerner Ring auf der Wasseroberfläche triebe und eine einzige Schildkröte schwämme in diesem ganzen Ozean umher, dann wäre die Wahrscheinlichkeit, daß die Schildkröte beim Auftauchen den Kopf durch den Holzring steckt, ebenso groß wie die Wahrscheinlichkeit, daß eine Seele eine menschliche Wiedergeburt erlangt.

Gebet/Übung

Großer Geist, erwecke bitte in meinem Herzen tiefe Dankbarkeit für das Gnadengeschenk meines Lebens. Ich bin ein ewiger, unsterblicher Aspekt Deines Bewußtseins, ein wachsender Strahl Göttlichen Gewahrens. Meine Seele wird zunehmend reicher durch die Erfahrungen, die das Leben gewährt. Dennoch vergesse ich bisweilen diese meine außergewöhnliche Situation. Ich bin am Leben! Dank sei Dir, Göttliche Geliebte, für dieses unfaßbare Geschenk!

Verweile für ein paar Minuten im Gebet der Sammlung oder in der Shamatha-Vipassana-Meditation. Dann führe dir die absolut erstaunliche Tatsache zu Bewußtsein, daß es dich gibt.

Keimgedanke

Das griechisch-orthodoxe Christentum ist eine wundervolle Tradition der Dankbarkeit. Der Mensch gilt darin als Mittler zwischen der Schöpfung und dem Schöpfer, als ein Spiegel, der Gott die Schönheit alles Erschaffenen zurückwirft. Die griechisch-orthodoxe Sichtweise erinnert mich an das quantenmechanische Paradoxon, dem zufolge es schlechthin unmöglich sei zu bestimmen, ob im Wald ein Baum umfällt, wenn niemand da ist, der das Ereignis beobachtet. Wenn es zutrifft, daß Beobachter und Beobachtetes unauflöslich miteinander verknüpft sind und die Wirklichkeit erst durch diese Beziehung erschaffen wird, dann trägt unsere Dankbarkeit tatsächlich dazu bei, die Welt ins Dasein zu überführen.

Gebet/Übung

Göttliche Geliebte, lasse mich Deine Augen und Ohren sein, Deine sanfte Berührung, Deine Emotionen. Indem ich klar sehe, indem ich tief empfinde, indem ich achtsam in das Leben eintauche, verspüre ich Dankbarkeit und Freude. Indem ich Deine Werke bewundere und voll Dankbarkeit betrachte, helfe ich außerdem, die Welt ins Dasein zu überführen.

Zentriere dich um deine Atmung, bis du spürst, daß du in die stille, geduldige Haltung der Achtsamkeit gleitest. Es gibt keinen Ort, den du erreichen, nichts, was du tun müßtest, außer wie ein Spiegel Gott die Schönheit der Schöpfung zurückzugeben. Sieh den Himmel an und bewundere all seine Farbtöne, seine unaussprechliche Schönheit. Lasse dir Zeit und verweile in dieser Kontemplation, bis du spürst, daß du den Himmel gefühlt hast.

25. Mai

Keimgedanke

Der heilige Leontius von Zypern war ein griechisch-orthodoxer Bischof des 6./7. Jahrhunderts. Er lehrte, die Schöpfung könne Gott nicht unmittelbar verehren, sondern nur durch uns: »Durch mich verkündet der Himmel die Herrlichkeit Gottes, durch mich betet der Mond Gott an, durch mich verherrlichen Ihn die Sterne, durch mich lobpreisen Wasser und Regen, Tau und alle Schöpfung den Herrn und beten Ihn an.«

Gebet/Übung

Halte dir heute den Gedanken gegenwärtig, daß du Gottes Schöpfung sichtbar werden läßt, daß du die Erde durch deine Bewunderung zum Erblühen bringst. Übe heute morgen Metta, indem du allem, was in deinem Heim, deinem Garten, deiner Umgebung, deinem Wohnort wächst und gedeiht, deine wohlwollenden Segenswünsche zusendest.

Keimgedanke

Der buddhistische Mönch Thich Nhât Hanh lehrt ein wundervolles mentales Tischgebet: Soll's heute abend grüne Bohnen geben? Denke an die Menschen, die die Felder gepflügt und die Samen gesät haben. Denke an den Wind und den Regen, die Sonne und den Mond, deren vereinte Energien die Bohnen zum Keimen und Wachsen gebracht haben. Denke an die Menschen, die die Bohnen gepflückt, sie in Kisten verpackt und in die Stadt gefahren haben. Denke an die Menschen, die die Bohnen ausgeladen und im Geschäft zum Verkauf angeboten haben. Denke an den Menschen, der die Bohnen gekauft, sie gekocht und auf den Tisch gestellt hat. Denke an das Große Mysterium des Lebens, den Schöpfer, der das Ganze überhaupt nur ermöglicht und bewirkt hat. Sei ihnen allen dankbar.

Gebet/Übung

Gedankt sei Dir, Großer Geist, für das kostbare Gewebe des Lebens, an dem ich als ein einzelner Faden teilhabe. Hilf mir, bewundernd nachzuvollziehen, mit welcher Anmut, welcher Eleganz alle Fäden miteinander verflochten sind. Wann immer ich heute etwas benutze – sei es eine Plastiktüte, die Kleider, die ich trage, mein Auto, meinen Computer –, hilf mir zu begreifen, wie viele Naturkräfte, wie viele menschliche Hände, welch Göttliche Weisheit an dessen Schöpfung beteiligt gewesen sind.

Sprich heute vor jeder Mahlzeit ein achtsames Dankgebet, das dich wirklich mit den Kräften der Natur in Verbindung bringt.

Keimgedanke

Thich Nhât Hanh lehrt achtsames Gehen als eine Form der Meditation. Wie oft bist du schon durch eine schöne Landschaft spazierengegangen und hast dabei kaum etwas wahrgenommen? Hast du schon einmal einen ganzen solchen Spaziergang damit zugebracht, dir Gedanken über deine Einkommensteuererklärung zu machen, dich über deine Beziehungen zu sorgen oder irgendwelche Pläne zu schmieden? Achtsam durch die Natur zu gehen ist eine der beglückendsten Tätigkeiten überhaupt. Es versetzt uns in den Augenblick – den »Ort«, an dem wir die Natur, den Körper, der uns von Ort zu Ort bewegt, die Luft, die wir atmen, die Wärme der Sonne oder die Nässe des Regens auf unserer Haut wahrhaft würdigen können.

Gebet/Übung

Mache heute einen achtsamen Spaziergang. Wenn du nicht in die Natur kannst, mache eine solche Gehmeditation in deiner Wohnung. Richte deine Aufmerksamkeit zwanglos auf deine Atmung. Achte gleichzeitig darauf, wie sich dein Körper bewegt, wie sich das Gewicht von einem Fuß auf den anderen verlagert. Vielleicht kannst du auch deine Schritte mit deinen Atemzügen in Einklang bringen: zwei oder drei Schritte bei jeder Ein- und ebenso viele bei jeder Ausatmung. Die Empfindung des Gehens und Atmens ist zugleich der Gegenstand und der »Anker« deiner Aufmerksamkeit. Wenn du dich im gleichzeitigen Bewußtsein deines Atmens und Gehens zentriert fühlst, öffne deine Sinne allem, was dich umgibt. Der Atem ist wie eine Brücke zwischen dir und allem, was du siehst, hörst, berührst, riechst und fühlst. Wenn deine Aufmerksamkeit abschweift, lenke sie sanft auf die Empfindung des Atmens und Gehens zurück. Genieße den Augenblick!

Keimgedanke

Je achtsamer wir werden, desto mehr wissen wir Schönheit und Ordnung zu schätzen. Ebenso wie Samen am besten in einem Garten keimen, aus dem jeder exzessive Wildwuchs entfernt worden ist, trägt unsere persönliche Entwicklung am ehesten dann Früchte, wenn wir alles überflüssige Gerümpel aus unserem Leben beseitigt haben. Einer meiner spirituellen Lehrer erklärte einmal, der Zustand unserer Schubladen sei ein getreues Abbild des Zustands unseres Unbewußten. Ich fuhr schnurstracks heim und räumte meine Schubladen auf. Das war einfach. Mein Unbewußtes zu entrümpeln hat mich erheblich mehr Zeit und Energie gekostet!

Gebet/Übung

Göttliche Mutter, die Du die kosmische Gärtnerin bist, gedankt sei Dir dafür, daß Du die Samen der Liebe und des Dienens in mein Herz gesät hast. Hilf mir, meinen Garten von Unkraut zu befreien, auf daß die Samen, die Du in mein Leben gesetzt hast, keimen und zur Blüte gelangen mögen.

Erfrische deinen Körper-Geist und deine Seele mit ein paar Minuten des Gebets der Sammlung oder der Shamatha-Vipassana-Meditation. Dann überlege dir, welche »Frühlingsputzaktion« du durchführen könntest – deine Schubladen aufräumen und alte Kleidungsstücke dem Roten Kreuz schenken, einen Blumenkasten oder ein Beet säubern, ein Zimmer in Ordnung bringen und zumindest einen Teil des unvermeidlichen Gerümpels loswerden, das sich im Laufe der Jahre darin angesammelt hat, kurz: »Raum« wieder in einen Zustand einfacherer, schlichterer Schönheit bringen. Entwickle einen genauen Plan für deine Aufräumaktion.

Keimgedanke

Weniger ist oftmals mehr, wie es so richtig heißt. Vor vielen Jahren hielt unser Geistlicher eine Predigt darüber, wie leicht wir zu Sklaven unserer Besitztümer werden können. Nach dem Gottesdienst sprach uns eine Freundin an und sagte: »Als Reverend Chris fragte, was wir tun könnten, um unser Leben zu vereinfachen, mußte ich an die Woche denken, als Bruce und ich euer Haus gehütet haben. Es war so zeitraubend, all eure Pflanzen zu gießen, daß ich mich wirklich gefragt habe, ob sie für dich und Miron auch eine solche Belastung darstellen.« Ich liebe Pflanzen, aber Lindas Worte bewirkten, daß ich unsere Sammlung plötzlich mit anderen Augen sah. Wir behielten diejenigen, die uns am meisten am Herzen lagen, und fanden für rund 20 weitere ein neues Zuhause. Die Pflanzen, die uns verblieben, konnten wir auf eine neue Weise würdigen. Bis dahin hatten wir soviel Arbeit damit gehabt, uns um alle zu kümmern, daß uns kaum bewußt geworden war, wie schön jede einzelne von ihnen war.

Gebet/Übung

Göttliche Mutter, Du hast mir so unendlich viel geschenkt, daß ich bisweilen vergesse, Deine Gaben angemessen zu würdigen. Hilf mir, mein Leben zu vereinfachen, damit ich das, was ich habe, wirklich schätzen kann. Und hilf mir, Deine reiche Fülle auszustreuen, indem ich Dinge aus meinem Besitz Menschen schenke, die sich richtig an ihnen zu erfreuen vermögen.

Verweile für ein paar Minuten in der Shamatha-Vipassana-Meditation und überlege dir dann, wovon du zuviel hast und wem du davon etwas abgeben könntest.

Keimgedanke

Ungefähr alle fünf Jahre machen mein Mann und ich eine Diät. Wir streichen aus unserem Ernährungsplan alles, was nicht unbedingt für unsere Gesundheit erforderlich ist, verzichten ganz auf Fett und Zucker und achten darauf, möglichst viel Gemüse- und Vollkorngerichte zuzubereiten. Wir sind jedesmal wieder verblüfft, um wieviel mehr wir unsere Nahrung zu schätzen wissen, wenn wir uns die Zeit genommen haben, sie sorgfältig zuzubereiten, und anschließend jeden Bissen bewußt auskosten. Eine solche Diät ist für uns eine Zeit unaussprechlicher Dankbarkeit für das Geschenk des »täglichen Brotes«, das wir ansonsten allzuleicht als selbstverständlich betrachten. Auch hierbei erweist sich weniger als mehr.

Gebet/Übung

Göttliche Geliebte, ich bin so dankbar für alles, was ich in meinem Leben habe: Nahrung, Obdach und eine wachsende Liebe zu Dir. Hilf mir heute, wenn ich mich zu Tisch setze, achtsam zu essen, jeden Bissen bewußt auszukosten. Lasse mich so essen, als wäre es das erste Mal und als könnte es auch das letzte Mal in meinem Leben sein – mit vollkommener Hingabe und großer Freude.

Iß heute achtsam: Sei dir jedes Bissens bewußt, den du kaust, und jedes Bissens, den du schluckst. Iß nur, wenn du wirklich Hunger verspürst.

Keimgedanke

Wahre Schlichtheit besteht nicht in der Verwendung bestimmter äußerer Formen, sondern im Verzicht auf jede Übertreibung, in der Beibehaltung geistlicher Demut und darin, unsere materielle Umgebung so zu gestalten, daß sie unmittelbar notwendigen Zwecken dient, auch wenn sie zugleich von Anmut, Symmetrie und Schönheit charakterisiert sein mag.

– *Book of Discipline* der Gesellschaft der Freunde

Gebet / Übung

Gedankt sei Dir, Göttliche Mutter, dafür, daß Du mir hilfst, an diesem schönen Frühlingsmorgen den Garten meines Lebens von allem Unkraut zu befreien. Ich flehe Uriel an und die Engel der Klarheit, mir zur Einsicht zu verhelfen, daß Disziplin nicht bedeutet, auf Dinge zu verzichten, die ich zum Glücklichsein brauche, sondern für das, was ich habe, dankbarer zu sein – was in sich schon das Glück ist. Geistliche Demut ist keine falsche Bescheidenheit, sondern die lautere Freude eines achtsamen Herzens, das in Dir Geborgenheit gefunden hat.

Verweile für ein paar Minuten im Gebet der Sammlung oder in der Shamatha-Vipassana-Meditation. Dann richte deine Aufmerksamkeit auf den Raum, der sich unmittelbar vor dir befindet – auf das Östliche Tor deines Körpertempels. Rufe die Gegenwart Uriels an und bitte um Klarheit und Aufklärung darüber, wie du dein Leben vereinfachen könntest. Sitze still und warte auf eine Antwort.

Juni

Wunder des Lichts: Gebet und spirituelle Heilung

Juni ist ein Monat des Überflusses,
in dem der Gottessame in uns seine Entfaltung
gemäß dem Plan unserer Seele fortsetzt.
Alles für unser Wachstum Notwendige ist gewährt worden,
und durch die Anwendung »wissenschaftlichen Gebets«
und spiritueller Heilung
erheben wir Anspruch auf das, was schon unser ist, und
helfen anderen, ihren eigenen Göttlichen Plan
zu verwirklichen.
Wir werden zu Mittlern von Wundern.
Das äußere Licht und das Innere Licht strahlen hell im Juni,
und wir können diese gesteigerte Energie dazu verwenden,
uns einzustimmen in die Gegenwart des Erzengels Gabriel
und unseres Schutzengels,
der uns seit vor Anbeginn der Welt
bei der Entwicklung des Liebeswillens unserer Seele begleitet.
Lausche den Stimmen der Uralten,
da sie in den warmen Sommerwinden aufsteigen und schimmern
auf den glitzernden Gräsern, die sich sanft
in der Sommersonne wiegen:

Die Lebenskraft steigt
durch die Erdmutter auf,
und alles und jedes ist gut.
Die Bärenjungen spielen
in einem Zauberwald,
in dem ein Tor steht,
darin sich zwei Welten berühren.
Der Erzengel Gabriel
und unsere Schutzengel
lehren uns beten.
In unserem selbstlosen Willen zu dienen
werden wir zu Öffnungen,
durch welche Wunder
der wohlwollenden Güte und des Heilens
sich zum Wohl aller Wesen
ereignen können.

Keimgedanke

Selbst noch im Juni werden die Tage länger, und das Medizinrad der Jahreszeiten wird sich erst am Tag der Sommersonnenwende, dem 21. dieses Monats, vollständig nach Süden hin öffnen. Die Helligkeit der Sonne lockt Früchte aus der Erde hervor und fördert die Klarheit unserer Wahrnehmung. Dies ist die Zeit, da die Energien des Lichts wahre spirituelle Heilung und Genesung bewirken können: die Erkenntnis unseres Einsseins mit Gott, die alles Leiden lindert und alle eingebildeten Grenzen zunehmend durchlässiger macht.

Gebet/Übung

Göttlicher Geliebter, möge ich klar sehen, möge ich im tiefsten Grund meiner Seele wissen, daß ich und alle Wesen eins sind mit Dir. Möge ich erkennen, daß Du genau hier zur Erscheinung gelangst, genau hier erscheinst als ich, als Familie, Freunde, Feinde und alle Geschöpfe. Durch diese Erkenntnis werde ich geheilt.

Führe die Metta-Meditation (11.–15. Februar) durch, indem du allen Wesen liebevolle Segenswünsche zusendest.

Lasse im Laufe des heutigen Tages wohlwollende Güte (Metta) in all deine Beziehungen einfließen. Wenn du spürst, daß jemand leidet, sende ihm einen Segen. Du kannst dies mit offenen Augen tun, indem du dem betreffenden Menschen gedanklich Licht und Fürsorge darreichst und gleichzeitig selbst empfängst.

Keimgedanke

Der Apostel Paulus schrieb:

Jetzt sehen wir noch dunkel, wie durch einen Spiegel rätselhaft; einst aber von Angesicht zu Angesicht. Jetzt noch ist mein Erkennen unvollkommen; dann aber werde ich erkennen, so wie ich auch erkannt werde.– 1. Korinther 13, 12

Paulus versteht unter spiritueller Heilung den Unterschied zwischen der relativen Wirklichkeit, in der wir »dunkel, wie durch einen Spiegel rätselhaft« sehen, und dem Gewahrwerden der absoluten Wirklichkeit, des göttlichen Geistes, der jenseits aller uns vertrauten Gegensatzpaare ist – dem Zustand nämlich, in dem »ich erkenne, so wie ich auch erkannt werde«, dem Zustand bewußten Einsseins mit Gott.

Gebet/Übung

Gedankt sei Dir, Göttlicher Geliebter, für das erstarkende Licht richtigen Erkennens, durch das ich Dessen gewahr werde, Der ich wirklich bin: ein Göttliches Kind, ein untrennbarer Aspekt Deines Bewußtseins.

Verweile für ein paar Minuten im Gebet der Sammlung oder in der Shamatha-Vipassana-Meditation. Sieh dich um und erkenne, daß alles Teil des göttlichen Geistes ist. Dieser Stuhl besteht aus dem Geist Gottes, dieses Fenster besteht aus dem Geist Gottes. Du bestehst aus dem Geist Gottes. Es gibt nichts, was nicht Gott wäre.

Rufe dir heute immer wieder das Wunder des Daseins ins Bewußtsein zurück, indem du dir beim Anblick von Menschen oder Dingen sagst: »Dieser Mensch (dieser Baum, dieses . . .) ist der zur Erscheinung gelangte Geist Gottes.«

Keimgedanke

Jesus erklärte wiederholt: »Ich und der Vater sind eins.« Gott manifestiert sich als eine Vielzahl scheinbar individueller Geschöpfe, doch jeder von uns hat seine Identität in Einheit mit dem Göttlichen. Wenn wir beten, ist es nicht so, daß wir hier unten zu jemandem da oben sprächen. »Ich und der Vater sind eins.« Nicht zwei. Wenn unsere Wahrnehmung klar wäre, wie die Wahrnehmung Jesu oder Buddhas oder irgendeines anderen Erleuchteten, würden wir augenblicklich alle Dualität von Gott und Mensch, »ich« und »die anderen«, Gut und Böse, Leben und Tod hinter uns lassen. Wir wüßten, daß das ewige Himmelreich hier und jetzt ist, in jedem einzelnen von uns.

Gebet/Übung

Eine der ältesten spirituellen Lehren lautet: »Seht Gott in einander.« Während du heute deinen gewohnten Pflichten nachgehst, sieh jeden, dem du begegnest, als einen sinnlich faßbaren Aspekt Gottes an. Wenn wir einen anderen Menschen als unserer uneingeschränkten Achtung und Liebe würdig ansehen, manifestiert sich in ihm und durch ihn die Vollkommenheit des Göttlichen Geistes, und wir werden zu »Kanälen« wahrer spiritueller Heilung.

Keimgedanke

Solange wir Gott als etwas wie einen »kosmischen Weihnachtsmann« ansehen, der nur dazu da ist, unsere Wünsche zu erfüllen, halten uns unsere Gebete in einem Gefühl des Mangels gefangen. Im Universum ist alles in überreichem Maße vorhanden. Gott hat bereits für die Befriedigung all unserer Bedürfnisse gesorgt. Wir brauchen uns nur der Gnade zu öffnen, die jederzeit gegenwärtig ist. Der spirituelle Heiler und Mystiker Joel Goldsmith schrieb: »Du beginnst zu verstehen, daß Gott weder geben noch vorenthalten kann. Du kannst dich der Gnade Gottes verschließen, aber durch das Gebet kannst du dich auch wieder mit deinem Urquell vereinigen. Dann wird dein Gebet kein Suchen nach diesem oder jenem mehr sein: Es wird ein Bitten und Anklopfen sein um mehr Licht, größere spirituelle Weisheit, größere Geistesklarheit.«

Gebet/Übung

Gedankt sei Dir, Göttlicher Geliebter, für das Geschenk des Lichts, das mich jetzt erweckt und mir zeigt, wer ich bin, und mir offenbart, daß es Deine höchste Wonne ist, mir das Himmelreich zu schenken. Ich rufe Uriel an und die Engel der Klarheit, daß sie mir helfen mögen, nach der rechten Erkenntnis und Wahrnehmung und der richtigen Beziehung zu Dir zu streben. Du bist nicht dazu da, meine Bedürfnisse zu befriedigen, denn das hast Du bereits getan. Ich bin dazu da, die Herrlichkeit der Schöpfung wie ein Spiegel Dir zurückzuwerfen. Sobald ich gelernt habe, diese meine Aufgabe zu erfüllen, werden alle meine Bedürfnisse und Sehnsüchte in Erfüllung gehen, da ich mich dem Strom Deiner Gnade nicht mehr widersetzen werde.

Keimgedanke

Ein Kurs in Wundern definiert das Wunder als eine Veränderung der Wahrnehmung. Spirituelle Heilung ist insofern ein wirkliches Wunder, als sie uns befähigt, unsere begrenzten und begrenzenden Vorstellungen aufzugeben und zu erkennen, daß nichts, was auf der äußeren Ebene geschehen kann, unseren inneren Frieden zu erschüttern vermag, wenn wir die Erkenntnis unseres Einsseins mit Gott zu unserem höchsten Anliegen gemacht haben.

Gebet/Übung

Gedankt sei Dir, Göttlicher Geliebter, für das Licht und die Klarheit, die mich erwecken und mir das Gewahren meiner eigentlichen Natur eröffnen, Deines Göttlichen Geistes und der unendlichen Stille, Weisheit und Liebe, die ich bin. Ich rufe Uriel an und die Engel der Klarheit, daß sie mir helfen mögen, die Ereignisse des heutigen Tages mit dem rechten Erkennen wahrzunehmen. Wie die Dinge auch äußerlich erscheinen mögen, lasse mich stets an das Gebet der Teresa von Avila denken:

Lasse dich durch nichts verstören,
Lasse dich durch nichts betrüben -
Alles vergeht:
Gott allein ist wandellos auf ewig.
Geduld erreicht das Ziel.
Wer Gott hat, dem mangelt nichts:
Gott allein genügt.

Keimgedanke

Ian Gawler war ein 25jähriger Tierarzt und Zehnkämpfer, als ihm wegen Knochenkrebs ein Bein an der Hüfte amputiert werden mußte. Trotzdem bildeten sich binnen weniger Monate Metastasen im ganzen Körper, und die Ärzte gaben ihm nur noch zwei Wochen zu leben. Anstatt sich dieser Prognose zu fügen, heiratete er Grace, seine Sprechstundenhilfe, und dann machten sich die beiden daran, Heilung auf jeder nur möglichen Ebene zu empfangen. Sie suchten einen energetischen und einen medialen Heiler auf. Ian stellte seine Diät um und verbrachte täglich mehrere Stunden in einer tiefen, stillen Meditation, die dem Gebet der Sammlung ähnelte. Der Krebs ging mehr und mehr zurück, bis er schließlich nach Ablauf von vier Jahren vollends verschwunden war. 20 Jahre später fragten mein Mann und ich Ian, was er als die Ursache seiner erstaunlichen Genesung ansah. Er antwortete: »Seelenfrieden.«

Gebet/Übung

Großer Geist, hilf mir, des Seelenfriedens gewahr zu werden, der meine wahre Natur ist, mein Geburtsrecht in Dir.

Verweile für ein paar Minuten im Gebet der Stille oder in der Shamatha-Vipassana-Meditation. Ende mit einer Metta-Meditation, da wohlwollende Güte die eigentliche Essenz der Göttlichen Gegenwart ist und der wahre Ausdruck spiritueller Heilung.

Keimgedanke

Seelenfrieden schafft die günstigsten Bedingungen für die Möglichkeit körperlicher Genesung. Der große Physiologe und Verhaltensforscher Iwan Pawlow zog sich lange vor der Entdeckung der Antibiotika eine schwere Infektion zu. Als er schon fast im Sterben lag, erteilte er einem seiner Assistenten den merkwürdigen Auftrag, ihm einen Eimer voll warmem Flußschlamm zu holen. Kaum war der Mann zurück, als Pawlow die Hände in den Eimer steckte und anfing, wie ein Kind im Matsch zu spielen. Binnen weniger Stunden ging das Fieber zurück. Pawlow hatte sich folgendes überlegt: Wenn es ihm gelänge, den friedvollsten, wunderschönsten Moment seines Lebens neu zu durchleben, hätte sein Körper die größten Chancen, wieder zu genesen. Als er sich daran erinnerte, daß seine Mutter in seiner Kindheit die Wäsche im Fluß gewaschen und ihm dabei Geschichten erzählt hatte, während er glücklich im Schlamm spielte, erschuf er diese Situation neu, und sein Organismus fand tatsächlich wieder zu seinem inneren Gleichgewicht zurück.

Gebet/Übung

Schließe die Augen und versenke dich in die innere Stille. Rufe dir jetzt eine Zeit ins Gedächtnis zurück, da du dich in einem Zustand vollkommenen Friedens und Behagens befunden hast: einen Tag in der Sonne, einen Augenblick aus deiner Kindheit, eine innige Begegnung mit einem Tier. Sobald die Erinnerung aufgetaucht ist, durchlebe sie mit all deinen Sinnen neu. Vergegenwärtige dir die Formen und Farben, die Gerüche, die körperlichen Gefühle, wie Bewegungen und Tastempfindungen, und das alles durchdringende Gefühl des Friedens. Wie fühlt sich der Frieden in deinem Körper an?

7. Juni

Erinnere dich im Laufe des heutigen Tages zwei- bis dreimal daran, daß du durchaus Frieden empfinden kannst. Atme einmal tief durch und erinnere dich daran, wie sich der Frieden körperlich anfühlt. Wenn du eine kleine Hilfestellung benötigst, vergegenwärtige dir wieder die Erinnerung von heute morgen.

Keimgedanke

Seelenfrieden ist der Schlüssel zu Heilung und Genesung. Die Erfahrung, die wir als Frieden bezeichnen ist, die körperlich-seelische Wahrnehmung von Gottes Gegenwart, das Sich-Eins-Fühlen mit dem Quell unseres Daseins. Der Kardiologe Herbert Benson hat die Physiologie des Friedens beschrieben – die sogenannte »Entspannungsreaktion«. Dabei handelt es sich um einen zutiefst regenerierenden »wachsamen hypometabolischen [von vermindertem Stoffwechsel gekennzeichneten] Zustand«, in dem der Blutdruck sinkt, die Herzfrequenz zurückgeht, das Immunsystem ins Gleichgewicht kommt und das Denken sich beruhigt, wodurch eine tiefere Weisheit hervorscheinen kann.

Gebet/Übung

Großer Geist, mein Herz ist voll Dankbarkeit für das fortschreitende Erwachen und Gewahrwerden des Lichts, das mir zuteil wird, während die Frische des Frühlings zur Üppigkeit des Sommers heranreift. Hilf mir bitte, die Vorstellung aufzugeben, ich müßte ständig »etwas tun«, um heilen und genesen zu können. Hilf mir, mich in Deine friedvolle Gegenwart fallen zu lassen und das Sein zu erfahren, das meine wahre Natur ist.

Verweile für mehrere Minuten im Gebet der Sammlung. Erinnere dich, daß Meditation ein Nichthandeln ist: Sie ist einfach das Loslassen des kleinen Geistes und das Einswerden mit dem Strömen des Göttlichen Geistes.

Keimgedanke

Es gibt keine Krankheit oder Lebenssituation, die sich nicht irgendwie kurieren ließe. Aber wenn wir auf einer Kur bestehen, könnte es sein, daß wir die Chance verpassen, spirituell geheilt zu werden – insbesondere dann, wenn unser Hängen an der Kur einen inneren Kampf in uns auslöst. Wenn die körperliche Genesung unserem Wachstum oder dem Wachstum eines anderen dient, kann sie – sogar in Form einer sogenannten Wunderheilung – im Nu geschehen. Wenn hingegen die Krankheit im Dienste unseres Wachstums oder des Wachstums eines anderen steht, ist eine körperliche Genesung unwahrscheinlich, um so wahrscheinlicher aber eine spirituelle Heilung, besonders dann, wenn wir Seelenfrieden zu unserem höchsten Anliegen machen.

Gebet/Übung

Göttlicher Geliebter, möge das Licht Deines Seins in jeden Winkel meines Geistes scheinen und die Wolken der Verblendung und Negativität auflösen, die die Heilung meines Lebens verhindern. Ich öffne mich jetzt der vollständigen und totalen Heilung durch Dich, wohl wissend, daß mein spiritueller Horizont zu eng ist, als daß ich vorausahnen könnte, zu welchem Ergebnis diese Heilung führen wird außer zu Seelenfrieden und einem mitfühlenden Herzen.

Gönne dir ein paar Minuten des Gebets der Sammlung, um in den Geist Gottes einzutauchen, und erlebe den Frieden, der »höher ist als alle Vernunft«.

Übe dich heute zwei- bis dreimal »in Seelenfrieden«: Atme einmal tief durch und erinnere dich, wie sich Frieden körperlich anfühlt.

Keimgedanke

Eine Frau, die einen schweren Autounfall gehabt hatte, erlebte eine Nahtoderfahrung. Das Lichtwesen, das sie führte, erklärte ihr, sie könne unter drei Möglichkeiten wählen: Sie könne im Jenseits bleiben, sie könne mit kleineren Verletzungen zurückkehren, oder sie könne in einen komatösen Zustand zurückkehren. Dann zeigte ihr das Lichtwesen zwei unterschiedliche »Lebensvorschauen« all ihrer Lieben – einmal unter dem Blickwinkel der Möglichkeit, daß sie relativ unversehrt, einmal, daß sie in einen vegetativen Zustand zurückkehren würde. Als sie erkannte, daß letztere Möglichkeit niemandem spirituell besonders genutzt hätte, entschied sie sich für die kleineren Verletzungen. Bedenke stets, daß eines Menschen Krankheit für andere ein Geschenk sein könnte: die Gelegenheit, selbstlos zu dienen.

Gebet/Übung

Großer Geist, ich bitte um die Kraft, die Rolle anzunehmen, die ich für dieses Leben gewählt habe, und anderen zu erlauben, das zu tun, wofür sie sich entschieden haben oder was ihrem Karma gemäß ist. Wenn ich um meine Heilung bete oder um die Heilung eines anderen Menschen, lasse mich darum beten, daß das *höchste Wohl* geschehe – was es auch sein möge. Lasse mich danach streben, keine vorgefaßten Meinungen, Vorstellungen oder Erwartungen zu hegen bezüglich dessen, worin eine bestimmte Heilung bestehen sollte, sondern lediglich dem Heilungsbedürftigen die größte Liebe und Achtung zuteil werden zu lassen – im Wissen darum, daß er *eins* ist mit Dir.

Bete um die Heilung eines Menschen, den du kennst.

Keimgedanke

Der Kinderarzt Melvin Morse, der ein Experte in Nahtod- und Lichterfahrungen ist, erzählt die folgende verblüffende Geschichte: Eine Frau, die wegen einer leichteren Form von Hautkrebs operiert werden mußte, konnte in der Nacht vor dem Eingriff vor Angst nicht einschlafen. Plötzlich erschien in ihrem Zimmer eine Kugel von liebendem Licht. Vor Ehrfurcht ergriffen, begann sie zu beten. Das Lichtwesen erklärte ihr, was die meisten Menschen für Beten hielten, sei in Wirklichkeit eher ein Sichbeklagen. Es wies sie an, all die Liebe und all das Licht, die ihr gerade zuteil wurden, ihrem schlimmsten Feind zu übermitteln. Als sie das tat, hatte sie das Gefühl, als ob ihr Segen an einem Spiegel abprallte und vervielfacht zu ihr zurückkehrte, wodurch jede Zelle ihres Körpers von Licht und Heilkraft durchtränkt wurde. Dann sagte das Lichtwesen zu ihr, sie habe soeben zum allerersten Mal in ihrem Leben gebetet. Als sie am nächsten Morgen ihren Arzt aufsuchte, war der Krebs verschwunden!

Gebet/Übung

Es ist wahr, daß alles, was wir freiwillig geben, wieder zu uns zurückkehrt. Wenn wir für andere beten, kehrt – körperliche, emotionale oder spirituelle – Heilung zu uns zurück. Führe heute eine mehrminütige Metta-Meditation durch: Sie ist eine wunderbare Möglichkeit, spirituelles Heilen zu üben, und ähnelt stark der Form des Betens, die das Lichtwesen der krebskranken Frau beibrachte.

Keimgedanke

Ein alter Ausspruch besagt, nichts sei sicher außer dem Tod und dem Steuerbescheid. Nichtsdestoweniger betrachten viele Menschen Tod und Krankheit als Ausdruck psychischen oder spirituellen Versagens. Diesem Irrglauben zufolge würden wir zeit unseres Lebens vollkommen gesund bleiben und ein biblisches Alter erreichen, wenn wir nur »richtig dächten« oder aber zur vollkommenen Erkenntnis unseres Einsseins mit Gott gelangten. Ja, vielleicht würden wir dann sogar leibhaftig in eine andere Dimension aufsteigen und nichts als ein Häufchen Haare und Fingernägel zurücklassen. Sicher, einige wenige Heilige sollen tatsächlich so aus der Welt geschieden sein, aber die meisten von ihnen sterben auf eine weit gewöhnlichere Weise. Die heilige Bernadette starb im Alter von 33 Jahren an Knochenkrebs, und an der gleichen Krankheit starb auch der große indische Heilige Ramana Maharshi. Der Buddha starb 81jährig an einer Nahrungsmittelvergiftung – zuvor aber dankte er dem Koch für die Mahlzeit, die ihm die Gelegenheit gegeben habe, ein Leben, das seinen Zweck erfüllt hatte, zu beenden.

Gebet/Übung

Gedankt sei Dir, Göttlicher Geliebter, für diesen Frühlingsmorgen. Rings um mich herum steht die Erde in voller Blüte, und Deine Lebenskraft segnet und fördert alle Wesen und Dinge. Mögen Uriel und die Engel der Klarheit mir helfen zu erkennen, daß Deine Lebenskraft auch mich segnet und daß alles, dessen es zu meiner Heilung bedarf, mir bereits gewährt worden ist. Hilf mir, für alle Möglichkeiten offen zu sein und meine Lebensspanne, wie lang oder kurz sie auch sein mag, mit Dankbarkeit zu durchleben.

Keimgedanke

Geistiges Heilen und spirituelles Heilen sind zwei vollkommen verschiedene Methoden. Das geistige Heilen stützt sich auf die enge wechselseitige Beziehung, die zwischen Körper und Geist (Psyche) besteht. Affirmationen und bildliche Vorstellungen können, wenn mit ausreichender Konzentration angewandt, die Funktion unseres Organismus mit Sicherheit beeinflussen. Diese Art von zielgerichteter Heilung ist häufig von Nutzen, aber sie kann die *spirituelle* Heilung verhindern, für die der Geist keine schöpferische Kraft darstellt, sondern ein Instrument des Bewußtseins. Die aufnehmende Natur des Geistes kann sich nach der schöpferischen Kraft des Göttlichen Geistes ausrichten, dem inneren Gottessamen, der von einer weit höheren Ebene aus wirkt als alles zielgerichtete Denken.

Gebet/Übung

Göttlicher Geliebter, gewähre mir die gläubige Zuversicht, daß ich die heilende Kraft Deines Göttlichen Geistes empfangen kann, wenn ich nur aufhöre, die Dinge nach meinem Sinn ändern zu wollen.

Verweile für ein paar Minuten im Gebet der Sammlung und führe dir dann den Gedanken zu Bewußtsein, daß alles in deinem Leben vollkommen und harmonisch ist und sich in Gottes unendlicher Weisheit und Liebe entfaltet.

Keimgedanke

Der Arzt Larry Dossey hat mehrere Bücher über Medizin, das Unendliche, Gebet und Heilung geschrieben. In *Meaning and Medicine* zitiert er seinen Kollegen Brad Lemley: »Wir tendieren dazu zu glauben, der Zweck des Gebetes sei, die Krankheit zu beenden, aber wir vergessen, daß der Zweck der Krankheit sein könnte, das Gebet - oder, allgemeiner gesagt, ein Bewußtsein des Unendlichen - beginnen zu lassen.«

Gebet/Übung

Schließe die Augen und atme ein paarmal loslassend durch. Finde geduldig, nach und nach, zum inneren Ort der Stille und Achtsamkeit. Verweile für ein paar Minuten in Kontemplation der Natur Gottes oder des Unendlichen.

Wenn du heute ins Freie gehst, sieh hinauf in den Himmel (aber nicht in die Sonne!) und versenke dich für ein paar Minuten in seine unendliche Geräumigkeit.

Keimgedanke

Die große Mystikerin und Heilige des 16. Jahrhunderts Teresa von Avila praktizierte und lehrte das »innere Gebet«, obwohl die Inquisition die Ansicht vertrat, diese Übung grenze ans Ketzerische. Warum? Weil diese Art von Gebet einen bewußten Kontakt mit Gott ermöglichte, ohne daß die Vermittlung durch einen Priester oder das Sakrament der Kommunion nötig gewesen wären. In den Worten der heiligen Teresa ist dieser ketzerische Akt »nichts anderes als ein inniges Beisammensein von Freunden: Es bedeutet, sich häufig die Zeit zu nehmen, mit Ihm, von dem wir wissen, daß Er uns liebt, allein zu sein.«

Gebet/Übung

Schließe die Augen und atme ein paarmal loslassend durch. Folge dabei deinem Aushauch langsam und geduldig ins Zentrum der achtsamen Stille, das tief in deinem Inneren ist. Sprich zu Gott, wie du zu deinem vertrautesten Freund sprechen würdest. Lasse dann alles Denken los und versenke dich für ein paar Minuten in die liebliche Stille des Gebets der Sammlung.

Keimgedanke

Rabbi Nachman war ein jüdischer Mystiker des 19. Jahrhunderts. Er lehrte, die Leidenschaftlichkeit und die Absicht unseres Betens – unser Wille, einen bewußten Kontakt zu Gott herzustellen – sei weit wichtiger als das, was wir dabei sagen. Er verwendete folgendes Bild: »Ebenso wie der Rauch vom brennenden Holz aufsteigt, aber die schweren Bestandteile am Boden haften und zu Asche werden, steigen vom Gebet nur der Wille und die Inbrunst empor, während die äußeren Worte zu Asche zerfallen.«

Gebet/Übung

Großer Geist, ich heiße Dich an diesem Junimorgen willkommen und wünsche mit der ganzen Inbrunst meines Herzens eine innigere Beziehung zu Dir. Mache, daß ich Dir von meinem Leben erzähle, meinen Hoffnungen, meinen Träumen, ohne um etwas zu bitten, und demütig den Strom Deiner Göttlichen Gnade empfange.

Versenke dich in die Stille der Meditation und rufe die Gegenwart des Erzengels Uriel in den vor dir befindlichen Raum. Sprich zu Uriel aus der Tiefe deines Herzens und bitte ihn darum, daß er dir in jedem Lebensbereich helfe, in dem du mehr Klarheit benötigst. Du kannst Uriel auch darum bitten, dir zu helfen, dir deiner Beziehung zu Gott bewußter zu werden. Als nächstes sprich zu Gott, wie du zu deinem liebsten Freund sprechen würdest. Dann verweile in stiller Empfangsbereitschaft, ohne eine bestimmte Antwort zu erwarten – ja, ohne überhaupt irgend etwas zu erwarten.

Keimgedanke

Mutter Meera ist eine zeitgenössische Hindu-Heilige. Sie lehrt, daß, wenn wir irgend etwas brauchen, wir aus ganzem Herzen darum bitten müssen, so daß »unser Herz leer wird und Gott es füllen kann«. Um auf diese Weise beten zu können, ist es notwendig, sich zu erinnern, daß Gott uns bereits das Himmelreich geschenkt hat. Der Göttliche hat alles erschaffen, was du überhaupt nur benötigen könntest. Dein inbrünstiges Gebet und dein empfangsbereites Herz bringen Gott nicht dazu, dir einen persönlichen Gefallen zu tun, sondern öffnen dich lediglich, damit du das empfangen kannst, was bereits gewährt worden ist.

Gebet/Übung

Großer Geist, an diesem herrlichen Frühlingsmorgen bin ich angefüllt mit der ehrfurchtgebietenden Schönheit Deiner Schöpfung. Die Erde und der Himmel, die Bäume und die Blumen, sie alle leben aus Deinem Sein. Ebenso wie ich ihre Schönheit nur dann in mich aufnehmen kann, wenn ich achtsam und voller Dankbarkeit bin, möge ich Deine Überfülle empfangen, indem ich dir aus ganzem Herzen für all die Dinge danke, die ich brauche und die Du mir bereits gewährt hast!

Verweile für ein paar Minuten im Gebet der Sammlung und öffne dein Herz der Göttlichen Gegenwart. Dann danke Gott für alles, was du zum Leben brauchst, da du es bereits empfangen hast.

Keimgedanke

Die bekannte spirituelle Heilerin Agnes Sanford lehrte eine ganz bestimmte und zielgerichtete Form des Gebets und des Heilens, die sich von den eher »ungerichteten« Methoden, die wir bislang in diesem Monat kennengelernt haben, deutlich unterscheidet. Der Arzt und Forscher Larry Dossey wertete alle wissenschaftlichen Studien über das Gebet aus und gelangte zu dem Schluß, daß beide Ansätze gleichermaßen wirksam sind: das auf ein bestimmtes erwünschtes Ergebnis »gerichtete« und das »ungerichtete« Beten um das höchste Wohl. Er stellte fest, daß extrovertierte Menschen in der Regel eine Vorliebe für die eher zielgerichteten Vorgehensweisen – wie diejenige, die Agnes Sanford lehrt – an den Tag legen, während introvertierte sich beim »offenen«, nicht zielgerichteten Gebet wohler fühlen. Die beste Methode herauszufinden, welche Art von Gebet dir besser entspricht, ist, beide Ansätze auszuprobieren. Die drei Schritte zur »wissenschaftlichen Anwendung des Heilgebets« – Agnes Sanfords zielgerichtete Methode – sind: Stelle den Kontakt zur Macht Gottes her; aktiviere die Macht; glaube, daß die Macht strömt, und akzeptiere diese Tatsache vertrauensvoll, denn »wie inständig wir auch um etwas bitten mögen – wir können es nur empfangen, wenn wir es akzeptieren und dafür danken«.

Gebet/Übung

1. Schritt: Entspanne dich »in deine Atmung hinein« und führe dir die Tatsache zu Bewußtsein, daß Gottes Lebenskraft das ganze Universum durchdringt. Dies bringt dich mit Gott in Verbindung.

2. Schritt: Aktiviere die Macht durch ein Gebet wie: »Gedankt sei Dir für die ungeheure Energie und Lebendigkeit, die in diesem Augenblick durch meinen Körper, meinen Geist und meine Seele strömen.«

3. Schritt: Richte den Fluß von Gottes Macht auf ein bestimmtes Ziel: »Ich danke dafür, daß mir vollkommene Gesundheit gewährt worden ist« (oder was immer du sonst benötigst).

Keimgedanke

Eines der häufigsten Probleme, das die Wirkung des gerichteten Gebets beeinträchtigen kann, ist die Angst vor dem Mißerfolg. Was, wenn das Gebet nicht erhört wird? Bedeutet es, daß es Gott nicht gibt oder daß er gleichgültig ist? Agnes Sanford bietet uns ein einleuchtendes Gleichnis an, das uns helfen kann, diese Angst zu überwinden. Stell dir vor, du schaltest eine Lampe ein, und nichts passiert, obwohl die Glühbirne ganz ist: Würdest du etwa daran zweifeln, daß es Elektrizität gibt? Nein, du würdest wahrscheinlich zu dem Schluß gelangen, daß irgendein Kontakt unterbrochen sein muß, und würdest die Verkabelung reparieren – genauso, wie du deine Verbindung zur grenzenlosen Fülle von Gottes Macht herstellst. Agnes Sanford rät uns dringend an, uns der offenen Geisteshaltung eines Wissenschaftlers zu befleißigen: um etwas Bestimmtes zu beten, die Ergebnisse zu beobachten – und aus mißglückten Experimenten zu lernen.

Gebet/Übung

Wenn du ein wissenschaftliches Experiment mit der Kraft des Gebetes durchführen möchtest, suche dir einen kleinen, genau umrissenen Wunsch aus, dessen Erfüllung du leicht überprüfen kannst. Agnes Sanford äußert einen sehr einleuchtenden Gedanken bezüglich der Hemmungen, die viele Menschen haben, um kleine Dinge zu beten, wie etwa um den Anruf eines Freundes, mit dem man sich zerstritten hat. Sie sagt: »Wie merkwürdig ist es doch, daß dieselben Menschen, die sich davor *scheuen, nicht zögern, um die allerschwierigsten Ziele überhaupt zu beten – etwa um den Weltfrieden ... Wenn jeder, der um den Frieden auf der Welt betet, genug ›Betkraft‹ besäße, um einen Schnupfen zu heilen, hätten wir binnen 24 Stunden den Himmel auf Erden!«*

Keimgedanke

Ein wichtiger Punkt, den es bei der Anwendung des gerichteten Gebetes und im Zusammenhang mit der Frage, ob unsere Wünsche in Erfüllung gehen oder nicht, zu bedenken gilt, ist der Wille Gottes. Agnes Sanford erinnert uns an die Tatsache, daß der Versuch, etwas zu bewirken, was dem göttlichen Willen widerspricht, dieselben Erfolgsaussichten hat wie der Versuch, Wasser bergauf fließen zu lassen: Beides kann einfach nicht klappen. Ich persönlich empfinde dies als äußerst beruhigend. Wenn jeder Mensch, der sich einbildet, er wüßte, was das Beste ist, die Erfüllung seiner Gebete »erzwingen« könnte, hätten wir binnen kürzester Zeit ein einziges Chaos auf Erden! Wenn ich um ein bestimmtes Ergebnis bete – etwa um die körperliche oder emotionale Heilung oder die finanzielle Sicherheit eines Freundes –, wende ich Agnes Sanfords Methode an, schließe aber mit einem kurzen Dankgebet, aus dem hervorgeht, daß ich den Wunsch als erfüllt ansehe, »sofern dies Gottes Wille ist«.

Gebet / Übung

Bete nach der Methode, die wir vorgestern kennengelernt und seither besprochen haben, und nehme dankbar das erwartete Ergebnis an, wenn es mit dem Göttlichen Plan übereinstimmt. Wenn du möchtest, kannst du heute einen Freund fragen, ob du ihm auf irgendeine Weise durch deine Gebete helfen kannst. Wenn er deine Frage bejaht, gelobe, für ihn eine Woche lang auf »wissenschaftliche Weise« zu beten.

21. Juni: Sommersonnenwende

Keimgedanke

Heute ist einer der vier Eck- oder Schwebepunkte des Jahres, die Sommersonnenwende, der Tag mit dem meisten Licht. Das Medizinrad hat seine Frühlingsdrehung abgeschlossen, und jetzt ist sein Südliches Tor, das Tor des Sommers, vollkommen geöffnet. Der Sommer ist die Zeit des Jahres, in der wir die Fülle des Lebens auskosten, uns des physikalischen und des spirituellen Lichts erfreuen und die einzigartigen Gaben erkennen können, die wir mit der Welt teilen sollten. Der Erzengel Gabriel, dessen Name auf hebräisch »Stärke Gottes« bedeutet, ist der Hüter des Sommers und der Schutzherr der Geburt aller Lebewesen.

Gebet/Übung

Gehe ins Freie und setze dich auf die Erde. Wenn es regnet, setz dich auf eine Plastikplane und halte einen Regenschirm über dich. Wenn dies aus irgendeinem Grund nicht möglich ist, kannst du die Übung auch in einem geschlossenen Raum machen. Spüre, wie das Licht der Sonne auf dich herabscheint. (Das geht auch, wenn Wolken oder ein Hausdach das Licht teilweise abhalten.) Heiße das Licht mit einem Gebet willkommen – etwa: »Großer Geist, ich danke für das lebenspendende Licht der Sonne und danke für die zunehmende Lebenskraft, die ich jetzt in mir verspüre und die meine Energie und Lebendigkeit mehrt. Ich spüre, wie ich mehr und mehr des inneren Lichts gewahr werde und den Willen und die Weisheit erlange, meinen Mitmenschen zu dienen.«

Fühle, wie das Licht mit jeder Einatmung durch deinen Scheitel in deinen Körper hereinströmt, und gib es mit jeder Ausatmung abwärts an die Erde weiter. Setze diese Meditation ein paar Minuten lang fort.

Keimgedanke

Die Erzengel gelten eigentlich als geschlechtslos oder, besser gesagt, als eine Mischung aus männlich und weiblich. Gabriel besitzt allerdings eine stärkere weibliche Komponente und ist der Erzengel, der bei Geburten zugegen ist – der Geburt kleiner Geschöpfe und der Geburt von Ideen. Immer wieder ist Gabriel in entscheidenden Augenblicken der Menschheitsgeschichte als Bote erschienen, um uns über unsere schöpferische Rolle im kosmischen Drama zu unterrichten. Es war Gabriel, der Maria erschien und ihr verkündete, sie würde Jesus gebären, und Elisabeth mitteilte, ihr Sohn würde Johannes der Täufer sein. Es war gleichfalls Gabriel, der Mohammed den Koran offenbarte und Jeanne d'Arc anwies, dem Dauphin bei seinem Befreiungskampf zu helfen. Gabriel erweckt uns und macht uns auf unsere schöpferische Rolle im Kosmos aufmerksam.

Gebet/Übung

Schließe die Augen. Atme ein paarmal loslassend durch und lasse dich geduldig nach und nach in das Allerheiligste sinken, das in deinem Inneren ist. Richte dein Gewahren nach rechts – auf die Südseite deines Körpertempels – und bitte darum, Gabriels Gegenwart zu spüren. Danke diesem Geist der Erweckung dafür, daß er dir hilft, dir in stärkerem Maße deiner schöpferischen Kräfte bewußt zu werden, auf daß du reiche Blüte tragen und dich entfalten mögest wie der Segensreichtum des Sommers zum Wohle aller Geschöpfe. Sitze still und empfangsbereit, im Gewahrsein der Gegenwart des Erzengels Gabriel.

Richte im Laufe des Tages deine Aufmerksamkeit zwei- bis dreimal auf deine rechte Seite und rufe die Gegenwart Gabriels an.

Keimgedanke

Jeder von uns ist wahrhaft eine Brücke zwischen Himmel und Erde. Ebenso wie die Pflanzen das physikalische Licht der Sonne in alle organische Materie der Erde verwandeln, sind wir Transformatoren des Göttlichen Lichts, die Gottes Schöpfung auf der irdischen Ebene vollenden. Der Sommer ist die richtige Zeit, um das Licht herabzuziehen.

Gebet/Übung

Eine der Methoden, wie wir das Licht herabziehen können, ist, unser Herz anderen mitfühlend zu öffnen. Bete weiter um die Erfüllung deines Wunsches sowie für den Freund, dessen du dich für die Dauer dieser Woche annimmst.

Wann immer du im Leufe des heutigen Tages an jemanden denkst, erinnere dich, daß jeder Gedanke ein Gebet ist. Wünsche jedem Menschen, der dir in den Sinn kommt, im Geist alles Gute. Denke an ihn als an einen glücklichen Menschen.

Keimgedanke

Die Benediktinernonne und Mystikerin Hildegard von Bingen sprach immer wieder von der Schöpferkraft Gottes und vom Herabziehen des Lichts in die Schöpfung. »Gott war und ist ohne Anfang vor der Erschaffung der Welt. Gott war und ist Licht und Glanz und Leben. Und Gott sprach: ›Es werde Licht‹, und so wurden das Licht und die strahlenden Engel erschaffen.«

Gebet/Übung

Die langen lichtdurchfluteten Tage des Sommers bieten dir eine hervorragende Gelegenheit, deine Empfänglichkeit für die strahlenden Engel zu vertiefen, die stets gegenwärtig sind, bereit, uns dabei zu helfen, unsere Rolle als Mitschöpfer und Partner Gottes zu übernehmen. Atme ein paarmal loslassend durch und gleite geduldig und achtsam in die innere Stille. Richte deine Aufmerksamkeit nach rechts und bitte um die Gegenwart Gabriels. Fahre dann fort, als spürtest du sie bereits:

Geliebter Gabriel, mein Führer und meine Stärke, ich danke dir für deine Gegenwart. Ich bin froh, dich besser zu kennen, so daß ich dich bitten kann, mir bei der Erfüllung meiner schöpferischen Aufgabe zu helfen.

Sitze still, ohne etwas zu erwarten, und vertiefe deine Freude über die Gegenwart Gabriels.

Werde dir im Laufe des heutigen Tages zwei- bis dreimal des Raumes an deiner rechten Körperseite bewußt und rufe Gabriels Gegenwart an.

Keimgedanke

Eines Tages wurde ich am Schalter eines Flughafens von einer besonders liebenswürdigen Angestellten bedient. Wie groß war aber meine Überraschung, als sie mir erklärte, wenn sie nicht freundlich wäre, würde sie von ihren Geistführern – worunter wir uns Schutzengel vorstellen können – »ganz schön was zu hören« bekommen! Als ich sie fragte, wie sie mit ihnen kommunizierte, sagte sie, sie könne sie schon seit ihrer Kindheit sehen und hören. Dann fügte sie hinzu, mein Schutzengel versuche schon seit längerem, mich auf sich aufmerksam zu machen. Ich muß gestehen, daß ich nicht wußte, ob ich ihre Worte ernst nehmen sollte. Als sie mir aber in allen Einzelheiten einen Autounfall schilderte, den ich kurze Zeit zuvor gehabt hatte – und von dem sie, wie sie sagte, in dem Augenblick von meinem Schutzengel erfuhr –, war ich überzeugt. Ich beschloß, von nun an auf das zu hören, was mein Engel zu sagen hatte.

Gebet/Übung

Die Praxis des Lauschens auf die Worte des Schutzengels, den ich als einen »Gewahr-Macher« betrachte, erfordert Geduld und Glauben. Und es ist dabei absolut notwendig, daß man jede Erwartung aufgibt. Ich persönlich brauchte Monate, um mich in die Führung des Engels einzustimmen, weil ich die ganze Zeit auf ein »Feuerwerk« wartete. Ich wollte Lichter und Musik und Erscheinungen. Was ich statt dessen bekam, waren Ahnungen und tröstliche Gefühle des Begleitetseins. Sie haben mir sehr wertvolle Dienste geleistet.

25. Juni

Versenke dich heute in die Stille des Gebets der Sammlung oder der Shamatha-Vipassana-Meditation. Bitte deinen Schutzengel darum, daß er dir helfe, ihm zuzuhören. Warte geduldig und achte den ganzen Tag auf Ahnungen oder ein Gefühl erhöhten Gewahrens, das deine Aufmerksamkeit auf etwas bestimmtes zu lenken scheint. Es kann auch sein, daß du die Gegenwart deines Schutzengels spürst.

Keimgedanke

Ich schreibe dieses Buch in einem Zimmer, das ich als geweiht empfinde, und ich wüßte gern, wo du jetzt bist, während du es liest. Mein Arbeitszimmer ist voller Pflanzen, die ich alle persönlich kenne und zu denen ich eine besondere Beziehung habe. Überall liegen herzförmige Steine herum, durchtränkt von dem Licht der Sommerstrände, an denen ich sie gefunden habe, und der Liebe meiner Freundin Celia, die mich lehrte, nach solchen Dingen Ausschau zu halten. Gemälde und Bücher umgeben mich wie eine Art kosmischer Mutterschoß. Diese harmonische und schöne Umgebung ist schlicht und »unüberladen«. Hier fühle ich mich zu Hause. Fühlt sich der Ort, an dem du dich jetzt gerade befindest, für dich heilig an?

Gebet/Übung

Es ist sehr förderlich für deine Geistesklarheit und deine Bemühungen, das Licht Gottes herabzuholen, wenn du an einem Ort liest und übst, der sich geweiht anfühlt. Hast du einen solchen Ort in deiner Wohnung? Wenn ja, verändert er sich ständig mit dir, oder hat er mittlerweile etwas von der Lebendigkeit eingebüßt, die er ehemals besaß? Verweile für ein paar Minuten im Gebet der Sammlung und rufe die Gegenwart Gabriels herbei. Bitte darum, daß er dir helfen möge, einen lebendigen geweihten Raum zu schaffen – und wäre es auch nur in einem leergeräumten Wandschrank. Jetzt rufe deinen Schutzengel an und fahre fort, dich mit seiner Energie vertraut zu machen.

Keimgedanke

Die Natur ist ein geweihter Raum, der die Kraft hat, uns aus unserem kleinen Geist heraus- und in den Großen Geist Gottes hineinzuziehen. Wenn das Wetter es erlaubt, kann es von großem Vorteil für dich sein, im Freien zu beten oder zu meditieren. Du kannst überall beten, sogar in der U-Bahn, aber sobald du dich an einem Ort befindest, der sich für dich heilig anfühlt, hast du bereits mit Gott Verbindung aufgenommen. Warum also die Verbindung, die dir die Schönheit langer Sommertage und der balsamische Duft lauer Mondnächte anbieten, nicht bewußt weiter vertiefen?

Gebet/Übung

Meditiere heute wenn möglich im Freien. Lasse die Augen offen und beginne damit, daß du dich der entspannenden Empfindung des Lichts hingibst, das von oben herabscheint. Als nächstes spüre die Energie von Mutter Erde unter deinen Füßen. Atme jetzt das herabstrahlende Licht und die aufsteigenden Energien ein und lasse sie in deinem Herzen zusammenkommen. Atme die schöpferischen, liebenden Kräfte von Himmel und Erde, die von deinem Herzen gesegnet worden sind, wieder aus. Lasse jeden Aushauch wie eine sanfte Liebkosung über die ganze Schöpfung streichen. Diese Übung erleichtert es dir, dich in das Fenster zwischen den Welten zu setzen, wo es am leichtesten ist, mit deinem Schutzengel zu kommunizieren.

Keimgedanke

Die Schönheit der Natur läutert unseren Geist, weil sie uns in den gegenwärtigen Augenblick hineinzieht. Kallistos Ware, ein griechisch-orthodoxer Geistlicher, sagte, die Gegenwart sei der Ort, an dem die Zeit die Ewigkeit berührt. Auf griechisch bedeutet *chronos* »meßbare, lineare Zeit«, während *kairos* »ewige Gegenwart« bedeutet. Jetzt ist der Ort, an dem sich *chronos* und *kairos* begegnen und einen Raum unbegrenzten Möglichseins schaffen. Dies ist der Ort, an dem Wunder geschehen - Ereignisse, die den Gesetzen von Raum und Zeit, so wie wir sie kennen, widersprechen. Dies ist auch der Raum, in dem Mystiker ihre Visionen haben und Engel erscheinen.

Gebet/Übung

Mache heute eine Gehmeditation (achtsames Gehen) im Freien. Ziehe dabei deine ganze Aufmerksamkeit in den »Berührungspunkt von Himmel und Erde«, so wie wir es gestern geübt haben. Wenn du aus dem Herzen ausatmest, folge deinem Hauch in achtsamer Bewunderung der Schönheit, die dich umgibt. Bitte Gabriel, mit dir zu gehen und dir zu helfen, im Jetzt zu verbleiben. Sprich zu deinem Schutzengel und bitte ihn um Führung und Hilfe.

Keimgedanke

Als Naturwissenschaftlerin interessiere ich mich ganz besonders für Wunder, die nachweislich den Naturgesetzen widersprechen. Eine internationale Kommission untersucht die Wunderheilungen, die sich am Heiligtum der Jungfrau Maria von Lourdes ereignet haben. Über 60 Wunder dieser Art sind bislang sorgfältig dokumentiert worden, und in die Tausende gehen die Zeugenaussagen von Menschen, die gleichfalls geheilt wurden, deren vorheriger Zustand aber nicht ausreichend medizinisch dokumentiert gewesen war. Diese Wunder ereignen sich im Nu, außerhalb der Zeit.

Gebet/Übung

Wir müssen in die Zeit »einsteigen«, bevor wir aus ihr aussteigen können. Unsere Fähigkeit, den Geist zu zentrieren und gegenwärtig zu bleiben, ermöglicht die tiefe Verbindung zur Göttlichen Gegenwart, die erst Wunder ermöglicht. Übe heute einmal wieder die einfache zentrierende Meditation. Schließe die Augen und spüre, wie dein Bauch sich beim Einatmen ausdehnt und beim Ausatmen wieder flach wird. Denke bei der ersten Ausatmung »vier«, bei der nächsten »drei«, dann »zwei«, dann »eins«. Fang dann wieder von vorn an und zähle ungefähr fünf Minuten lang so weiter. Lasse alle anderen Gedanken, die in deinem Bewußtsein auftauchen, ungehindert vorüberziehen, ohne dich auf sie einzulassen. Wenn du dich zentriert fühlst, sprich zu deinem Schutzengel und lausche dann – empfangsbereit und ohne jede Erwartung.

Keimgedanke

Wunder und »kurze Ausflüge nach *kairos* – der ewigen Gegenwart« geschehen in der Regel zu zweierlei Gelegenheiten: in Augenblicken jetzt-zentrierten Gewahrseins, in denen wir eins werden mit dem Geist Gottes, und in Augenblicken größter Angst, in denen unser Geist aussetzt, weil er nicht begreifen kann, was geschieht. Diese Geisteszustände schaffen ein Fenster zwischen der Welt der relativen Wirklichkeit, in der wir leben, und dem Himmelreich, in dem immer alles möglich ist.

Gebet/Übung

Gedankt sei Dir, Großer Geist, dafür, daß mein Glaube und meine Einsicht im Licht des Sommers aufblühen. Mit Gabriel zu meiner Rechten lerne ich, das Leben achtsam und gegenwärtig zu erfahren, so daß es mir möglich wird, die Welt anzuhalten und durch das Fenster der Zeit in Dein Reich zu treten, in dem alles möglich ist. Stets von meinem Schutzengel begleitet, weihe ich meine Studien, Übungen und Gebete der Erweckung aller Wesen. Mögen diese langen Tage unser Erwachen und Gewahrwerden deines Reiches beschleunigen!

Verweile für ein paar Minuten im Gebet der Sammlung und wende dich dann an deinen Schutzengel mit der erwartungsvollen Unschuld eines Kindes, das mühelos den »magischen« Ort betreten kann, an dem sich die zwei Welten berühren.

Südliches Tor

Erzengel Gabriel

Sommer

Juli

Schöpferkraft, Klarsicht und Entschlossenheit

Juli ist ein Monat von außergewöhnlicher Schöpferkraft.
Früchte und Blumen gedeihen in den vielfältigsten Formen.
Die jungen Mehlschwalben machen, von ihren Eltern ermutigt,
ihre ersten Flugversuche und erfüllen die Luft mit ihrem
Gezwitscher.
Dieser wichtige Wendepunkt im Zyklus von Schlüpfen und Reife
schenkt uns ein klareres Bewußtsein
unserer eigenen Lebensaufgabe und der Gaben,
die uns verliehen wurden, auf daß wir sie teilen mögen
mit dem heiligen Kreislauf des Lebens.
Wenn wir in diesem Monat unsere Lebensaufgabe erforschen,
werden wir auch nach der inneren Einstellung fragen,
mit der wir handeln,
denn wenn unser Handeln dem Wohl aller Wesen
gewidmet ist,
blüht die Schöpferkraft auf,
fließen die Energien von Körper und Geist ungehindert
und segnen wir die Welt mit der Seligkeit,
die unsere wahre Natur ist.
Von unserer Intuition geleitet, werden wir diesen Monat
lernen, uns den Botschaften des Höheren Selbst
und des Engelsreichs zu öffnen,
die uns helfen, unseren Weg mit der Freude, dem Vergnügen und
der Unbeschwertheit zu gehen,
die das Leben erst lebenswert machen.
Lausche den Stimmen der Uralten,
die in den Bäumen singen:

Der Gottessame in uns
gelangt zu herrlicher Blüte
im strahlenden Lichte des Sommers.
Da wir der Stimme der Intuition lauschen,
erfüllen wir unsere Lebensaufgabe
und stellen unsere Gaben freudig
in den Dienst aller Wesen.

1. Juli

Keimgedanke

Die Energie des Monats Juli baut auf der Klarheit des Juni auf. Je deutlicher wir uns des schöpferischen Feuers in unserem Inneren und der Ahnungen bewußt werden, die uns die Erzengel und unser eigener Schutzengel senden, desto mehr fühlen wir uns in den Pulsschlag des Universums ein und in die Rolle, die wir bei der Verwirklichung des Himmels auf Erden spielen: der Erweckung aller Wesen und der Verwirklichung unseres Potentials als Mitschöpfer des Göttlichen.

Gebet/Übung

Großer Geist, ich trete in den Juli ein voll Dankbarkeit für das warme Licht des Sommers und das Aufblühen der Natur und meiner eigenen schöpferischen Kräfte. Ich bin dankbar, daß ich mir der unablässigen Botschaften des Universums zunehmend bewußter werde: Sie zeigen mir auf, wie ich mich am besten entwickeln und das einzigartige Potential, das mir gegeben worden ist, anwenden kann.

Verweile für ein paar Minuten im Gebet der Sammlung oder in der Shamatha-Vipassana-Meditation. Bete darum, daß dir gezeigt werde, wie du dich am besten nützlich machen kannst.

Keimgedanke

Die Lehrerin und Heilerin Dhyani Ywahoo vom Stamm der Cherokee erinnert uns daran, daß wir unsere Lebensaufgabe nur dann erfüllen können, wenn wir uns der Tatsache bewußt sind, daß das Leben ein Geschenk von unschätzbarem Wert ist und wir die Pflicht haben, dieses Geschenk weise zu verwalten. In ihrem Buch *Am Feuer der Weisheit* sagt sie: »Unseren Willen in Einklang mit dem heiligen Gesetz zu bringen heißt, den Sinn des Lebens zu verstehen. Warum bin ich hier, welche Gaben besitze ich? Das menschliche Leben ist eine großartige Chance. Jeder von uns hat besondere Gaben, spielt eine einzigartige Rolle im Kreis. Bewußter Wille manifestiert sich, wenn wir unsere Gaben dem Wohle der Familie, des Klans, der Nation und allen Wesen widmen.«

Gebet/Übung

Verweile für ein paar Minuten in der Meditation, die Himmel und Erde verbindet (27. Juni). Jetzt führe dir zu Bewußtsein, welche Gaben du gegenwärtig der Welt darbringst, und danke dem Großen Geist mit einem Gebet dafür, daß Er dir gestattet, auf diese Weise zu dienen. Weihe alles, was du heute tust, dem Wohl deiner Familie, deiner Verwandtschaft, deiner Nation, aller Wesen. Dadurch werden die Hindernisse, die den Strom der Gnade in dir hemmen, nach und nach abgetragen werden.

Während du heute deiner Arbeit nachgehst, mache dir bewußt, inwieweit jede deiner Handlungen anderen nützt, und weihe sie dem Wohl aller Geschöpfe. Ich empfinde diese Haltung dann als besonders hilfreich, wenn ich etwas tun muß, wozu ich überhaupt nicht aufgelegt bin: Sie verwandelt oft eine lästige Aufgabe in eine kreative, freudige Tätigkeit.

Keimgedanke

Der Mythenforscher Joseph Campbell beantwortete einmal die Frage, wie man den Sinn seines Lebens finden könne, mit der schlichten Empfehlung: »Folge deinem Glücksgefühl.« Die heilige Teresa von Avila äußerte dieselbe Überzeugung mit etwas anderen Worten: »Die Hauptsache ist, nicht viel zu denken, sondern viel zu lieben: Also tue das, was dich am besten zur Liebe bewegt.« Schließlich ist die Liebe das, worin wir unser Glück finden und wodurch wir anderen den größten Dienst erweisen können.

Gebet / Übung

Gedankt sei Dir, Göttlicher Geliebter, für die Führung, die mir mein Höheres Selbst und die Engel des Lichts, die meine Führer und Erwecker sind, unablässig zuteil werden lassen.

Verweile für ein paar Minuten im Gebet der Sammlung und vergegenwärtige dir dann all die verschiedenen Dinge, die du in deinem Leben getan hast. Was davon hat dich am glücklichsten gemacht, dir die beste Gelegenheit zu lieben gegeben? Bedienst du dich weiterhin dieser Gaben?

4. Juli

Keimgedanke

Heute ist der amerikanische Unabhängigkeitstag, und auch du kannst deine äußere und innere Freiheit feiern. Innere Freiheit offenbart sich dann, wenn wir nach niemandes »Pfeife« mehr tanzen, sondern einzig der stillen, leisen Stimme unseres Höheren Selbst lauschen. Diese innere Stimme führt uns zu Vergebung, Dankbarkeit, Frieden und zum Verständnis unserer Lebensaufgabe. Sie ist die aktive Intelligenz des Göttlichen Geistes und die einzige Kraft, die unseren Willen und unsere Absicht, allen Wesen zu dienen, erwecken kann.

Gebet/Übung

Führe heute morgen eine Metta-Meditation (11.–15. Februar) durch und sende dabei den Segensspruch aus: »Mögen alle Wesen frei sein. Mögen alle Wesen die Liebe und die Schönheit ihrer wahren Natur erfahren. Mögen alle Wesen Glück finden im Dienst an allen.«

Keimgedanke

Was wir nicht verwenden, das verlieren wir. Wenn wir unsere Muskeln nicht beanspruchen, verkümmern sie. Wenn wir unseren Geist nicht gebrauchen, verschließt er sich mehr und mehr. Wenn wir unsere gottgegebenen Talente nicht nutzen, werden wir depressiv und hemmen den Fluß der Lebenskraft, der uns durchströmen und zu schöpferischer Blüte bringen sollte.

Gebet/Übung

Wer Ohren hat, der höre! Atme ein paarmal loslassend durch und lasse dich langsam, geduldig in den Raum der inneren Stille gleiten. Jetzt denke über dieses wohlbekannte Gleichnis Jesu nach: Ein Reicher, der über Land ziehen wollte, rief seine drei Knechte zu sich und vertraute ihnen seine Habe an, damit sie – entsprechend ihrer Tüchtigkeit – einen größeren oder kleineren Teil davon verwalteten. Als er von seiner Reise zurückkehrte, hatten die zwei Knechte, die eine größere Summe erhalten hatten, diese verdoppelt. Der Herr lobte sie und gab ihnen verantwortungsvolle Ämter in seinem Reich, denn wer sich im Kleinen als zuverlässig erweist, dem kann auch im Großen vertraut werden. Der Knecht aber, der die kleinste Menge Silbers empfangen hatte, hatte sie aus Angst, sie zu verlieren und seinen Herrn zu erzürnen, einfach vergraben. Ihm wurde das Geld wieder abgenommen, da er weder seinem Herrn noch sich selbst vertraute.

Denke wieder darüber nach, welche einzigartigen Begabungen du hast. Wie kannst du sie anwenden? (Sie anzuwenden bedeutet nicht unbedingt, daß du dir damit deinen Lebensunterhalt verdienen sollst.)

Keimgedanke

In der *Bhagavadgita* erklärt Krishna seinem Freund, dem Prinzen Arjuna: »Besser ist es, deine eigene Pflicht mangelhaft zu erfüllen als eines anderen Pflicht gut zu tun. Ziehe es vor, in Erfüllung deiner Pflicht zu sterben, denn eines anderen Pflicht zu tun führt ins Verderben.«

Gebet/Übung

Heute ist ein Tag der Reflexion. Wie und warum hast du dich für den Beruf entschieden, den du ausübst? Ich bekam schon als sieben- oder achtjähriges Kind auf eindringliche Weise vorgeführt, wie wichtig es ist, »seine Pflicht zu erfüllen«. Der Sohn unseres damaligen Hausarztes brach sein Studium an der Harvard Medical School *bereits im ersten Jahr ab, weil er sich dort absolut elend und fehl am Platz fühlte: Er wollte viel lieber Künstler werden als Arzt. Meine Eltern konnten nicht glauben, daß er die medizinische Laufbahn aufgeben und seine Eltern enttäuschen würde. Ich dagegen bewunderte den Mut des jungen Mannes und beschloß, wie er zu werden – wie er nur noch nach meiner eigenen »inneren Pfeife« zu tanzen. Und nach wessen Pfeife tanzt du?*

Keimgedanke

Unsere Lebensaufgabe hat zwei Seiten: eine allgemeine und eine besondere, bestimmte. Die erste hat überhaupt nichts mit unserem Beruf oder unseren sonstigen Leistungen in der Welt zu tun: Sie besteht darin zu lernen, Liebe zu schenken und anzunehmen. Rund ein Drittel der Menschen, die eine Nahtoderfahrung erlebten, sahen in Gegenwart eines Großen Lichtwesens, das vollkommene Liebe und vollkommenes Verständnis ausstrahlt, ihr Leben ein zweitesmal vor sich abspielen. Die meisten erklärten nach ihrer Rückkehr, sie hätten erkannt, daß der allgemeine Sinn des Lebens darin besteht, lieben zu lernen. Die meisten sagen auch, durch die Rückschau seien sie sich außerdem ihrer *bestimmten* Lebensaufgabe bewußt geworden, und viele entscheiden sich, auf die Erde zurückzukehren, um ebendiese Aufgabe zu erfüllen.

Gebet/Übung

Bedenke folgendes: Alle, die von einer Lebensrückschau berichten, erklären, sie hätten jede Szene aus ihrem Leben vom Standpunkt desjenigen Menschen erlebt, mit dem sie dabei jeweils zusammen waren. Wenn sie anderen Liebe, Freude oder Mut geschenkt hatten, empfanden sie das. Wenn sie Angst, Wut, Schmerz oder Hilflosigkeit verursacht hatten, empfanden sie diese Gefühle. Die Lebensrückschau kann ein schmerzliches Erlebnis sein, wenn wir erkennen, daß wir für jede unserer Handlungen verantwortlich sind. Sie ist aber zugleich sehr tröstlich, wenn wir begreifen, daß wir aus unseren Fehlern lernen können. Viele »Heimkehrer aus dem Jenseits« sagen, ohne die bedingungslose Liebe des Lichtwesens wäre die Lebensrückschau nicht zu ertragen – so schmerzlich sei sie. Wenn du heute mit Menschen zu tun hast, frage dich: Kann ich in jede Beziehung ein Gefühl der Liebe einfließen lassen?

Keimgedanke

Gleichgültig, ob unsere Lebensaufgabe darin besteht, Kinder großzuziehen, die Quantenphysik durch eine neue Theorie zu revolutionieren oder durch eine Last, die wir freiwillig auf uns nehmen, andere zu erwecken, ist es gut, Mutter Teresas Worte im Sinn zu behalten: »Wir können auf dieser Welt keine großen Dinge vollbringen – wir können nur kleine Dinge mit großer Liebe vollbringen.«

Gebet/Übung

Führe eine kurze Metta-Meditation (11.–15. Februar) durch und erzeuge in dir eine Haltung wohlwollender Güte gegenüber allen Geschöpfen. Wenn du heute deinen Pflichten nachgehst, tue alles mit liebevoller Aufmerksamkeit und Geduld. Du kannst liebevoll Geschirr spülen, liebevoll Anweisungen geben, liebevoll zu deinen Angehörigen sprechen – jede Tätigkeit, worin sie auch bestehen mag, voller Liebe und Hingabe durchführen.

Keimgedanke

Jeder Mensch, jede Situation, jeder Grashalm erfüllt eine bestimmte Aufgabe im Göttlichen Plan. Wir sind in genau die richtigen Verhältnisse gestellt worden, die wir benötigen, um unsere einzigartigen Begabungen zu entfalten. Wir haben die Freiheit, aufzuwachen und in unseren Lebensumständen Lehrmeister zu sehen, die unsere Kräfte aus uns hervorlocken – oder weiterzuschlafen. Die Frage, die wir uns vor jeder Entscheidung bewußt stellen müssen, lautet: »Ist dies mein Wille oder Dein Wille?«

Gebet / Übung

Göttlicher Geliebter, ich beginne meinen Tag in Deinem Frieden, Deiner Liebe und Deiner Weisheit. Die langen Sommertage bringen große Fülle aus der Erde hervor und aus meiner Seele eine Fülle an Liebe und Willen zu dienen. Gedankt sei Dir für das unschätzbare Geschenk des Lebens. Ich werde guten Gebrauch von ihm machen und wie die guten Knechte jederzeit danach streben, das, was Du mir anvertraut hast, zu mehren, indem ich Deinen Willen zu erkennen suche und jede meiner Handlungen dem Wohl aller Wesen weihe.

Wann immer du heute eine Entscheidung treffen mußt, halte für einen Augenblick inne und frage: »Was willst Du, daß ich tue, Göttlicher Geliebter?« Achte auf die körperlichen Empfindungen, die du hast, während du das Für und Wider abwägst. Das Höhere Selbst spricht häufig durch unseren Körper zu uns.

Keimgedanke

Das Höhere Selbst, der Geist Gottes, spricht unablässig zu uns und zeigt uns den jeweils harmonischsten Weg auf, den wir wählen sollten. Die Kunst der Intuition besteht darin zu lernen, auf die Stimme des Selbst zu lauschen, so daß wir uns müheloser, in Übereinstimmung mit dem Göttlichen Plan, durch die Welt bewegen können.

Gebet/Übung

Verweile für ein paar Minuten im Gebet der Sammlung oder in der Shamatha-Vipassana-Meditation. Beide Arten der Meditation sind »Übungen im Zuhören«, die dich dazu befähigen, den ganzen Tag über auf die Stimme des Selbst zu lauschen. Achte heute bei allem, was du tust, auf die Zeichen, durch die dir das Universum mitteilt, welchen Weg du einschlagen solltest. Manchmal können zufällige Bemerkungen von Freunden und Unbekannten, Buchtitel, Zeitungsartikel, Werbeplakate, ja sogar Papierfetzen, die wir vom Boden auflesen, nützliche Botschaften für uns enthalten.

Keimgedanke

Ein Freund von mir, der sich schon fast sein Leben lang mit östlicher Philosophie beschäftigt, hat mir einen äußerst wichtigen Hinweis gegeben. Wenn du ein klares Ziel vor Augen hast und dich ehrlich und eifrig bemühst, es zu erreichen, du aber trotzdem nicht vorankommst oder ständig Hindernisse auf deinem Weg auftauchen, so ist dies ein Anzeichen dafür, daß »keine Shakti« im Spiel ist. *Shakti* ist die Sanskritbezeichnung für die weibliche schöpferische Energie. Wenn dein Plan also nicht aufgehen will, frage dich ehrlich, ob du nicht vielleicht versuchst, gegen den kosmischen Strom zu schwimmen.

Gebet/Übung

Göttlicher Geliebter, Deine Schöpfung ist ehrfurchtgebietend und unbegreiflich in ihrer Herrlichkeit. Deine schöpferische Energie ist unaufhörlich in Bewegung und im Fluß. Hilf mir bitte, mich auf dieses Fließen einzustimmen und zu erkennen, wann ich in ihm bin und wann nicht. Ich rufe Gabriel und meinen Schutzengel an, daß sie mein Bewußtsein erweitern mögen, damit ich erkennen kann, was es bedeutet, mit Deinem Strom zu schwimmen.

Verweile für ein paar Minuten im Gebet der Sammlung, im Ei aus Licht oder in der Shamatha-Vipassana-Meditation. Sprich zu deinem Schutzengel, wenn du irgendwelche Fragen bezüglich der Ausrichtung deines Lebens hast.

Keimgedanke

Die Weisheit der Intuition – der Mitteilungen unseres Höheren Selbst – von den hartnäckigen Forderungen und Befürchtungen des kleinen Ichs zu unterscheiden, verlangt geduldige Beobachtung. Die Intuition spricht sanft und ohne jeden Bombast. Sie tappt nie in die Doppelfalle des Ichs, die Anhaftungen und Abneigungen. Wenn der Eigenwille des Ichs sich als Intuition verkleidet, hat die Mitteilung eher die Tendenz, uns zu ängstigen, Begierden in uns zu wecken oder uns mit Selbstgefälligkeit zu erfüllen.

Gebet/Übung

Verweile für ein paar Minuten im Gebet der Sammlung oder in der Shamatha-Vipassana-Meditation. Bete darum, dir des Göttlichen Willens bewußt zu werden, und um die Fähigkeit, zwischen den Botschaften deines Ichs und denen deines Höheren Selbst zu unterscheiden. Achte heute, so wie du es gestern getan hast, auf Mitteilungen aus der Außenwelt sowie auf Ahnungen, die dich von innen her erreichen könnten. Wenn du das Gefühl hast, daß eine Botschaft zu dir durchdringt, rufe deinen Schutzengel an und stelle ihm eine Frage, die durch ein einfaches Ja oder Nein beantwortet werden kann – etwa: »Soll ich auf diese Botschaft hören?« Achte auf etwaige körperliche Empfindungen. Ein Gefühl des Friedens, der Liebe oder der Wärme bedeutet in der Regel »ja«. Keine Antwort oder zunehmende Unruhe oder Bangigkeit bedeuten mit ziemlicher Wahrscheinlichkeit »nein«. Beobachte aufmerksam den Zusammenhang zwischen den Botschaften, deinen körperlichen Reaktionen und dem Ausgang der Situation, auf die sich die Botschaft bezog. Mit der Zeit wirst du ein sicheres Gespür dafür entwickeln, wann die Intuition und wann das kleine Ich zu dir spricht.

Keimgedanke

Während wir unsere Fähigkeit entwickeln, unserem Höheren Selbst zuzuhören, müssen wir genau auf unsere Motive achten. Der Antrieb des Höheren Selbst ist immer Liebe und der Wunsch zu dienen. Die Motive des Ichs sind eher »trennender« Natur und beziehen sich oft auf das Bedürfnis nach Sicherheit, Selbstverherrlichung oder auf schlichte Paranoia. Im allgemeinen spricht das Ich die Sprache der Angst. Der Schriftsteller und Mystiker Ken Carey sagt sehr treffend: »Wer von Angst motiviert ist, arbeitet daran, die Welt in Finsternis zu halten, gleichgültig, wie er diesen Antrieb vor sich selbst auch rechtfertigen mag.«

Gebet/Übung

Lasse, bevor du einschläfst, den heutigen Tag noch einmal an dir vorüberziehen. Beginne dabei mit dem, was du zuletzt, und ende mit dem, was du heute früh als allererstes getan hast. Frage dich bei jeder deiner Handlungen, ob du dabei von Liebe oder von Angst motiviert warst. Fälle keine vorschnellen Urteile! Lausche aufmerksam auf deine körperlichen Reaktionen und auf das dich umgebende Kraftfeld, das die Botschaften deines Schutzengels widerspiegelt. Bitte um Hilfe bei der Überwindung der Angst.

Keimgedanke

Gabriel bedeutet »Stärke Gottes«. Wann immer ich das Gefühl habe, daß ich mich von der Angst auf Abwege habe leiten lassen und daß es mir nicht gelingt, meine Arbeit oder mein Leben als einen Akt der Liebe und des Dienens zu erfahren, richte ich meine Aufmerksamkeit auf die Südliche Pforte – die rechte Seite – meines Körpers und bitte Gabriel, mir zu helfen, meine Ängste zu überwinden, auf daß ich die überreichen Gaben Gottes in meinem Leben sich entfalten lassen möge.

Gebet/Übung

Großer Geist, Erzengel Gabriel, Schutzengel und ihr Wesen des Lichts, deren strahlende Gegenwart unseren Weg erhellt, gedankt sei euch an diesem schönen Julimorgen für meine zunehmende Bewußtheit.

Beruhige dich durch ein paar loslassende Atemzüge. Lasse dich nach und nach geduldig in den Raum der inneren Stille versinken. Richte deine Aufmerksamkeit auf deine rechte Seite – das Südliche Tor deines Körpertempels – und rufe Gabriels Gegenwart an. Bringe Gabriel die Ängste, die du dir gestern abend bewußtgemacht hast, und alle übrigen, die dir heute zu Bewußtsein kommen mögen, als Opfer dar. Bitte darum, daß dir deine Ängste genommen werden, auf daß du deine Lebensaufgabe zum Wohl deiner Familie, deiner Verwandtschaft, deiner Nation und aller Wesen verwirklichen mögest.

Keimgedanke

Hildegard von Bingen sagte: »Bei der Geburt ist unser göttliches Vermögen in uns zusammengefaltet wie ein Zelt. Der Sinn des Lebens ist, dieses Zelt auseinanderzufalten.«

Gebet/Übung

Göttlicher Geliebter, ich bin dankbar dafür, daß meine Rolle, Dir bei der Entfaltung des Universums zu helfen, schon feststand, noch bevor ich erschaffen wurde. Über die Äonen habe ich mich mehr und mehr in diese Rolle eingelebt, und nun bin ich bereit, hier und jetzt aufzuwachen und meine höchste Lebensaufgabe zu erkennen.

Sei dir heute bei allem, was du tust, der Energie deines Schutzengels bewußt. Immer, wenn sich etwas ereignet, dem ich besondere Beachtung schenken sollte, etwas, was mir helfen würde, »das Zelt meines Lebenszweckes auseinanderzufalten«, verspüre ich eine starke liebende Gegenwart an meiner linken Seite, die mir die Botschaft übermittelt: »Lausche, liebe, diene.«

Keimgedanke

Die sogenannte Nag-Hammadi-Bibliothek ist eine Sammlung frühchristlicher gnostischer Evangelien, die in den ersten zwei Jahrhunderten unserer Zeitrechnung entstanden. Die 53 gnostischen Manuskripte blieben 1700 Jahre lang in der ägyptischen Wüste vergraben, bis sie 1945 entdeckt wurden. Einer dieser Texte, das sogenannte »Evangelium nach Thomas«, ist voller Jesus-Worte. Manche dieser Aussprüche ähneln bekannten Lehren aus dem Neuen Testament. Viele andere – wie der folgende – erinnern verblüffend an C. G. Jungs Tiefenpsychologie: »Wenn ihr hervorbringt, was in euch ist, so wird das, was ihr hervorbringt, euch retten. Wenn ihr nicht hervorbringt, was in euch ist, so wird das, was ihr nicht hervorbringt, euch zerstören« (Thomas 70).

Gebet/Übung

Der schöpferische Impuls ist wie ein elektrischer Strom. Wenn du ihn nutzt, wird er dir große Wohltaten bringen. Wenn du ihn blockierst, wird er deine »Leitungen« durchbrennen und Depression, Unbehagen und Krankheit verursachen. Mache dir heute morgen deine schöpferischen Bedürfnisse bewußt. Lebst du sie aus, oder sind sie dabei, deine Leitungen zu zerstören?

Verweile für ein paar Minuten im Gebet der Sammlung, im Ei aus Licht oder in der Shamatha-Vipassana-Meditation.

Keimgedanke

Im gnostischen Thomas-Evangelium, von dem schon gestern die Rede war, fragen die Jünger Jesus, wie sie das Reich Gottes in ihrem Herzen verwirklichen können: »Willst du, daß wir fasten? Wie sollen wir beten und Almosen geben, und welche Speiseregel sollen wir einhalten?« Und Jesus antwortet: »Lügt nicht. Und das, was ihr haßt, tut nicht« (Thomas 6).

Gebet/Übung

Shakespeare erteilte uns einen wertvollen Rat, wie wir diese Lehre Jesu in die Tat umsetzen können: »Sei dir selber treu, / Und daraus folgt, so wie die Nacht dem Tage, / Du kannst nicht falsch sein gegen irgend wen« (Hamlet 1, 3).

Lasse wieder vor dem Einschlafen den vergangenen Tag an dir vorüberziehen. Heute nacht wirst du dich insbesondere fragen, ob die Dinge, die du heute getan hast, im Einklang standen mit deinen tiefsten Überzeugungen und mit dem, was du als deine Lebensaufgabe erahnst. Wenn du dir diese Frage bereits tagsüber immer wieder stellst, ist die Wahrscheinlichkeit um so größer, daß die Antwort heute nacht »ja« lauten wird.

18. Juli

Keimgedanke

Die nordamerikanischen Indianer sprechen von einem seelischen Leiden, das sie »Doppelherzigkeit« nennen. Ein Mensch ist dann »doppelherzig«, wenn er weiß, daß er eine bestimmte Gabe besitzt, und sie anwenden will, aber seine schöpferische Kraft nicht hervorbringt, weil er sich selbst im Wege steht – indem er Ausflüchte macht, sich einredet, er hätte die bestimmte Gabe überhaupt nicht, zaudert, der Angst nachgibt oder es auf sonsteine Weise unterläßt, seinem Herzen zu folgen. Ein Mensch ist auch dann »doppelherzig«, wenn er sich hinsichtlich seiner wahren Motive belügt.

Gebet/Übung

Lasse wieder vor dem Einschlafen den vergangenen Tag an dir vorüberziehen. Bist du heute dir selbst treu gewesen, oder warst du »doppelherzig«? Wenn du Ausreden gefunden hast, warum du die Dinge, die du für wirklich wichtig hältst, nicht vollbringen konntest, wie lauteten sie? Bete zu Gott und zu Gabriel, dem Engel der Schöpferkraft und der Stärke, daß sie dir helfen mögen, deine Lebensaufgabe mit einem ungeteilten Geist und einem ungeteilten Herzen zu erfüllen.

Keimgedanke

In der Bergpredigt spricht Jesus sehr eindringlich über die Gefahren, die es in sich birgt, »doppelherzig« zu sein und eher der Eigenliebe des kleinen Ichs als dem Höheren Selbst und dem Willen Gottes zu dienen:

Denn wo euer Schatz ist, da ist auch euer Herz. Das Auge ist des Leibes Leuchte. Wenn dein Auge lauter ist, so wird dein ganzer Leib licht sein. Wenn aber dein Auge böse ist, so wird dein ganzer Leib finster sein. Wenn nun das Licht, das in dir ist, Finsternis ist, wie groß wird dann die Finsternis sein!
– Matthäus 6, 21–23

Gebet/Übung

Fahre damit fort, vor dem Einschlafen den vergangenen Tag an dir vorüberziehen zu lassen. Handlungen, die dir selbst oder deinen Lieben nützen, geschehen nicht notwendigerweise aus »Doppelherzigkeit«. Wenn du dem Gott in deinem Inneren dienst, wirst du automatisch Situationen schaffen, durch die sich auch dein eigenes Leben verbessert, während du anderen dienst. Umgekehrt gehen Handlungen, von denen andere profitieren, nicht notwendigerweise aus einem ungeteilten Herzen hervor – dann nämlich nicht, wenn sie Schuldgefühlen oder dem Bedürfnis entspringen, gut dazustehen. Beende deine Tagesrückschau mit einem Dankgebet.

Keimgedanke

Sobald wir beginnen, die Ketten abzuschütteln, mit denen uns das Ich gefangenhält, verliert die Absicht, unsere Lebensaufgabe zu erfüllen, mehr und mehr den Charakter persönlicher Selbstverwirklichung und wird dafür zunehmend zum überpersönlichen Wunsch, die Welt zu einem besseren Ort zu machen. Viktor Frankl, ein Psychiater, der vier Vernichtungslager der Nazis überlebte, schrieb: »Der Mensch sollte nicht – ja kann nicht – auf direktem Wege nach Identität streben. Er findet Identität vielmehr, insoweit er sich etwas widmet, was über ihn hinausgeht, einer Sache, die größer ist als er selbst.«

Gebet/Übung

Atme ein paarmal loslassend durch und lasse dich langsam, geduldig in den Ort der inneren Stille und Weisheit gleiten. Was ist »die Sache«, mit der du dich am meisten identifizierst, dieses »Etwas, das über dich hinausgeht«, das dich mit der glühendsten Leidenschaft erfüllt? Was fängst du mit dieser Leidenschaft an?

Keimgedanke

Wo keine Offenbarung ist, wird zügellos das Volk.
– Sprüche 29, 18

Jeder lebt gemäß einer »Offenbarung« der einen oder anderen Art, sei er ihrer nun gewahr oder auch nicht. Diese Offenbarung oder Vision wird zur verborgenen Kraft, die unsere Motivation bestärkt. Es ist wichtig, eine Vision, nach der wir leben können, auszudrücken, so daß wir uns bewußt zu den Werten bekennen können, die uns am wichtigsten sind, und indem wir dies tun, wachsen und gedeihen mögen.

Gebet/Übung

Verweile für ein paar Minuten im Gebet der Sammlung oder in der Shamatha-Vipassana-Meditation. Jetzt denke an deine gestrige Kontemplation dessen, »was über dich hinausgeht« und dem du dich verpflichtet fühlst. Setze deine Kontemplation fort, indem du dieses »Etwas« jetzt unter dem Aspekt einer praktisch anwendbaren Lebensphilosophie betrachtest.

Keimgedanke

In unserem Bestreben, die Fruchtbarkeit unserer Seele hervorscheinen zu lassen, enden wir bisweilen damit, daß wir uns zuviel vornehmen und unter der Last unserer Aufgaben zusammenzubrechen drohen. Solange wir aber unter unseren Pflichten stöhnen, ist es schwer, der stillen, leisen Stimme aus dem Inneren zu lauschen oder die »Wegbeschreibungen« zu erkennen, die das Universum für uns in Form äußerer Zeichen hinterläßt. Höre auf den Rat des Geistführers Weißer Adler: »Wenn deine Aufgaben etwas zu schwer erscheinen und dich zu überwältigen drohen, erinnere dich daran, immer nur eine Sache auf einmal zu tun, ruhig und gelassen, und vergiß den Rest, weil der Rest dich nichts angeht. Was du selbst nicht bewältigen kannst, mußt du Gott zurückgeben, und Er wird es für dich erledigen.«

Gebet/Übung

Gedankt sei Dir, Großer Geist, für das Heraufdämmern eines neuen Sommermorgens. Ich weihe alle meine heutigen Handlungen Dir und dem Wohl meiner Familie, meiner Verwandtschaft, meiner Nation und aller Geschöpfe. Ich werde fleißig, achtsam und freudig arbeiten im Bewußtsein dessen, daß alle etwaigen unerledigt bleibenden Aufgaben nicht meine, sondern Deine Sache sind. Ich werde sie Dir im Vertrauen darauf darbringen, daß Du sie im Einklang mit dem höchsten Wohl vollenden wirst.

Meditiere heute, wenn es dir möglich ist, im Freien, auf dem nackten Boden sitzend. Verbinde Himmel und Erde, wie wir es am 27. Juni gelernt haben.

Keimgedanke

Du bist eine Brücke zwischen Himmel und Erde, über die Gottes schöpferische Kraft fließt. Gott hat kein Interesse daran, deine Leitungen überzubeanspruchen – jede etwaige Überlastung geht also auf *deine* Rechnung! Du bist auch dafür verantwortlich, die Leitungen durch Ruhe, Erholung und unterhaltsame Aktivitäten offen und instand zu halten, damit die Lebenskraft ungehindert durch dich hindurchzuströmen vermag.

Gebet/Übung

Mache heute wenn möglich einen achtsamen Spaziergang im Freien. Setze dich danach hin und denke darüber nach, ob dein Leben ausgewogen ist. Erholst du dich genügend oder bist du ständig überlastet? Kannst du noch Spaß haben, oder hast du vergessen, was das bedeutet? Nimm dir fest vor, etwas Erholsames und Erfreuliches zu tun, und plane ausreichend Zeit dafür ein.

Keimgedanke

Was für den einen belebend ist, empfindet ein anderer vielleicht als erschöpfend. Die innere Einstellung macht den Unterschied aus. Wenn sich die Leute manchmal meinen Terminkalender ansehen, schütteln sie ungläubig den Kopf und meinen, ich müsse am Ende des Tages fix und fertig sein. Um ehrlich zu sein: Manchmal bin ich es tatsächlich – aber nur dann, wenn meine Einstellung einer Korrektur bedarf!

Wenn ich das Gefühl hätte, daß ich persönlich für die Erledigung all meiner Arbeit verantwortlich bin, wäre ich zwangsläufig chronisch erschöpft. Wenn ich aber erkenne, daß Gott durch mich arbeitet, fühle ich mich selbst am Ende eines langen Tages erfrischt.

Gebet/Übung

Gedankt sei Dir, Großer Geist, für das unschätzbare Geschenk des Lebens, das sich so überreich im Grün des Sommers zeigt. Die Pflanzen blühen nicht aus eigener Anstrengung, sondern durch Deine Gnade und Deine Lebenskraft. Hilf mir, gegenüber allem, was ich tue, dieselbe Einstellung zu entwickeln – statt der »Macher« zu sein, zu einem Kanal für Deine Energie zu werden!

Meditiere wenn möglich im Freien, in der Nähe von etwas Grünem, Lebendigem. Behalte die Augen offen, richte deine Aufmerksamkeit auf deine Atmung, und lasse dich langsam, geduldig in die innere Stille gleiten. Betrachte die Pflanzen, erkenne, wie die Lebenskraft Gottes sie erfüllt und ihr innewohnendes Potential zum Ausdruck kommen läßt. Bleibe den heutigen Tag über offen für Gottes Energie und lasse sie bei allem, was du tust, kraftvoll durch deinen ganzen Körper strömen.

25. Juli

Keimgedanke

Es gibt eine alte Geschichte über drei Maurer, die Ziegelsteine legen. Ein Mann kommt vorbei und stellt jedem von ihnen die gleiche Frage: »Was tust du da?« Der erste Maurer spuckt auf die Erde und entgegnet unwirsch: »Dämliche Frage! Ich lege Ziegelsteine.« Der zweite Maurer stöhnt und wischt sich den Schweiß von der Stirn. »Ich verdiene mir meinen Lebensunterhalt.« Der dritte Maurer blickt mit leuchtenden Augen auf und sagt: »Ich baue eine Kathedrale!« Was glaubst du wohl: Welcher von den dreien wird sich am Ende des Tages am frischesten fühlen?

Gebet/Übung

Wiederhole die gestrige Meditation und ende damit, daß du dich bewußt dem Strom von Gottes Energie öffnest. Achte heute ganz besonders auf deine Einstellung gegenüber allem, was du tust – vom Geschirrspülen bis hin zum »Füttern« einer Parkuhr. Welcher der drei Maurer bist *du momentan? Wie wirkt sich deine Einstellung auf deinen Energiepegel aus?*

Keimgedanke

Meine gute Freundin, die spirituelle Lehrerin und Humoristin Loretta LaRoche, veranstaltet unglaublich komische Workshops gegen die »Verhärtung der inneren Einstellung«. An einem bestimmten Punkt fordert sie immer die Teilnehmer auf, an einen Aspekt ihrer jeweiligen Arbeit zu denken, der ihnen besondere Probleme bereitet. Dann setzt sie sich eine Groucho-Marx-Brille mit Gumminase und Schnurrbart auf, stemmt die Arme in die Hüften und fragt: »Also, *wie* ernst ist das Problem wirklich?« Die meisten von uns neigen dazu, sich viel zu ernst zu nehmen, was den Fluß der schöpferischen Energie Gottes blockiert und zu einer Verhärtung der inneren Einstellung führt.

Gebet/Übung

Ich habe die folgende fortgeschrittene spirituelle Technik von Loretta gelernt, und sie hat mir bei der Korrektur meiner Geisteshaltung schon unschätzbare Dienste geleistet: Besorge dir eine Brille mit einer möglichst lächerlichen Gumminase und halte sie griffbereit. Loretta empfiehlt, für Verkehrsstaus und ähnliche Krisenfälle ein zweites Exemplar im Handschuhfach aufzubewahren. Wenn dir eine Situation über den Kopf zu wachsen droht und überhaupt alles schrecklich hoffnungslos oder »stressig« aussieht, setz dir die Brille auf, schau in den Spiegel und frage dich: »Also, wie *ernst ist das Problem wirklich?« Wiederhole diesen Vorgang, bis du lachen mußt.*

Keimgedanke

Jemand hat einmal gesagt, Engel könnten fliegen, weil sie sich leicht nehmen. Steve Bhaerman ist ein Humorist, der oft unter dem Pseudonym »Swami Beyonananda (›Überananda‹), der Yogi aus Muskogy«, auftritt. Leichtsinn, sagt er, ist die beste Methode, die Schwerkraft zu überwinden. Kennst du die Geschichte vom Mann, der es während eines Kurses über Tod und Sterben tatsächlich schaffte, seinen Körper endgültig zu verlassen? Er hat mit Auszeichnung bestanden.

Gebet/Übung

Witze sind vielleicht kein Allheilmittel, aber wissenschaftliche Studien haben hinlänglich bewiesen, daß Lachen entspannt. Und warum auch nicht? Ein guter Witz reißt uns schlagartig aus der Alltagstrance und dem zwanghaften Befaßtsein mit Vergangenheit und Zukunft. Lachen versetzt uns in den gegenwärtigen Augenblick, wo Freude, Harmonie und Frieden ebenso natürlich sind wie das Atmen. Deine heutige spirituelle Übung besteht darin, einen Witz auswendig zu lernen und anschließend zu erzählen. Achte darauf, wie die Lebensenergie in dir zunimmt, wenn du lachst.

Keimgedanke

Wenn man den Dalai Lama – leibhaftig oder in einem Video – sieht, ist es unmöglich, von seinem herzhaften Lachen nicht angerührt, entzückt und »entwaffnet« zu sein. Wie viele tibetische Mönche hat auch Seine Heiligkeit einen unglaublichen Sinn für Humor und ein Lachen, das seinen Körper bis in die kleinsten Zellen zu erschüttern scheint und dann seine Zuhörer leibhaftig erfaßt und die in jedem Menschen latente Freude und Lebenskraft erweckt. Das ist kein Mann, der lacht, weil er etwa nie gelitten hätte. Schließlich wurde seine Heimat in den 50er Jahren von den Chinesen verwüstet und Tausende seiner Landsleute ermordet. Sein Lachen scheint vielmehr aus einem inneren Zentrum der Gelassenheit zu kommen, das unentwegt Frieden und Lebendigkeit ausstrahlt.

Gebet/Übung

Nach Aussage des Dalai Lama ist die wichtigste spirituelle Übung die Güte. Seine Fähigkeit, dieselben Menschen zu segnen, die seine Landsleute gefoltert und deren Tempel und Heimat zerstört haben, hat mit Sicherheit verhindert, daß sich seine Geisteshaltung in irgendeiner Weise verhärtete.

Führe heute die Metta-Meditation (11.–15. Februar) durch – eine der besten Methoden, dein Herz zu öffnen und die Sonne deiner wahren Natur aufstrahlen zu lassen. Wenn das Herz offen ist, strömt Heiterkeit ungehindert hervor, und die Starrheit des Ichs schmilzt dahin wie Schnee in der Sonne.

Keimgedanke

Eine andere Möglichkeit, die bierernste Selbstbefaßtheit des Ichs, die den ungehinderten Fluß der Schöpferkraft verhindert, zu überwinden, besteht darin, regelmäßig etwas Zeit dem Dienst am Nächsten zu widmen. Mehr als 90 Millionen Amerikaner leisten die eine oder andere Art freiwilliger Sozialarbeit. Wie Studien belegen, leiden sie weniger unter Angst und Depressionen und leben sogar im Durchschnitt länger als der Rest der Bevölkerung. Anstatt den Streß zu erhöhen, indem er die für andere Arbeiten verbleibende Zeit reduziert, *verringert* freiwilliger Dienst am Nächsten nachweislich den Streß, indem er unserer chronischen Neigung zur Selbstbefaßtheit entgegenwirkt.

Gebet/Übung

Gedankt sei Dir, Großer Geist für einen neuen Tag voll der Düfte von Bruder Wind und Mutter Erde. Mein Leben ist so überreich gesegnet. Bitte hilf mir, diesen Überfluß mit anderen zu teilen, auf daß ich zu einem Kanal Deiner Liebe werden und dadurch die Öffnung erweitern möge, durch die diese Liebe in mich hereinströmt.

Mache eine kurze Metta-Meditation (11.–15. Februar) und segne dich selbst, deine Freunde und Verwandten, jede Gruppe (Viertel, Stadt, Region, Nation), die der Heilung bedarf, und schließlich alle Wesen mit wohlwollender Güte. Überlege dir dann, wie du einen Teil deiner Zeit und Energie gezielt zum Wohle anderer einsetzen könntest.

30. Juli

Keimgedanke

Bisweilen machen wir Dinge schwieriger als sie sind. Weisheit zeichnet sich durch Einfachheit aus. Als der Dalai Lama einmal gebeten wurde, seine Religion und Lebensphilosophie zu erläutern, antwortete er sehr schlicht, seine Religion sei die Güte. Kannst du dir eine Welt vorstellen, in der jeder Mensch in erster Linie von Güte motiviert ist? Es wäre der Himmel auf Erden.

Gebet/Übung

Lasse dich heute vom Ideal der Güte leiten und mache die Güte zum Hauptmotiv jeder deiner Handlungen. Wenn du aus dem Haus gehst, begrüße wenigstens drei Menschen, die du normalerweise nicht angesprochen hättest, mit einem freundlichen »Hallo« und einem Lächeln.

Keimgedanke

Richard Bolles' Bücher *What Color Is Your Parachute* und *How to Find Your Mission in Life* sind wunderbare Führer für eine richtige und sinnvolle Lebensweise. Im letzteren Werk faßt Bolles all das, was wir in diesem Monat getan haben, als die drei Aspekte der Lebensaufgabe oder »Sendung« zusammen. Die ersten zwei sind allen Menschen gemein, die dritte ist von Person zu Person verschieden und jeweils einzigartig.

1. »Strebe danach, Stunde für Stunde in der Gegenwart Gottes zu leben, des Einen, von dem deine Sendung ausgeht.«
2. »Tue Minute für Minute, Tag für Tag, Schritt für Schritt, was du kannst, um diese Welt zu einem besseren Ort zu machen, indem du dich der Führung des göttlichen Geistes anvertraust, der dich erfüllt und dich umgibt.«
3. »Finde deine einzigartige Gabe, die Begabung, die dir wesensmäßig angehört und dir Freude bereitet, und benutze sie, so wie – und wo – der Geist es dir gebietet.«

Gebet/Übung

Gedankt sei Dir, Großer Geist, für die wunderbarste Gabe überhaupt: mein Leben. Ich weiß, daß jedes Geschöpf eine Aufgabe im Leben hat und daß Du mir zum rechten Lebenswandel und zum rechten Gebrauch meiner Zeit verhelfen wirst, solange ich achtsam auf Deine Weisungen lausche. Heute und künftig weihe ich all meine Handlungen dem Wohl aller Wesen.

Verweile für ein paar Minuten im Gebet der Sammlung, im Ei aus Licht oder in der Shamatha-Vipassana-Meditation.

August

Spirituelle Reife

August ist der Monat, in dem die Natur ihre Reife feiert.
Die Vogeljungen haben das Nest endgültig verlassen,
und die Äste des alten Apfelbaums
beugen sich unter der Last ihrer Früchte.
Auch der Gottessame gelangt in uns allmählich zur Reife,
so daß wir flexibler werden, nachsichtiger
gegen die verschiedenen Grautöne,
die das Leben auf dem Planeten Erde kennzeichnen.
Jede Handlung wird zu einer Gelegenheit, Zuspruch und
Güte zu verschenken, da wir erkennen, daß der Gottessame
in jedem von uns lebt.
Da die Kürbisse an der Ranke reifen und sich färben
im Licht der kürzer werdenden Tage und kühleren Nächte,
neigt sich die Pflanze selbst dem Tode zu.
Ihre Aufgabe ist erfüllt.
August erinnert uns an die Unbeständigkeit aller Dinge.
Alles, was so verläßlich erscheint, wird
eines Tages vergehen.
In diesem schmerzlichen Wissen reifen wir
und gewinnen eine tiefere Dankbarkeit
für alles, was wir haben,
alles, was wir lieben.
Lausche den Stimmen der Uralten, die aus den Wurzeln
der Weiden und Eichbäume rufen:

Die Natur schießt in Samen,
speichert die Energie des Lichts
für kommende Generationen.
Ebenso gelangen wir zur
spirituellen Reife –
einer flexiblen, gelassenen Haltung,
die innige Freude findet
gerade an der Unbeständigkeit
des Lebens.

Keimgedanke

Lammas – oder Teltane – ist das Jahreszeitenfest, das die Mitte zwischen der Sommersonnenwende und dem Herbstäquinoktium markiert. Die Tage sind zwar noch immer länger als die Nacht, aber die Sonne geht schon merklich später auf und früher unter. Der Rhythmus der Erde verändert sich, und die Energien fangen an, sich einwärts zu ziehen. Um das für eine erfolgreiche Ernte notwendige Gleichgewicht zwischen Sonnen- und Erdenergie zu gewährleisten, feierten die alten Kelten zu Teltane eine symbolische Hochzeit von Sonne und Erde, Männlich und Weiblich. So ist der August auch für uns die Zeit, unsere männlichen und weiblichen Aspekte ins Gleichgewicht zu bringen, auf daß wir die Früchte unserer Seele ernten können.

Gebet/Übung

Gedankt sei Dir, Großer Geist, für die Sphärenharmonie, die das kosmische Rad an diesem Übergangstag weiterdreht. Meine Energie beginnt, wie die von Mutter Erde, sich einwärts zurückzuziehen. Dennoch weiß ich, daß dies noch immer eine Jahreszeit äußerer Aktivität ist. Möge ich mein Gleichgewicht finden, indem ich mich nach den Energien von Erde und Himmel, Sonne und Mond, Männlich und Weiblich ausrichte, durch deren Tanz die gesamte Schöpfung ins Dasein tritt.

Atme ein paarmal loslassend durch und fühle dich achtsam in den Ort der inneren Stille hinein. Spüre die Energie von Mutter Erde. Spüre die Energie von Vater Sonne. Verschmilz sie miteinander in der Meditation der Verbindung von Himmel und Erde, indem du beide Energien zugleich in dein Herz einatmest und dann ihre Verbindung in die Schöpfung zurückatmest.

Keimgedanke

Da die äußere Ernte beginnt, wird es auch Zeit, die Früchte der Arbeit zu ernten, die wir durch unser spirituelles Heranreifen geleistet haben. Der Apostel Paulus spricht von dieser Arbeit in seinen Briefen an die Korinther:

Wenn ich mit Menschen- und mit Engelszungen redete und hätte der Liebe nicht, so wäre ich ein tönend Erz und eine klingende Schelle. Und wenn ich weissagen könnte und wüßte alle Geheimnisse und alle Erkenntnis und hätte allen Glauben, so daß ich Berge versetzte, und hätte der Liebe nicht, so wäre ich nichts. Und wenn ich alle meine Habe den Armen gäbe und ließe meinen Leib brennen und hätte der Liebe nicht, so wäre mir's nichts nütze.

– 1. Korinther 13, 1–3

Gebet/Übung

Gedankt sei Dir, Göttlicher Geliebter, für mein allmähliches Erwachen zu reiferer Spiritualität. Mögen die Segnungen der Liebe – Demut, Ermutigung, Vergebung, Nachsicht, Großmütigkeit, Unschuld, Güte, Barmherzigkeit, Flexibilität und die Fähigkeit, in jedem Menschen Gott zu sehen – aus mir hervorströmen als die wahre Ernte der Seele.

Verweile für ein paar Minuten im Gebet der Sammlung oder in der Shamatha-Vipassana-Meditation. Betrachte die Möglichkeit einer tätigen *Liebe, die über die landläufige Bedeutung eines bloßen Gefühls hinausgeht.*

Begegne heute jedem Menschen, mit dem du etwas zu tun hast, mit einem Herzen voll mildtätiger Liebe.

Keimgedanke

Der buddhistische Lehrer und Therapeut Jack Kornfield schreibt in seinem hervorragenden Buch *Frag den Buddha und geh den Weg des Herzens* über die spirituelle Reife: »Wenn man im spirituellen Leben reift, kann man leichter mit dem Paradoxen leben und die Vieldeutigkeit des Lebens mit seinen vielen Schichten und unvermeidlichen Konflikten eher akzeptieren. Man entwickelt ein Gefühl für die Ironie des Lebens, für seine metaphorische Qualität und seine Komik.« Man erwerbe auch die Fähigkeit, das Ganze, mit seiner Schönheit und Ungeheuerlichkeit, mit der Liebenswürdigkeit des Herzens anzunehmen.

Gebet/Übung

Wenn möglich, zentriere dich durch ein paar Minuten achtsamen Gehens in der Schönheit der Natur. Erlaube deinen Sinnen, so viel aufzunehmen, wie sie nur können: das Schöne und das Nicht-so-Schöne, das Wachsende und das Zerfallende – sei geräumig genug, um alles willkommen zu heißen. Übe dich den ganzen Tag über in dieser Großzügigkeit der Seele – oder »Liebenswürdigkeit des Herzens«, wie Kornfield sie nennt.

Keimgedanke

Liebenswürdigkeit des Herzens äußert sich als Flexibilität, Geräumigkeit und in der Haltung »leben und leben lassen«. Beispielsweise könnte es sein, daß man eine ganz bestimmte Ernährungsweise bevorzugt und bei einer Einladung zum Abendessen feststellen muß, daß die Gastgeber einen vollkommen anderen Geschmack haben. Die liebenswürdige Seele schafft es irgendwie, etwas zu essen zu finden, und erkennt die Bemühungen und den guten Willen der Freunde an. Die starre Seele dagegen hält eine Rede über die Vorzüge einer gesunden Ernährung und bildet sich dabei ein, sie tue den Gastgebern einen Gefallen.

Gebet/Übung

Gedankt sei Dir, Göttlicher Geliebter, für das Aufblühen des Gottessamens in mir, der andere und mich selbst anerkennt und ermutigt. Hilf mir, mich auch weiterhin um eine disziplinierte – körperlich und geistig gesunde – Lebensweise zu bemühen, ohne der Starrheit und dem Fanatismus des Ichs zum Opfer zu fallen und mich seiner ständigen krampfhaften Bemühungen anzuschließen, durch »Rechthaben« seinen Wert unter Beweis zu stellen.

Verweile für ein paar Minuten im Gebet der Sammlung oder in der Shamatha-Vipassana-Meditation. Mache dir dann bewußt, auf welche Weise Disziplin und Flexibilität zusammenarbeiten können.

Keimgedanke

Anfang der 70er Jahre arbeitete ich in der Krebsforschung und unterrichtete an der *Tufts Medical School.* Mehrere Studenten und Institutsangehörige trafen sich zweimal die Woche während der Mittagspause zu Gesprächen und gemeinsamer Meditation. In meinen Augen war das ehrwürdigste Mitglied unserer Gruppe ein Medizinstudent, der bereits ein Theologiestudium in Harvard absolviert hatte und außerdem ein Schüler von Ram Dass gewesen war. Eines Tages holte er ein Wurstbrot aus seiner Tasche heraus. Als er mein entsetztes Gesicht sah, lachte er und fragte mich, ob ich wirklich glaubte, Spiritualität bedeute, daß man unbedingt Vegetarier sein müsse.

Gebet/Übung

Gedankt sei Dir, Großer Geist, für den Sinn für Humor, der es mir ermöglicht, meine bisherige spirituelle Entwicklung im nachhinein mit einem verständnisvollen Schmunzeln zu betrachten. Möge ich nie vergessen, daß jeder intolerante Gedanke oder Akt, den ich mir je habe zuschulden kommen lassen, das Sprungbrett war – oder noch sein könnte –, von dem aus wahre Toleranz und Demut erreicht werden.

Sei dir heute bei allem, was du tust, jedes Urteils bewußt, das du über anderer Leute Spiritualität, Wertvorstellungen, Verhaltensweisen oder Einstellung fällst. Wann immer ein solcher wertender Gedanke in dir auftaucht, atme einmal tief durch und erkenne, daß du dich damit in Wirklichkeit selbst beurteilst. Wenn es dir hilft, wende die von Ram Dass gelehrte Methode an, Projektionen zurückzunehmen, indem du dir sagst: »Und dasselbe gilt für mich.«

Keimgedanke

Chögyam Trungpa war einer der ersten tibetischen Mönche, die im Westen unterrichteten. Eines seiner vielen Bücher, *Spirituellen Materialismus durchschneiden*, war in den 70er Jahren für mich eine echte Offenbarung. Damals gehörten Miron und ich zu einer mystischen christlichen Gruppe, der wir Monat für Monat zehn Prozent unseres Einkommens spendeten. Ich fühlte mich ganz schön selbstlos. Andererseits war ich oft unzufrieden mit meinem spirituellen Leben, weil sich die »tollen Erfahrungen« einfach nicht einstellen wollten. Es war eine große Erleichterung für mich zu begreifen, daß mein Wunsch nach »mystischem Feuerwerk« (ich hatte mir zumindest eine außerkörperliche Erfahrung erhofft) eine Form von Habgier war, ein spiritueller Materialismus, der sich in keiner Weise von dem weltlichen Materialismus unterschied, den ich durch Zahlung des Zehnten zu überwinden gehofft hatte.

Gebet/Übung

Heute ist wieder Zeit für eine Kontemplationsübung. Leite deine Energie in die rechte Seite deines Körpertempels und rufe die Gegenwart Gabriels an, dessen Aufgabe es ist, dir zu voller Blüte zu verhelfen. Lasse dich langsam und ruhig in Gabriels Energie hineingleiten und stelle dir dann die Frage: »Inwiefern behindern mich meine spirituellen Erwartungen und Werturteile?«

Wenn du dich im Laufe des Tages dabei ertappst, wie du anfängst, Werturteile über andere Menschen zu fällen, bitte Gabriel, daß er dir helfe loszulassen.

Keimgedanke

Eine der heimtückischsten Formen von spirituellem Materialismus ist das Anhängen an intellektuellen Errungenschaften. Wenn wir spirituelle Wahrheiten persönlich erfahren haben, besitzen wir Weisheit. Wenn wir darüber nur gelesen haben, besitzen wir Wissen. Wissen kann eine wichtige Stufe auf dem Weg zur Weisheit darstellen, wenn es in Demut betrachtet wird, oder es kann eine schwerwiegende Hemmnis unseres Wachstums bedeuten, wenn es zur Beruhigung des unsicheren Ichs angehäuft oder dazu benutzt wird, uns über andere zu stellen.

Gebet/Übung

Großer Geist, lasse mich Dir heute mit dem Herzen nahen statt mit dem Intellekt. Mögen Gras und Blumen meine Lehrmeister sein, Wind und Regen meine Verbündeten, Sonne und Mond meine Erwecker!

Mache heute, wenn es dir möglich ist, eine Gehmeditation im Freien, und lasse dich von deinem achtsamen Gewahren von Gottes Schöpfung zur Weisheit des Herzens führen.

Keimgedanke

Spirituelle Reife befähigt uns dazu, den Widerspruch des »Sowohl-Als-auch« zu begreifen, anstatt uns von der Starrheit des »Entweder-Oder« knechten zu lassen. Auch wenn der Intellekt bisweilen eine Falle darstellen kann, ist er zugleich doch auch eine der wunderbarsten Gaben Gottes. Und auch wenn Gebet und Meditation eine sehr wichtige Rolle bei der Erlangung der Weisheit des Herzens spielen, ist der Intellekt mitunter ein wirksameres Mittel zur Erwekkung. Als der Dalai Lama einmal gefragt wurde, was die hauptsächliche Methode zur Förderung der inneren Bewußtheit sei, antwortete er: »Innenschau und logisches Nachdenken sind dabei hilfreicher als Meditation und Gebet.«

Gebet/Übung

Probiere diese Übung zur Innenschau aus. Entspanne dich in deine Atmung hinein und lasse dich in den inneren Ort der Stille sinken. Führe dir die folgenden Gedanken zu Bewußtsein (der Psychiater Piero Ferrucci hat sie in Anlehnung an traditionelle Methoden der Selbsterforschung formuliert):

Ich habe einen Körper, aber ich bin nicht mein Körper.
Ich habe Gefühle, aber ich bin nicht meine Gefühle.
Ich habe Wünsche, aber ich bin nicht meine Wünsche.
Ich habe einen Geist, aber ich bin nicht mein Geist.

Dann erkenne, wer es ist, der soeben deine Wahrnehmungen, Gefühle, Wünsche und Gedanken gewahrt hat – dein Höheres Selbst. Meditiere über dieses Selbst, welches reines Gewahren ist.

Keimgedanke

Sobald wir anfangen, nach Meditations-»Erfahrungen« zu lechzen, überlassen wir dem Ich das Regiment und verschließen uns dem Aufstrahlen unserer wahren Natur, unseres Höheren Selbst. Meditation ist ein vollkommenes Loslassen dessen, was ist. Wenn nichts Bestimmtes geschieht, besteht das Ziel eben darin, diese Erfahrung mit Gleichmut zu betrachten. Wenn wir eine Vision Jesu, der Jungfrau Maria oder des Buddha haben, besteht das Ziel eben darin, *diese* Erfahrung mit Gleichmut zu betrachten. Mit zunehmender spiritueller Reife beginnen wir, die unablässig wirkenden Vorlieben und Abneigungen des Ichs hinter uns zu lassen.

Gebet/Übung

Führe heute morgen eine Shamatha-Vipassana-Meditation durch. Bewahre eine Haltung interesselosen Gleichmuts. Denke an die Worte des heiligen Franziskus: Wenn dein Herz während der ganzen Stunde der Meditation umherschweift, ist es dennoch eine gut verbrachte Stunde.

Keimgedanke

Nicht-Anhaftung – die Überwindung aller Vorlieben und Abneigungen – kann leicht als Apathie mißverstanden werden. Wir können und müssen leidenschaftlich Anteil nehmen an unserem Leben und unseren Handlungen, aber ohne dabei zuzulassen, daß die Sucht der Anhaftung uns der Energie beraubt, die wir für die Durchführung unserer Aufgabe in der Welt benötigen. Wenn unsere Handlungen in Aufrichtigkeit, Güte, Anteilnahme und Weitblick gegründet sind, dann haben wir – was für Ergebnisse auch immer unsere Bemühungen zeitigen mögen – unsere Seele und die Welt bereichert.

Gebet/Übung

Gedankt sei Dir, Großer Geist, dafür, daß Du mich heute morgen körperlich und geistig erneuerst. Ich nehme bereitwillig und dankbar jede Weisung an, die mein Verständnis der Nicht-Anhaftung und Hingabe vertieft. Da ich nicht hingeben kann, was ich nicht habe, gewähre mir die geistige und spirituelle Heilung, die ich benötige, um ehrlich und bewußt durchs Leben zu gehen und dabei stets diese Geisteshaltung zu bewahren: »Was ist, ist. Ich kann meinen Teil dazu beitragen, die Verhältnisse zu verbessern, aber wenn sie sich nicht verbessern, kann ich auch das annehmen.«

Verweile für ein paar Minuten in der süßen Hingabe des Gebets der Sammlung oder der Shamatha-Vipassana-Meditation. Wenn sich im Laufe des Tages die Dinge trotz deiner ehrlichen Bemühungen nicht wie erhofft entwickeln, sage dir: »Was ist, ist. Ich kann meinen Teil dazu beitragen, die Verhältnisse zu verbessern, aber wenn sie sich nicht verbessern, kann ich auch das annehmen.«

Keimgedanke

Je weiter wir auf dem spirituellen Pfad voranschreiten, desto klarer wird uns, was für Anfänger wir in Wirklichkeit noch sind. Als junge Frau studierte ich mehrere Jahre lang bei der »Gemeinschaft der Selbst-Verwirklichung«, der von Paramahansa Yogananda gegründeten Organisation. Die Botschaft und die Gabe dieses großen Yogi war, die Einheit von Christentum und östlichem Denken zu offenbaren. Ich war von den täglichen Meditationen und den spirituellen Übungen, die wir dort lernten, so begeistert, daß ich in meinem jugendlichen Enthusiasmus damit rechnete, jeden Augenblick die Erleuchtung zu erlangen. Als ich erfuhr, daß es eine örtliche Studiengruppe gab, trat ich ihr bei. Die 70jährige Leiterin, die sich seit 40 Jahren mit christlicher und östlicher Mystik beschäftigte, erklärte, sie stecke noch in den »spirituellen Kinderschuhen«. Erst viel später, nach über 20 Jahren des Studiums und der Übung, begriff ich, was sie damit gemeint hat.

Gebet/Übung

Göttlicher Geliebter, mein Herz ist voller Dankbarkeit für diesen schönen Sommermorgen. Mögen all meine Studien, all meine Übungen und all meine Gebete eine Opfergabe sein für die Erleuchtung aller Wesen. Möge ich mich damit bescheiden zu erkennen, daß das Große Mysterium des Universums ein Geheimnis ist, und mir nicht einbilden, ich könnte es je enträtseln. Mögen die Aufrichtigkeit, die Demut und die wohlwollende Güte, die mein tägliches Leben mehr und mehr bestimmen, das Maß meiner Spiritualität sein.

11. August

Verweile für ein paar Minuten im Gebet der Sammlung, im Ei aus Licht oder in der Shamatha-Vipassana-Meditation. Wenn du heute von irgend jemandem gebeten wirst, über deinen spirituellen Weg zu sprechen, vergiß nicht, daß Demut, Nicht-Urteilen und Achtung vor dem Standpunkt des anderen der beste Maßstab für die eigene spirituelle Entwicklung sind.

Keimgedanke

Die sich entfaltende Seele denkt immer weniger »ich« und immer mehr »wir«. Viele Buddhisten legen das Gelübde des Bodhisattva ab, d. h., sie verzichten auf den Eintritt in das *Reine Land* (ein paradiesähnliches Reich) und die Erlösung, um weiterhin auf der Erde oder in jeder anderen Welt wiedergeboren zu werden, in der sie durch selbstloses Dienen all den leidenden Geschöpfen helfen können, die noch in der Illusion ihrer Wertlosigkeit und Trennung befangen sind.

Gebet/Übung

Führe eine Metta-Meditation (11.–15. Februar) durch, und segne dabei alle Wesen auf allen Ebenen des Daseins mit wohlwollender Güte. Wenn du Leiden und Ungerechtigkeit in welcher Form auch immer begegnest – in der Wirklichkeit, in den Fernsehnachrichten, in der Zeitung – sende einen Segen wohlwollender Güte aus. Die Welt braucht nicht noch mehr Zorn oder Empörung, doch sie könnte mit Sicherheit mehr Liebe gebrauchen.

Keimgedanke

Mein Mann und ich waren einmal zu Allerseelen in Deutschland, dem Tag, an dem man die Toten besucht und ihrer gedenkt. Wir beschlossen, die Gedenkstätte in Dachau zu besuchen, wo während des Naziregimes viele politische Gefangene und Juden gefoltert und getötet wurden. Eine ganze Baracke war ausschließlich mit Priestern und anderen Geistlichen besetzt gewesen, die Juden geholfen und offen gegen das Unrecht Stellung bezogen hatten. Der Mut – namentlich angesichts solchen Grauens –, seine Überzeugung auszusprechen, erfordert einen unvorstellbar tiefen Glauben und große spirituelle Reife.

Gebet/Übung

Bringe deinen Körper-Geist durch ein Gebet der Sammlung oder eine Shamatha-Vipassana-Meditation zur Ruhe. Überlege dann, was es für dich persönlich bedeutet, deine Überzeugung, deine Wahrheit, auszusprechen. Wenn es Lebensbereiche gibt, in denen du noch nicht den Mut hast, offen Stellung zu beziehen, bitte den Erzengel Gabriel um Führung und Hilfe: Er ist nicht nur die »Stärke Gottes«, sondern auch der Engel, der uns unsere schöpferische Aufgabe und unsere einzigartige Rolle im Rahmen des Göttlichen Plans bewußtmacht.

Keimgedanke

In der Gedenkstätte Dachau erinnert eine Tafel an Titus Brandsma, einen niederländischen katholischen Priester. Brandsma wurde von der SS zu abscheulichen medizinischen Experimenten mißbraucht, deren letztes zu seinem Tod führte. Als die Krankenschwester ihm die tödliche Phenolspritze verabreichte, war seine letzte Tat, ihr zu vergeben und sie zu segnen. Die Fähigkeit, denen zu vergeben, die uns ignoriert, verletzt oder sogar getötet haben, wird nur durch lange spirituelle Übung erworben und führt zu vollkommener persönlicher Freiheit.

Gebet/Übung

Bringe dich durch einige tiefe, langsame Atemzüge innerlich zur Ruhe. Jetzt frage dich, ob es in deinem Leben Menschen gibt, denen du verzeihen mußt. Echtes Vergeben kann ein langsamer und schwieriger Prozeß sein, der von uns verlangt, daß wir uns auf der Suche nach Heilung und Menschlichkeit aufrichtig unserem Schmerz und unserem Zorn stellen. Titus Brandsma wird demnächst heiliggesprochen – gehe also nicht zu streng mit dir ins Gericht, wenn du dich erst am Anfang des Vergebungsprozesses befindest! Führe anschließend eine Metta-Meditation durch und widme dabei der Segnung deiner Feinde besondere Aufmerksamkeit.

Keimgedanke

Einmal sah ich die Wiederholung einer alten Fernsehsendung, die den »Helden des Alltags« gewidmet war. Eine Frau, die darin vorgestellt wurde, lebte in einer Kleinstadt im Mittleren Westen, die ein wichtiger Eisenbahnknotenpunkt war. Alle jungen Männer, die in den 40er Jahren nach Übersee geschickt wurden, um im Zweiten Weltkrieg zu kämpfen, kamen hier durch. Diese alltägliche Heldin stellte sich mit einer improvisierten Feldküche am Bahnof auf und arbeitete Tag und Nacht, damit jeder Soldat vor seinem Abmarsch noch eine letzte mit Liebe gekochte Mahlzeit bekäme. Sie betrachtete jeden Jungen als ihren eigenen Sohn. Gleichgültig, woran sie geglaubt oder nicht geglaubt haben mag, war diese Frau ein zutiefst spiritueller Mensch.

Gebet/Übung

Großer Geist, mögen sich heute morgen die Augen meines Herzens öffnen, so daß ich jeden Menschen, dem ich im Laufe des Tages begegne, als meiner uneingeschränkten Liebe und Achtung würdig erkennen kann. Du siehst jeden Menschen als Dein geliebtes Kind an. Möge ich jeden Menschen als meinen Bruder oder meine Schwester ansehen.

Verweile für ein paar Minuten in der Stille des Gebets der Sammlung oder der Shamatha-Vipassana-Meditation. Frage dich, wie du dich verhalten würdest, wenn du jeden Menschen wirklich als deiner uneingeschränkten Liebe und Achtung würdig betrachtetest.

Keimgedanke

Mein Vater starb, als ich Ende 20 war. Er war ein Agnostiker, was, wie ich viele Jahre später begriff, bei ihm Ausdruck großer spiritueller Reife gewesen war. Er gab nicht vor zu wissen, was Gott sei – er wußte nur, daß es in einem so schönen und wohlgeordneten Universum wie diesem etwas unvorstellbar Gewaltiges und Geheimnisvolles geben mußte. Sein Agnostizismus war eine Art von Unschuld, ein leerer Becher, der mit staunender Bewunderung angefüllt war. Wir gingen in den Zoo, und er sah die Herrlichkeit der Schöpfung in den sanften Augen eines Hirsches. Ich werde nie vergessen, wie er sich die Tränen aus den Augen wischte, als er sich fragte, wie jemand, der nicht buchstäblich am Verhungern war, ein so anmutiges Tier erschießen konnte. Das kindliche Staunen und die wohlwollende Güte meines Vaters werden mein Herz und meinen Weg erhellen, solange ich lebe.

Gebet/Übung

Verweile für ein paar Minuten in der Stille der Meditation. Denke an einen Menschen, der dir ein Vorbild an wohlwollender Güte, Staunen, Freude oder einer anderen spirituellen Eigenschaft gewesen ist. Versuche heute, die Eigenschaft, die du an diesem Menschen bewunderst, in all deinen Beziehungen wirksam werden zu lassen.

Keimgedanke

Bei unserer Suche nach Rollenmodellen für das spirituelle Leben müssen wir uns vor der Neigung hüten, Leute zu idealisieren und dann enttäuscht zu sein, wenn wir feststellen müssen, daß sie doch nur Menschen sind. Die meisten von uns sind ein Gemisch von sehr unterschiedlichen Eigenschaften. Sie sind in mancherlei Hinsicht wahre Vorbilder und haben in manch anderer noch viel zu lernen. Die Tendenz, Leute nach der Entweder-oder-Methode zu beurteilen – erleuchtet oder nicht erleuchtet, Heiliger oder Sünder –, macht es uns schwer, von den Menschen, denen wir begegnen, zu lernen, mögen wir sie nun als »Vorbilder« betrachten oder auch nicht. Wenn wir hingegen unseren Horizont dahingehend erweitern, daß wir jeden als einen potentiellen Lehrmeister ansehen, wird jede Begegnung in uns die Frage auslösen: »Was kann ich von diesem Menschen lernen?«

Gebet/Übung

Gedankt sei Dir, Großer Geist, für die Gabe des Lebens und die fortwährende Bereicherung meiner Seele, die mir soviel Freude, Dankbarkeit, Frieden und Seligkeit schenkt. Möge ich lernen, jedes Ereignis und jeden Menschen, den ich treffe, als einen Lehrer zu betrachten. Befreie mich bitte von der schädlichen Neigung, zu idealisieren und dann enttäuscht zu sein, und hilf mir, jede Lehre – insbesondere jede unerfreuliche – als ein Geschenk entgegenzunehmen.

Verweile für ein paar Minuten im Gebet der Sammlung, im Ei aus Licht oder in der Shamatha-Vipassana-Meditation.

Keimgedanke

Spirituelle Höherentwicklung bedeutet nicht, auf einer Leiter in den Himmel aufzusteigen und mit den Engeln auf du und du Umgang zu pflegen. Es bedeutet, fähig zu sein, *hier auf der Erde* klar und liebevoll zu handeln. Wenn du dich vor unangenehmen, aber notwendigen Aufgaben nicht drückst, dann machst du spirituelle Fortschritte. Wenn du Geld für wohltätige Zwecke spenden kannst, ohne das Bedürfnis zu verspüren, wegen deiner Großzügigkeit gelobt zu werden, dann machst du spirituelle Fortschritte. Wenn du deine Projektionen eingestehen und zurücknehmen und dich von der Angewohnheit befreien kannst, andere zu beurteilen, dann machst du spirituelle Fortschritte.

Gebet/Übung

Verweile für ein paar Minuten im Gebet der Sammlung oder in der Shamatha-Vipassana-Meditation. Dann überlege dir, welche kleinen »spirituellen Akte« dir helfen würden, dich freier oder liebevoller zu fühlen. Eine längst überfällige Dankeschönkarte abschicken? Ein unerfreuliches Telefonat hinter dich bringen? Einen seit Wochen herumliegenden Brief endlich beantworten? Was es auch sei – tue es, so bald wie möglich.

Keimgedanke

Grundlage der Spiritualität ist ethisches Verhalten. In den östlichen Traditionen fängt niemand an zu meditieren, Selbsterforschung zu üben oder heilige Texte zu studieren, ehe er nicht bewiesen hat, daß er die erforderlichen Tugenden – Ehrlichkeit, Disziplin, Demut, Mildtätigkeit und rechtes Verhalten – besitzt. Analog dazu gilt in der jüdisch-christlichen Tradition die Einhaltung der zehn Gebote als Grundstein des spirituellen Lebens. Was haben Meditation und Gebet auch für einen Sinn, wenn wir in unseren Beziehungen und gegen uns selbst nicht ehrlich sind?

Gebet/Übung

Verweile für ein paar Minuten im Gebet der Sammlung oder in der Shamatha-Vipassana-Meditation. Betrachte deine Handlungen unter dem Aspekt ethisch richtigen Verhaltens, und sei ehrlich in deiner Beurteilung. Wenn wir uns der kleinen Lügen bewußt werden, die wir uns gegenüber anwenden, gelangen wir um so schneller dahin, in all unseren Handlungen Ehrlichkeit und Lauterkeit walten zu lassen.

Keimgedanke

Im Judentum bedeutet ethisches Verhalten mehr als nur negative Handlungen zu unterlassen. Der Fromme soll auch aktiv Gutes tun, sogenannte *mitzwoth* (Mehrzahl von *mitzwa*) vollbringen. Mitzwoth sind gute Taten, die einen Segen darstellen für deren Empfänger, für denjenigen, der sie ausübt, und für Gott. Kranke besuchen ist eine Mitzwa, ebenso beispielsweise Hungrige speisen, an religiösen Feiertagen Fremde in seinem Haus empfangen und auf seine körperliche Gesundheit achten.

Gebet / Übung

Verweile für ein paar Minuten im Gebet der Sammlung oder in der Shamatha-Vipassana-Meditation. Überlege dir, welche gute Tat du heute für deinen Körper oder für einen anderen Menschen vollbringen könntest. Wenn du anfängst, echte, tiefempfundene Freude an Mitzwoth zu verspüren, ist der Gottessame in dir auf dem besten Wege aufzublühen.

Keimgedanke

Rechtes Reden ist ebenso wichtig wie rechtes Verhalten. Der Buddha wies darauf hin, daß jemandes Rede der unmittelbare Ausdruck seiner Gedanken ist. »Lustige« Geschichten auf Kosten anderer erzählen, intime Details aus Gesprächen verraten, Tatsachen übertrieben oder verzerrt wiedergeben und sich »kenntnisreich« über Themen äußern, für die man eigentlich kein Fachmann ist, sind typische Methoden, wie das kleine Ich sich in den Vordergrund zu stellen versucht. Wenn der Gottessame in uns zu reifen beginnt, wird unsere Rede schlichter, bescheidener und wahrer.

Gebet/Übung

Gedankt sei Dir, Großer Geist, für die zunehmende Reife meiner Seele und meine achtsame Bemühung um rechtes Reden. Ich rufe Gabriel an und meinen Schutzengel, auf daß sie mir heute helfen mögen, darauf zu achten, was *ich sage und* wem *ich es sage. Mögen meine Worte wahr, ermutigend und bescheiden sein. Möge meine Rede gütig und teilnahmsvoll sein.*

Keimgedanke

Unsere Worte sind der unmittelbare Ausdruck unserer Gedanken, und außer auf rechtes Handeln und rechtes Reden achtet eine reifende Spiritualität auch auf rechtes Denken. Wenn wir uns dabei ertappen, daß wir schmälernde, wertende, zynische oder abfällige Gedanken denken, sind wir auf dem besten Wege dazu, negative geistige Angewohnheiten aufzugeben und die Saat gütigen, ermutigenden Denkens zu pflanzen. Auf unsere Denkgewohnheiten zu achten und der Wille, sie zu ändern, sind wichtig bei der Verwirklichung echter Güte.

Gebet/Übung

Atme ein paarmal loslassend durch und richte deine Aufmerksamkeit auf die rechte Seite deines Körpertempels, das Südliche Tor deines Energiefeldes. Rufe die Gegenwart Gabriels an und bitte diesen kosmischen Wirker von Gewahrsein darum, daß er dir heute helfe, deine Gedanken zu beobachten, damit du die Tugend des rechten Denkens in dir entwickeln mögest. Wenn du dich bei lieblosen Gedanken ertappst, befiehl dir, damit aufzuhören, und sende gütigere, ermutigende Gedanken aus.

Keimgedanke

Nach der Lehre der Kabbala, der jüdischen Mystik, wurde die Welt aus zehn Emanationen oder Gedankenformen erschaffen, die aus dem Geist Gottes hervorgingen. Durch Einstimmung in eine beliebige solche Gedankenform kann die Vereinigung mit Gott erreicht werden. Mit zunehmender spiritueller Reife beginnen wir zu spüren, welches der richtige Pfad, die richtige Emanation für uns ist. Diese »Pfade« sind Archetypen oder Energiemuster, die uns helfen, die Entfaltung unserer Seele in die ihr gemäßeste Bahn zu lenken. Diese Wege sind Schönheit, Barmherzigkeit, Herrlichkeit, Weisheit, Intellekt, Überwindung des Ichs, Disziplin, Ethik, Natur und Mystik.

Gebet/Übung

Großer Geist, Du hast Dich selbst erschaffen als der mystische Baum des Lebens, der viele unterschiedliche Wege zu Dir umfaßt, deren jeder von der Seele erfordert, daß sie sich in eine geringfügig andere Richtung oder Weise entwickelt. Ich folge dankbar Deiner Führung, auf daß ich mir stets des richtigen Pfades bewußt sein möge, der meiner Seele ermöglichen wird, sich zu genau der Herrlichkeit zu entfalten, die Du im Sinn hattest, als Du sie dereinst als Samen in den Boden Deines Garten setztest.

Verweile für ein paar Minuten im Gebet der Sammlung, im Ei aus Licht oder in der Shamatha-Vipassana-Meditation.

Keimgedanke

Jeder Mensch hat bestimmte Möglichkeiten zur spirituellen Erweckung, die ausschließlich *ihm* eigentümlich sind. Nicht jeder von uns kann meditieren, und nicht jeder von uns ist zu einer rationalen Selbsterforschung fähig. Vor Jahren nahm ich an einem Kurs teil, der von unserer Kirche angeboten wurde. Einer der Gruppenmitglieder, ein Mann namens James, war geistig leicht zurückgeblieben. Er konnte weder lesen noch schreiben, beteiligte sich aber sehr aktiv an den Übungen. Einmal erklärte der Geistliche, wenn unser erster Gedanke am Morgen ein Dankgebet an Gott sei, dann bedeute dies bereits einen kleinen spirituellen Fortschritt. James' Gesicht leuchtete auf. »Wirklich, wirklich?« rief er aus. »Sie meinen, man kann sich wirklich merken, das jeden Morgen zu tun? Das ist toll!« Eine Woche darauf hatten die meisten von uns die aufgegebenen Texte gelesen, aber nur James hatte es geschafft, sich anzugewöhnen, Gott den allerersten Gedanken des Tages zu widmen.

Gebet/Übung

Göttlicher Geliebter, wenn ich mich unmittelbar nach dem Aufwachen und vor dem Einschlafen voller Dankbarkeit an Dich erinnere, ist Deine Gegenwart den ganzen Tag über bei mir. Lieber Gabriel, hilf mir bitte, mich Tag für Tag, Stunde für Stunde, Minute für Minute an den Göttlichen Geliebten zu erinnern. Wenn ich mich an Gott erinnere, strömt wahre Liebe ganz von selbst aus meinem Herzen.

Beginne und schließe deinen Tag mit einem Dankgebet an Gott. Wann immer du etwas Schönes erlebst, das dein Herz öffnet, sprich eine kurze bracha *(11. Mai).*

Keimgedanke

Wir leben in einer beispiellosen Zeit, in der die geheimen oder esoterischen Lehren vieler Traditionen für jeden zum Preis eines Taschenbuchs zugänglich sind. Diese allgemeine Verfügbarkeit spiritueller Methoden bedeutet zugleich eine Gefahr und eine große Chance. Die Gefahr ist, daß wir leicht zu Dilettanten werden können – daß wir tausend seichte Brunnen graben, ohne je irgendwo auf Wasser zu stoßen. Andererseits haben wir durch die Möglichkeit, eine Vielzahl verschiedener Systeme »auszuprobieren«, die Chance, herauszufinden, was uns am meisten anzieht, und so den uns gemäßesten Weg zu finden.

Gebet/Übung

Verweile für ein paar Minuten im Gebet der Sammlung oder in der Shamatha-Vipassana-Meditation und bedenke dann den Aspekt der Tiefe deiner spirituellen Praxis. In den vergangenen acht Monaten haben wir uns auf einige wenige grundlegende Methoden beschränkt, die unsere Konzentrationsfähigkeit entwikkeln sollten. Für viele Menschen ist dies bereits mehr als genug. Wir haben aber auch eine Vielzahl speziellerer, esoterischerer Wege zur Vereinigung mit dem Göttlichen zumindest ansatzweise kennengelernt. Wenn einer von ihnen dich besonders angesprochen hat – wie könntest du ihn mehr in die Tiefe verfolgen? Wenn du bereits einer bestimmten spirituellen Tradition folgst – bist du mit der Intensität deines Engagements zufrieden? Gibt es vielleicht irgendwelche Gruppen, Kirchen oder Tempel in der näheren Umgebung, in denen du ein förderndes Umfeld für deine spirituellen Übungen finden könntest?

Keimgedanke

Ralph Waldo Emerson war ein Mystiker, der die Entfaltung seines Lebens der Führung anvertraute, die er empfing, indem er sich in der Einsamkeit der Schönheit der Natur öffnete. Er sagte: »Ein Weiser wird nie sein künftiges Sein und Handeln verpfänden und im voraus entscheiden, was er in einer bestimmten extremen Situation tun sollte. Die Natur und Gott werden ihm, wenn es soweit ist, den Weg schon weisen.«

Gebet/Übung

Meditiere heute wenn möglich im Freien. Sieh dich um und bewundere dankbar die Schönheit von Himmel und Erde. Ohne die Augen zu schließen, führe die Meditation der Vereinigung von Himmel und Erde (1. August) durch. Jetzt richte deine Aufmerksamkeit auf deine rechte Seite – auf das Südliche Tor deines Körpertempels – und rufe die Gegenwart des Erzengels Gabriel an. Bete darum, daß du in allen Bereichen deines Lebens für die Führung Gottes und der Natur offen bleiben mögest.

Keimgedanke

Der englische Dichter des 19. Jahrhunderts Edward Carpenter schrieb von der Spiritualität als von einem geduldigen Warten darauf, daß unsere Seele erblüht. Wir müssen darauf vertrauen, daß sie es zu der ihr vorbestimmten Stunde schon tun wird – und mögen wir Gott auch noch so sehr darum anflehen, die Uhr für uns ein wenig vorzustellen! Carpenter schildert ein geduldiges Warten der Seele, das eine ausgezeichnete Anweisung für unsere spätsommerlichen Meditationen darstellt: »Stille dein Herz und erkenne die Schönheit dieser Welt und die unendlichen, grenzenlosen Schätze, die sie birgt.«

Gebet/Übung

Mache heute morgen wenn möglich einen achtsamen Spaziergang durch die Natur. Strebe nach nichts außer dem klaren Bewußtsein der Schönheit, die dich umgibt, und erlaube dieser Schönheit, die Weisheit deines Herzens wachzurufen.

Keimgedanke

Da ich gehe, da ich gehe,
Geht das All mit mir.
In Schönheit geht es vor mir,
In Schönheit geht es hinter mir,
In Schönheit geht es unter mir,
In Schönheit geht es über mir.
Überall ist Schönheit.
Da ich gehe, gehe ich mit der Schönheit.

– Traditionelles Gebet der Navajo

Gebet/Übung

Mache heute morgen wenn möglich einen achtsamen Spaziergang und betrachte dabei alles als die Schönheit Gottes, die sich rings um dich herum entfaltet. Übe dich den ganzen Tag über darin, allenthalben Schönheit zu sehen.

Keimgedanke

Die Schönheit der Natur ist ein Geschenk Gottes, das unser Gemüt stillt, unsere zerfahrenen Emotionen heilt und unsere Seele erbaut. Als ich Anfang 20 war, machte ich eine besonders »dunkle Nacht der Seele« durch und konnte weder im Umgang mit Menschen noch in Büchern, noch in irgendwelchen Ablenkungen Trost finden. Logisches Nachdenken half nicht, und von Meditation hatte ich damals noch nichts gehört. Und selbst wenn, wäre ich wahrscheinlich viel zu aufgewühlt gewesen, um mich konzentrieren zu können. Im Supermarkt fühlte ich mich zu einigen Topfpflänzchen hingezogen, also kaufte ich sie und nahm sie mit nach Haus. Jeden Tag saß ich bei ihnen, berührte die Erde, um festzustellen, ob sie Wasser brauchten, und sah zu, wie neue Blättchen sprossen und sich entfalteten. Meine Seele wurde zunehmend ruhiger. Wenn Menschen in Altersheimen Pflanzen haben, für die sie sorgen können, steigt ihre durchschnittliche Lebenserwartung um ein Jahr.

Gebet/Übung

Finde in deiner Wohnung, in der freien Natur oder in einem Blumengeschäft eine Pflanze, die du zu dir nehmen und zu der du eine Beziehung aufbauen kannst. Pflanzen lehren uns die Kunst, Leben zu hegen und zu fördern, und belohnen uns, indem sie mehr Schönheit und Frieden in unserer Umgebung schaffen. Es ist eine wunderbare spirituelle Übung, für Pflanzen zu sorgen und sich von ihnen umsorgen zu lassen.

Keimgedanke

Mit zunehmender spiritueller Reife wissen wir die Schönheit und die einfachen Freuden des Lebens – wie die Anwesenheit geliebter Menschen – immer mehr zu schätzen. Ich erinnere mich an einen Winterabend, als mein Sohn Andrei, der damals 20 Jahre alt war, mit Grippe nach Haus kam. Er war so dankbar für die einfachen Freuden einer warmen Wohnung, die Schmusedecke aus seiner Kindheit, in die er sich einwickeln konnte, und eine Mutter, die ihm den Kopf streichelte und mit ihm redete! Während ich bei diesem großen Jungen saß, war ich mir wehmütig der Tatsache bewußt, daß wir wahrscheinlich nicht mehr viele Abende wie diesen zusammen verbringen würden. Ich glaube nicht, daß ich jemals glücklicher gewesen bin als in diesem Augenblick, dem die Erkenntnis, daß alles vergänglich ist und daß wir nichts von dem, was wir lieben, für selbstverständlich nehmen dürfen, eine fast unerträgliche Süße verlieh.

Gebet/Übung

Großer Geist, wie unglaublich vielfältig und kostbar ist die Erfahrung des Lebens! Öffne mir bitte die Augen für seine Schönheit und hilf mir, seine Unbeständigkeit zu erkennen – die Wahrheit einzusehen, daß alles, was ich liebe, eines Tages vergehen wird –, auf daß ich mein Herz voll überschäumender Dankbarkeit den Gaben und Freuden des gegenwärtigen Augenblicks zu öffnen vermöge!

Verweile für ein paar Minuten im Gebet der Sammlung oder in der Shamatha-Vipassana-Meditation. Mache dir den Segen der Unbeständigkeit bewußt, die uns die Seligkeit des gegenwärtigen Augenblicks erst richtig erfahren läßt.

Keimgedanke

Psalm 23 inspiriert und fasziniert die Menschen seit Tausenden von Jahren:

Der Herr ist mein Hirte, mir wird nichts mangeln. Er weidet mich auf einer grünen Aue und führet mich zum frischen Wasser. Er erquicket meine Seele. Er führet mich auf rechter Straße um seines Namens willen. Und ob ich schon wanderte im finstern Tal, fürchte ich kein Unglück; denn du bist bei mir, dein Stecken und Stab trösten mich. Du bereitest vor mir einen Tisch im Angesicht meiner Feinde. Du salbest mein Haupt mit Öl und schenkst mir voll ein. Gutes und Barmherzigkeit werden mir folgen mein Leben lang, und ich werde bleiben im Hause des Herrn immerdar.

Gebet/Übung

Gehe wenn möglich hinaus in die Natur und lies Psalm 23 langsam und aufmerksam. Versuche zu begreifen, daß er eher ein Lied des Dankes ist für das, was Gott bereits gewährt hat, als ein Gebet der Hoffnung. Dies ist die Seligkeit und Verheißung spiritueller Reife.

September

Träume, Intuition und Innenleben

September ist ein Monat der Wende, in dem die nach außen
gerichtete Energie des Sommers sich einwärts zu kehren
beginnt in Vorbereitung auf die Jahreshälfte,
die sie im dunklen Schoß von Mutter Erde zubringen wird.
Diesen Monat werden wir unser Leben in Form
einer spirituellen Autobiographie zu Gemüte führen.
Wir werden unseren sechsten Sinn öffnen,
indem wir auf synchronistische Ereignisse achten,
und wir werden die Traumwelt betreten.
September ist das Tor ins Mysterium,
und da das Medizinrad sich vom Sommer zum Herbst dreht,
werden wir vom Erzengel Raphael begrüßt, dem Heiler Gottes,
der uns durch Gaben der Ganzheitsmedizin
vom Leiden des Glaubens an die Vollkommenheit befreit.
Lausche den Stimmen der Uralten,
da sie aus der Myzelschicht rufen,
die unter dem Waldboden wächst:

Innere und äußere Ernte
sind abgeschlossen,
und die Scheune des Unbewußten
ist sauber ausgekehrt.
Durch die Traumwelt erreichen wir
die Pforte des Mysteriums,
indem wir in die fruchtbare Finsternis hinabsteigen,
in der unsere Seelen wieder erneuert werden.

1. September

Keimgedanke

September ist der Höhepunkt der Ernte und das Einlagern des Überflusses der Erde. Die Erträge, die wir zurücklegen, werden uns während des Winters ernähren, wenn wir, wie Mutter Erde, unsere Energien von der Außenwelt zurückziehen und sie auf die geheimnisvolle innere Dunkelheit richten. Um die tiefen Höhlen unseres Unbewußten für die Aufnahme der diesjährigen Früchte vorzubereiten, reinigen die kosmischen Energien dessen Tiefen und rühren alte Ideen, alte Angelegenheiten und alte Weisheit auf: So können wir erkennen, was davon aufzubewahren und was über Bord zu werfen ist, wenn wir bewußter in die große archetypische Geschichte unseres Lebens vordringen.

Gebet/Übung

Gedankt sei Dir, Großer Geist, für diesen Spätsommermorgen und die Vorahnung des Herbstes, die schon in der Kühle der Luft und den allmählich kürzer werdenden Tagen liegt. Da ich mich auf die Drehung des kosmischen Rads vorbereite, rufe ich Gabriel an, daß er mich erwecke und der Wirklichkeit meines inneren Lebens gewahr mache, damit ich auf die Gnade eingestimmt werden möge, die der Herbstputz meines Unbewußten herbeiholt, und imstande sei, die Früchte des Geistes geschickter einzulagern.

Mache heute einen achtsamen Spaziergang durch die Natur. Bewahre dir ein Bewußtsein des inneren Ortes der Stille und seiner Verbindung zu allem, was wächst und gedeiht. Finde einen Strauch oder Baum und setze dich zu ihm. Dehne dein Bewußtsein bis in die Pflanze hinein aus und gewahre so viel, wie du kannst, vom Strömen ihrer Energie und dem Zyklus ihres Wachstums.

Keimgedanke

C. G. Jung unterschied zwischen einem persönlichen und einem kollektiven Unbewußten. Das *persönliche* Unbewußte wimmelt von – hellen wie dunklen – unterdrückten und vergessenen Gefühlen, Bildern und Erinnerungen aus unserer Vergangenheit. Dieser brodelnde Topf voll psychischer Energie ist der verborgene Lenker und »Motivator« der meisten unserer Handlungen. Das *kollektive* Unbewußte wohnt jedem Menschen inne, unabhängig von seinen vergangenen persönlichen Erfahrungen. Dieses mit Engeln und Dämonen, Helden und Hitlern bevölkerte Reservoir archetypischer Geschichten ist wie ein eingebautes Navigationsprogramm für den Heimweg zu Gott. Die Mythen, religiösen Anschauungen und Märchen aller Völker gehen aus diesen kollektiven Archetypen hervor ebenso wie viele unserer Träume, die uns auf unsere jeweilige Rolle im großen kosmischen Drama aufmerksam machen.

Gebet/Übung

Heute beginnt eine achttägige »Rückschauübung«, während der du eine spirituelle Autobiographie schreiben und anfangen wirst, in dein persönliches und das kollektive Unbewußte hineinzublicken. Einige der folgenden Übungen habe ich aus Dan Wakefields Buch *Writing Your Spiritual Autobiography* übernommen. Andere sind von den Werken des Theologen James Fowler inspiriert, des Verfassers von *Stufen des Glaubens*.

2. September

Verweile für ein paar Minuten in der Stille des Gebets der Sammlung oder der Shamatha-Vipassana-Meditation. Jetzt gehe in deiner Vorstellung in die Zeit zurück und erinnere dich so deutlich wie möglich an dein einstiges Kinderzimmer. Welches Bild hattest du von Gott, als du noch in diesem Zimmer wohntest? Mache dir ein paar Notizen, auf die du im weiteren Verlauf dieser Übung zurückgreifen kannst.

Keimgedanke

Im Jahr 1937 hielt C. G. Jung in Yale eine später berühmt gewordene Vorlesung, in der er seine Zuhörer aufforderte, die starren Begriffe und Grenzen organisierter Religionen zu überschreiten und zu einer unmittelbaren Begegnung mit der religiösen Erfahrung vorzustoßen. Mein erster Tag in der Hebräisch-Schule stellte eine solche Begegnung dar. Von dem, was die Lehrer sagten, weiß ich kein einziges Wort mehr, aber ich erinnere mich deutlich daran, wie ich von der Form der hebräischen Buchstaben gepackt und – jenseits allen bewußten Wissens – in eine Begegnung mit dem Geheimnis entrückt wurde, die mir die numinose Gegenwart Gottes offenbarte und die Verheißung schenkte, daß das Leben voll unaussprechlicher Wunder ist.

Gebet/Übung

Mache wenn möglich wieder einen achtsamen Spaziergang und gib dich der unmittelbaren, nicht durch das Bewußtsein gefilterten Naturerfahrung hin. Stelle dir nach deiner Gehmeditation die Frage: »Was war meine erste spirituelle Erfahrung, meine erste direkte Begegnung mit dem Numinosen?« Mache dir ein paar Notizen für die spätere Verwendung.

4. September

Keimgedanke

Als ich ein kleines Mädchen war, stand mein Bett unter einem großen Erkerfenster. Nachts lag ich ganz ruhig da und betrachtete den Mond. Eines Tages schenkte mir mein Vater eine Schallplatte mit einem Märchen über eine kranke Prinzessin. Die Hofärzte konnten keine Kur für ihr Leiden finden, aber zuletzt kam der Oberzeremonienmeister, dessen tiefe Stimme voller Magie war, auf die Lösung: Die Prinzessin mußte den Mond haben. Aber obwohl der Mond sehr nah zu sein schien, reichte selbst die längste Leiter nicht an ihn heran. Schließlich ließ der Zeremonienmeister für die Prinzessin einen Silbermond anfertigen, und sie wurde wieder gesund. Eine Zeitlang versuchte er, sie nachts vom Fenster fernzuhalten, damit sie nicht merkte, daß es nicht der echte Mond war, den sie da an einem Kettchen am Hals trug. Eines Nachts aber erblickte sie doch das glänzende Gestirn am Himmel: Da freute sie sich über die Maßen, daß Gott ein neues hatte nachwachsen lassen, damit sich alle Menschen daran erfreuen könnten.

Gebet/Übung

Verweile für ein paar Minuten im Frieden des Gebets der Sammlung oder der Shamatha-Vipassana-Meditation. Kannst du dich daran erinnern, was früher deine Lieblingsgeschichte war? Hatte sie in irgendeiner für dich heute nachvollziehbaren Weise Bezug zu deinem spirituellen Leben? Mache dir ein paar Notizen.

Keimgedanke

Kinder leben in einer Welt der Feen und Dämonen, der Helden und der Schurken - einer Welt, in der es nur Schwarz und Weiß gibt, ohne alle Zwischentöne. Als Kinder ängstigen wir uns leicht und lassen uns ebensoleicht wieder trösten und beruhigen. Die Vorstellungen, die wir vom Universum haben, sind in der Regel überaus plastisch und enthalten nicht nur Dinge, die wir aus eigener Anschauung kennen, sondern auch eine Unzahl von Gestalten und Motiven, die seit Anbeginn der Zeiten die Mythen, Märchen und religiösen Sagen der Welt bevölkern. Sie sind Teil des allen Menschen gemeinsamen kollektiven Unbewußten, des Sediments von Seelenerinnerungen, dem auch unsere persönlichen Geschichten entspringen.

Gebet/Übung

Entspanne dich in deine Atmung hinein und lasse dich in den Frieden des Gebets der Sammlung oder der Shamatha-Vipassana-Meditation sinken. Wie stelltest du dir als Kind die Entstehung der Welt vor? Machtest du dir Gedanken über Himmel und Hölle? Falls ja, wer mußte deinem damaligen Glauben nach wohin und warum? Woran glaubten deine Eltern? Mache dir ein paar Notizen.

Keimgedanke

Die Adoleszenz, die Zeitspanne von der Pubertät bis zur Reife, bringt ein Aufblühen des spirituellen Glaubens, der aus einem Geflecht von persönlichen Erfahrungen und Archetypen des kollektiven Unbewußten hervorgeht. Wir überwinden die Schwarzweißmalerei der Kindheit, die aus Gott einen mächtigen, mitunter übelwollenden »Über-Opa« machte. Wenn unsere Eltern allerdings streng und autoritär sind, schaffen wir diesen »Adoleszenzsprung« möglicherweise erst in einer viel späteren Phase unseres Lebens, wenn es uns endlich gelingt, die frühen Verletzungen unserer Selbstachtung zu heilen. Aber wenn alles gutgeht und wir ein zuversichtliches Selbstgefühl entwickelt haben, das bereit ist, sich von den Eltern abzunabeln, besteht die spirituelle Aufgabe der Adoleszenz darin, Rollenmodelle zu finden, die unsere bisherigen numinosen Erfahrungen bestätigen und erweitern.

Gebet/Übung

Mache heute wenn möglich einen achtsamen Spaziergang. Wenn du fertig bist, finde einen geeigneten Platz im Freien – oder setz dich ans Fenster und sieh hinaus. Jetzt überlege: Wer waren in meiner Jugend meine wichtigsten Rollenideale? Welches waren die Werte, die sie symbolisierten? Ähnelten sie den Wertvorstellungen meiner Eltern, oder waren sie davon verschieden? Mache dir ein paar Notizen.

Keimgedanke

Einer der Helden meiner Jungmädchenzeit war Aldous Huxley, dessen Buch *Die Pforten der Wahrnehmung* mir das innere Universum erschloß. Ein anderer war der draufgängerische Errol Flynn. Seine Autobiographie enthielt von den bezauberndsten Blüten romantischer Phantasie bis hin zu einem schroffen und oft brutalen Individualismus alles, was einen echten Abenteuerroman ausmacht. Ganz besonders faszinierte mich eine Textstelle, in der er in allen Einzelheiten schilderte, wie er auf einer australischen Ranch Schafböcke kastrierte. Errol Flynn mag nicht wie ein besonders spirituelles Rollenideal aussehen, aber tatsächlich kommen wir mit dem Archetypus des Höheren Selbst erstmals durch Geschichten in Berührung, die von Helden, Weisen, Königen und Königinnen, Propheten und Rettern handeln – kurz, von Menschen, die in welcher Weise auch immer die Grenzen dessen erweitern, was wir für »normal« erachten.

Gebet/Übung

Beruhige deinen Geist und öffne dich der Weisheit des Unbewußten, indem du einen achtsamen Spaziergang machst oder für ein paar Minuten meditierst. Was waren deine Lieblingsfilme oder -bücher, als du ein Teenager warst? Wer waren deine Idole? Welchen Teil deines sich entwickelnden Bewußtseins verkörperten sie deiner Meinung nach? Mache dir ein paar Notizen.

Keimgedanke

Wenn es uns gelungen ist, uns psychisch von unseren Eltern abzunabeln und ein eigenständiges Selbstgefühl zu entwickeln, haben wir uns als junge Erwachsene spezifische Antworten auf die großen Fragen »Wer bin ich? Was ist der Sinn des Lebens? Gibt es einen Gott?« zurechtgelegt. Doch erst um die Mitte des Lebens gelangt unsere Spiritualität zu wirklicher Reife, und zwar durch die Erfahrung dessen, was der Theologe James Fowler das »Sakrament der Niederlage« nennt. Unser jugendlicher Idealismus zerbröckelt, und wir müssen der Tatsache ins Auge sehen, daß es keine eindeutigen Antworten auf die Widersprüche des Lebens gibt und keine Möglichkeit, der Unbeständigkeit aller Dinge und dem Leiden zu entrinnen. Wir erkennen, daß guten Menschen ebensohäufig Schlimmes widerfährt wie bösen – wenn nicht sogar noch häufiger. An diesem Punkt bricht das Gerüst äußerlicher Religiosität häufig zusammen, und wenn wir die sich daran anschließende »dunkle Nacht der Seele« heil überstehen, kann ein tieferes spirituelles Verständnis hervorscheinen.

Gebet/Übung

Mache heute wenn möglich wieder einen achtsamen Spaziergang durch die Natur. Denke anschließend über die religiösen oder spirituellen Vorstellungen nach, die du als junge(r) Erwachsene(r) hattest. Hast du an irgendeinem Punkt deines Lebens das »Sakrament der Niederlage« empfangen – ein so tiefes Leid erfahren, daß alle deine bisherigen Ansichten über das Universum wie ein Kartenhaus einstürzten? Wenn ja, begannen sich anschließend irgendwelche neuen spirituellen Überzeugungen in dir abzuzeichnen? Mache dir ein paar Notizen.

Keimgedanke

Während der letzten Woche wurdest du dazu ermutigt, in die Bilder, Gefühle, Überzeugungen, Geschichten und Mythen einzutauchen, die sich in deinem persönlichen und dem kollektiven Unbewußten vermischen. Jetzt ist es an der Zeit, diese »Erinnerungen, Träume, Gedanken« (wie auch C. G. Jungs Autobiographie überschrieben ist) zu deiner eigenen spirituellen Autobiographie zusammenzuführen. Es gibt keine bessere Methode herauszufinden, wo man gegenwärtig ist, als sich zu vergegenwärtigen, wo man *gewesen* ist! Sehr oft ist die äußere Route, die wir nehmen, so interessant, daß wir uns nur undeutlich des Weges bewußt werden, den unsere Seele derweil innen zurücklegt.

Gebet/Übung

Für die heutige Übung brauchst du ein Blatt Papier – je größer, desto besser. Du wirst auch mehr Zeit als gewöhnlich brauchen: wenigstens eine Stunde, wahrscheinlich aber mehr. Erstelle eine »Straßenkarte« deines bisherigen Lebens. Fange bei der Geburt an und zeichne die (positiven wie negativen) Höhepunkte oder Einschnitte ein, die sich etwa alle fünf Jahre ereignet haben. Trage dann mit Hilfe der Notizen, die du dir im Laufe der letzten Woche gemacht hast, parallel zu deinem äußeren Leben die Entwicklung deines spirituellen Verständnisses ein. Schreibe zuletzt eine Kurzfassung deiner spirituellen Autobiographie.

Keimgedanke

Miron und ich saßen eines Sommers unter einem Baum und unterhielten uns angeregt mit unserem Freund Rick. Damals hatte Miron einen Vollbart und ein recht wildes Aussehen. Rick sah ihm in die Augen und sagte: »Miron, du bist ein starker Archetypus. Hast du eine Ahnung, wovon?« Wir lachten alle, aber Ricks Frage traf den Nagel auf den Kopf. Unser Archetypus ist die Geschichte, die unsere Seele jeweils dabei ist zu bewältigen. Ein Archetypus ist so gut wie der andere, da, wie die alten Weisheitslehren vermuten lassen, jeder von uns nach und nach alle Archetypen durchleben muß.

Gebet/Übung

Verweile für ein paar Minuten in der Meditation. Überlege dir dann, ob du die folgenden oder irgendwelche anderen Archetypen (in ihrer jeweils männlichen oder weiblichen Erscheinungsform) schon durchlebt hast:

- *Der Großinquisitor, »Beschützer des Glaubens«*
- *Das Opfer*
- *Der Märtyrer*
- *Der Heiland/Retter*
- *Der Heiler*
- *Der Weise*
- *Der Narr*
- *Der Mystiker*
- *Der Held*

Keimgedanke

Es gibt Zeiten in unserem Leben, in denen wir die zu einem bestimmten Archetypus gehörige Seelengeschichte abgeschlossen haben und allmählich in einen anderen Bereich unserer andauernden spirituellen Autobiographie eintreten. Die Übergangsphase ist eine Zeit der Ernte und der Läuterung. Wenn es uns nicht gelingt, diese Übergänge als solche zu erkennen, spielen wir immer wieder dieselbe Rolle von vorn, was zu einem Gefühl der Vergeblichkeit, der Langeweile, des »Festgefahrenseins«, zu Depression oder Streß führen kann. Da das kosmische Rad sich vom Sommer zum Herbst weiterdreht und unsere Energie ihren jährlichen Abstieg in die dunklen Reiche des Unbewußten beginnt, wird es Zeit, uns zu fragen, ob unser Aufenthalt in unserem gegenwärtigen Archetypus abgeschlossen ist und, falls ja, in welchen neuen wir dabei sind einzutreten.

Gebet / Übung

Verweile für ein paar Minuten im Gebet der Sammlung oder in der Shamatha-Vipassana-Meditation. Bewege die folgenden Fragen in deinem Herzen: »Wer sind die Menschen, die ich am meisten achte? Welchem von ihnen würde ich am liebsten nacheifern? Welchen Archetypus stellt er dar?«

Keimgedanke

Bevor wir in eine neue Wohnung einziehen, machen wir eine Bestandsaufnahme unserer Habseligkeiten und überlegen uns genau, was wir behalten und was wir ausmustern wollen. In gleicher Weise gilt es sorgfältig zu erwägen, was wir mitnehmen und was wir zurücklassen sollten, wenn wir eine neue Etappe unserer Seelenreise beginnen. Vor einigen Jahren bin ich vom Archetypus der Heilerin in den der Mystikerin eingezogen. Im Zuge des Übergangs habe ich einen Großteil meiner »Schmerz-Orientiertheit« zurückgelassen und mich in zunehmendem Maße auf Freude, Dankbarkeit und Frieden konzentriert. An die Stelle der Psychiaterin Alice Miller trat als mein neues Rollenideal der Dalai Lama. Als Folge dieser grundlegenden inneren Umwälzung änderte sich auch die Arbeit, die ich tat, und meine bisherige Einstellung zu Menschen und zum Leben.

Gebet/Übung

Atme ein paarmal loslassend durch und lasse dich langsam, geduldig in den Tempel der inneren Stille gleiten. Richte deine Aufmerksamkeit auf deine rechte Seite, auf das Südliche Tor deines Körpertempels. Rufe den Erzengel Gabriel an, dessen Stärke und Führung dir durch die verschiedenen Stadien deiner Seelenreise hindurchhelfen können. Bitte darum, daß er dir ermögliche zu erkennen, welchen Archetypus du gegenwärtig lebst und, wenn du bereit bist weiterzuziehen, in welchen Archetypus du dich gerade begibst. Überlege dir, welche Eigenschaften du zurücklassen und welche du mitnehmen wirst.

Keimgedanke

Wenn wir uns in der Phase des Übergangs von einem Archetypus in den nächsten befinden, organisiert das Universum oft synchronistische Ereignisse, die uns den Weg weisen und weiterhelfen. Ein Beispiel: Du hast so viel von deinem Zorn auf deinen »geschiedenen« Vater aufgearbeitet, daß du dich mit dem Gedanken trägst, nach vielen Jahren wieder den Kontakt mit ihm aufzunehmen. Genau in dem Augenblick ruft er an und sagt, er möchte seine Fehler wiedergutmachen. Der jungianische Psychiater Harry Wilmer definiert Synchronizität als »das zeitliche Zusammenfallen zweier sinnvoll, aber nicht kausal miteinander verknüpfter Ereignisse, wobei ein innerer, psychischer, subjektiver Zustand in Entsprechung zu einem äußeren Ereignis der objektiven Welt auftritt. Eine Ursache ist nicht nur unbekannt, sondern nicht einmal denkbar.« Synchronistische Ereignisse transzendieren Zeit und Raum und offenbaren dadurch das einheitliche Feld, den Geist Gottes, in dem wir leben, uns bewegen und unser Dasein haben. Schlichte Koinzidenzen oder Zufälle unterscheiden sich von synchronistischen Ereignissen durch ihren Mangel an innerer Sinnhaftigkeit.

Gebet/Übung

Göttlicher Geliebter, wir erstaunlich ist die Unerforschlichkeit Deiner Schöpfung und die wechselseitige Verknüpftheit aller Dinge! Hilf mir bitte, auf synchronistische Ereignisse zu achten, die mein Bewußtsein der sich entfaltenden Geschichte meines Lebens vertiefen, auf daß ich diese Geschichte mit Liebe, Humor, Barmherzigkeit, Weisheit und Güte leben möge.

13. September

Zentriere dich durch ein kurzes Gebet der Sammlung oder eine Shamatha-Vipassana-Meditation. Richte deine Aufmerksamkeit auf die rechte Seite deines Körpers und rufe die Gegenwart Gabriels an. Bitte darum, daß er dir helfe, die Botschaften wahrzunehmen, die das Universum ständig für dich zurückläßt.

Keimgedanke

C. G. Jung schuf einmal ein Mandala, das er »Fenster in die Ewigkeit« nannte. Ein Jahr später malte er ein zweites Mandala, in dessen Zentrum sich ein goldenes Schloß befand. Als er das Bild betrachtete, wunderte er sich über dessen irgendwie »chinesische« Stimmung. Kurz darauf erhielt er vom Sinologen Richard Wilhelm eine Briefsendung. Er schickte ihm das Manuskript einer chinesischen taoistisch-alchemistischen Abhandlung, *Das Geheimnis der Goldenen Blüte*, mit der Bitte, einen Kommentar dazu zu schreiben. Als Jung das Manuskript las, fand er darin die Bedeutung seines Mandalas offenbart. Das ist Synchronizität!

Gebet/Übung

Mache heute wenn möglich einen achtsamen Spaziergang. Rufe die Gegenwart deines Schutzengels an, auf daß sie dich begleite. Wenn du deine Gehmeditation beendet hast, setze dich nieder und danke deinem Schutzengel, dem Wirker vieler der synchronistischen Ereignisse, die du bislang erlebt hast – das Buch, das praktisch aus dem Regal fällt, wenn du es brauchst; der Unbekannte, dessen zufällig gehörte Worte eine alte Wunde in dir heilen … Denke an ein solches Zusammentreffen, das du kürzlich erlebt hast, und danke dafür. Steht es in Zusammenhang mit einer archetypischen Situation aus deinem Leben?

Keimgedanke

Es lehrt uns Bescheidenheit, zu erkennen, wie sehr unser Geist dem sprichwörtlichen Eisberg ähnelt: Der größte Teil seiner »Masse« ist unter der Oberfläche verborgen. Normalerweise suchen wir die Weisheit, Gott oder die Lösungen unserer Probleme im sichtbaren, logischen Teil des Lebens und sparen den Bereich aus, um den es in Wirklichkeit geht. Vielleicht kennst du die Geschichte vom Betrunkenen, der nachts unter einer Straßenlaterne nach seinen Schlüsseln sucht. Ein zufällig vorbeikommender guter Samariter will behilflich sein und fragt: »Wo genau haben Sie die Schlüssel fallen lassen?« Der Betrunkene zeigt auf das unbebaute Grundstück auf der anderen Straßenseite. Als der verblüffte Passant fragt, warum er sie dann unter der Laterne suche, antwortet der Betrunkene mit unanfechtbarer Logik: »Weil man hier mehr sieht.«

Gebet/Übung

Gedankt sei Dir, Großer Geist, für diesen Spätsommermorgen und für mein allmähliches Gewahrwerden der verborgenen Welten, der inneren Bereiche meiner Psyche und ihrer geheimnisvollen Beziehung zur äußeren Welt der Formen. Heute werde ich fortfahren, die außer-sinnliche Welt, die Welt der Träume, Archetypen und der Vorstellung, geduldig zu beobachten.

Nimm dir heute abend vor dem Einschlafen fest vor, dich morgen wenigstens an einen Traum der vergangenen Nacht zu erinnern. Lege Stift und Notizblock bereit. Sobald du aufwachst, frage dich, ohne dich im Bett zu rühren: »Was habe ich gerade geträumt?« Lasse den Traum noch einmal an dir vorüberziehen und gib ihm eine passende »Überschrift«, bevor du ihn – in der Ich-Form und in der Gegenwart – niederschreibst. Verliere nicht den Mut, wenn du dich morgen an keinen Traum erinnern kannst. Es kann durchaus mehrere Nächte dauern, bis deine Absicht stark genug ist, um dir tatsächlich Zugang zur Traumwelt zu verschaffen.

Keimgedanke

Träume sind die Sprachrohre, durch die das Unbewußte uns die ungeschminkte Wahrheit mitteilt. Die psychischen »Zensoren«, die im Wachzustand unablässig unsere Gedanken und Gefühle entstellen (damit wir vor uns selbst gut dastehen und uns »anständig« fühlen) sind im Schlaf außer Kraft gesetzt. Das Traumselbst ist von einer brutalen Offenheit, aber es hat auch viel Sinn für Humor, was seine Offenbarungen für uns erträglicher macht. Einmal träumte ich von einem Kollegen, zu dem ich eine problematische Beziehung hatte. Er war ins Krankenhaus gekommen, um sich bestimmten Tests zu unterziehen, und hockte zu diesem Zweck auf einem Podest. Als er aufstand, ließ er einen großen buddhaförmigen Haufen Kot zurück. Ich atmete erleichtert auf und sagte: »Gott sei dank war er also doch nicht krank: Er war nur bis oben hin voll von Scheiße.« Ich schrieb den Traum auf, ohne mir viel dabei zu denken, und erst später, als ich völlig wach war, ging mir der derbe Doppelsinn auf. Da jede Traumgestalt einen Teil von uns selbst darstellt, lautete die Botschaft meines Unbewußten, daß ich meine eigene »spirituelle Scheiße« erkennen und mir ein paar ernste Gedanken über Bescheidenheit und Demut machen mußte. Es war viel leichter, das lachend zu tun, als wenn ich auf eine andere Weise auf meine Selbstgerechtigkeit hingewiesen worden wäre!

Gebet/Übung

Verweile für ein paar Minuten im Gebet der Sammlung oder in der Shamatha-Vipassana-Meditation. Hast du dich heute an einen Traum der vergangenen Nacht erinnert? Wenn ja, durchdenke ihn jetzt noch einmal, während du dich noch im meditativen

Zustand befindest – einem Zustand, in dem Bewußtsein und Unbewußtes ineinander übergehen und sich miteinander vermischen. Wenn du deinen Traum als einen Weckruf deines Höheren Selbst betrachtest, was glaubst du dann, was es dir zu sagen versucht?

17. September

Keimgedanke

Wir alle machen jede Nacht drei bis fünf sogenannte REM- oder Traumschlaf-Phasen durch. Träume verflüchtigen sich in der Regel wie Rauch, wenn sie nicht besonders packend oder aufwühlend sind. Aber selbst wenn du dich normalerweise nie an deine Träume erinnerst, kannst du es dir durch Übung durchaus angewöhnen. Herbst und Winter sind eine hervorragende Zeit, um mit dem Training anzufangen, denn es sind die Jahreszeiten, in denen unser Bewußtsein dem Unbewußten am nächsten ist.

Gebet/Übung

Schreibe die folgenden vier Grundregeln der Traumpraxis auf und wende sie auf einen beliebigen neuen oder alten Traum an:

- *Alle Träume kommen im Auftrag deines Höheren Selbst.*
- *Manche Träume sind klarer als andere. Manche wirken wie Proben oder »Versuche« zu einem Thema, das sich in späteren Träumen klarer erschließen wird.*
- *Behandle jeden Traum wie ein Juwel. Stufe ihn nicht als ausgereiften Traum oder als Probe ein, ehe du ihn nicht in allen Einzelheiten niedergeschrieben und aufmerksam durchgelesen hast. Unmittelbar nach dem Aufwachen wirken selbst außergewöhnliche Träume oft banal.*
- *Traumsymbole können sowohl persönlich als auch archetypisch sein. Da es möglich ist, daß du eine persönliche Vorliebe für ein archetypisches Symbol hast – Kreuz, Schlange, was auch immer –, darfst du dich nicht auf Deutungen verlassen, die du in Traumbüchern findest oder die dir Freunde liefern, solange du nicht ein bestätigendes inneres Aha-Gefühl verspürst.*

Keimgedanke

Der unitarische Geistliche Jeremy Taylor hat mehrere Bücher über Träume geschrieben, darunter *Dreamwork*, ein Handbuch für Traumgruppen ohne Leiter. Jahrelang umfaßte *unsere* »Gruppe« jeden, der zum Frühstück vorbeikam. Die Leitlinien für die Gruppenarbeit sind einfach:

- Der jeweilige »Berichterstatter« erzählt sein Traumerlebnis so, als ob es gerade passierte – in der ersten Person Präsens, wie z. B. »Ich gehe eine dunkle Straße entlang, und ein Bär mit leuchtenden Augen tritt aus dem Unterholz hervor.«
- Niemand unterbricht die Erzählung. Etwaige Fragen stellen die anderen erst, wenn der Träumer seinen Bericht abgeschlossen hat.
- Wenn alle eine möglichst klare Vorstellung vom Traum haben, äußern sie ihre diesbezüglichen Deutungsversuche als das, was sie tatsächlich sind – nämlich Projektionen –, indem sie sagen: »Wenn das mein Traum wäre, ...«
- Der einzige zuverlässige Hinweis darauf, daß jemand etwas Richtiges gesagt hat, ist das Aha-Erlebnis des Träumers.
- Da Träume etwas sehr Intimes sind, ist es wichtig, sich innerhalb der Gruppe auf gewisse Verhaltensregeln zu einigen und äußerste Diskretion zu vereinbaren, damit sich jeder ohne Scheu äußern kann.

Gebet/Übung

Mache heute wenn möglich einen achtsamen Spaziergang. Schau dich um und ziehe die Möglichkeit in Betracht, daß alles, was du siehst, nichts anderes als ein Traum ist. Halte dir diese Möglichkeit den ganzen Tag über gegenwärtig. Überlege dir, ob du nicht eine Traumgruppe zusammenbekommen könntest.

Keimgedanke

Woher weißt du, daß du jetzt im Augenblick nicht träumst? Nein, sich zu zwicken gilt nicht. Wenn du dich im Traum zwickst, spürst du den Schmerz ganz genauso. *Leg das Buch hin und denk über diese Frage nach*, bevor du weiterliest. Es gibt drei recht zuverlässige Hinweise. Erstens kannst du im Traum fliegen oder schweben. Wenn du jetzt versuchst, dich von deinem Sitz zu erheben und zu fliegen, was passiert? Na, träumst du? Zweitens, wenn du im Traum etwas liest, dann wegschaust und anschließend wieder hinsiehst, ist der Text nicht mehr derselbe. Sieh woandershin und lies dann diesen Absatz noch einmal – sorgfältig, denn manchmal sind die Veränderungen sehr geringfügig und unauffällig. Na, träumst du? Drittens kannst du im Traum in der Regel durch die Wand gehen. Wie wäre es mit einem Versuch?

Gebet/Übung

Tröpfle dir etwas Tinte auf den Handrücken. Jedesmal, wenn im Laufe des heutigen Tages dein Blick auf den Klecks fällt, frage dich: »Träume ich?« Dann führe einen der drei obigen Tests durch. Im Traum kann man sich leicht etwas vormachen, deswegen mußt du peinlich darauf achten, die Tests gewissenhaft durchzuführen. Wenn du dir angewöhnst, mit einer gewissen Regelmäßigkeit zu überprüfen, ob du träumst oder nicht, wird eines von zwei Dingen passieren: Entweder wirst du irgendwann auch im Schlaf daran denken, deinen Zustand zu überprüfen, und wirst dann im Traum »aufwachen«, was man Klarträumen *nennt – oder aber du wirst aus dem Traum des Lebens aufwachen, was man* Erleuchtung *nennt. (Letzteres kenne ich persönlich nur vom Hörensagen.) Die Praxis, sich zu fragen, ob man träumt, ist eine der ältesten Techniken zur spirituellen Erweckung, die es gibt, und hat ihre vollkommenste Ausprägung im tibetischen »Traum-Yoga« erfahren.*

Keimgedanke

Stephen LaBerge ist eine der führenden Kapazitäten auf dem Gebiet des Klarträumens. Seine Bücher sind Klassiker über die Psyche, das Unbewußte und das spirituelle Leben. Selbst wenn du dich gegenwärtig noch nicht dazu bereit fühlst, die Einübung des Klarträumens zu lernen, ist es wichtig, daß du das Phänomen als solches verstehst, da die meisten Leute gelegentlich Klarträume haben – ob sie sich anschließend daran erinnern oder auch nicht. Die Situation, in der Anfänger am häufigsten »aufwachen«, sind Alpträume. Vielleicht versuchst du wegzulaufen und kannst nicht. Plötzlich denkst du: »Moment mal, das muß ein Traum sein!« Und dann wachst du statt in deinem Bett in deinem Traum auf, und du könntest feststellen, daß du dessen Ablauf bis zu einem gewissen Grad beeinflussen kannst, so daß dein Alptraum ein Ende findet, das die Angst in Erkenntnis verwandelt.

Gebet/Übung

Unser vertrautes kritisches Urteilsvermögen ist während des Träumens außer Kraft gesetzt. Es erscheint uns nicht merkwürdig, in einer fremden Umgebung »zu Hause« zu sein, und wir nehmen es gelassen zur Kenntnis, wenn eine 30 Kilo schwere knallrote Ente durchs Fenster geflogen kommt und sich über das Hundefutter hermacht, obwohl wir überhaupt keinen Hund haben. Achte heute auf solche »Ungereimtheiten«, die dir im Wachleben begegnen können. Ist irgend etwas nicht an seinem Ort? Sieht jemand irgendwie merkwürdig angezogen aus? Hast du ein »komisches Gefühl«? Frage dich: »Träume ich?« und führe dann einen der drei Tests durch, die wir gestern gelernt haben. Da das, womit du dich tagsüber beschäftigst, dazu neigt, nachts in deinen Träumen wiederzukehren, wird es früher oder später dazu kommen, daß du – wenn du dir angewöhnt hast, im Wachzustand nach Ungereimtheiten zu suchen – das auch im Traum tust und so »in ihm« aufwachst.

Keimgedanke

Klarträumen bietet vielfältige Vorteile. Erstens kannst du in diesem Zustand erhöhter Bewußtheit Ängste überwinden und größeres Selbstvertrauen entwickeln. Dieser Gewinn beschränkt sich nicht auf den Traumzustand selbst, sondern greift auch auf das Alltagserleben über. Tatsächlich fühlt sich der Klartraumzustand viel »wirklicher« als das wirkliche Leben an. Was ich »dort« bewältigt habe, hat sich bislang immer ohne Schwierigkeiten »hierher« übertragen lassen. Zweitens ist es äußerst unterhaltsam. Du kannst zum Mond fliegen, die Galaxis erforschen und die verschiedensten spannenden Abenteuer erleben: Du kannst jeden beliebigen Archetypus »ausprobieren«, in jede Rolle schlüpfen, die du dir nur vorstellen kannst! Drittens begünstigt der Klartraumzustand numinose Erfahrungen – Begegnungen mit der Unfaßbarkeit des Göttlichen. Ich habe im Klartraum mehrere Lichterfahrungen gehabt, die zu meinen beseligendsten Erlebnissen überhaupt gehörten.

Gebet/Übung

Mache heute morgen wenn möglich einen achtsamen Spaziergang durch die frühherbstliche Natur. Sei dir der Veränderungen der Erde bewußt, der unterschiedlichen Farben und Gerüche, des Gefühls des Windes auf deiner Haut, der Temperatur. Der Sommer ist vorbei. Alles ist ständig im Wandel, in Bewegung, im Fluß. Vergegenwärtige dir wieder die traumartige Natur des Lebens. Fahre auch heute fort, nach Ungereimtheiten Ausschau zu halten und dich zu fragen, ob du gerade träumst. Schreibe jeden Traum nieder, an den du dich von der vergangenen Nacht her noch erinnern kannst.

Keimgedanke

Heute vollendet das kosmische Rad eine weitere Vierteldrehung und öffnet sich ganz nach dem Westen. Die Stunden des Lichts und die Stunden der Dunkelheit halten sich an diesem ersten Tag des Herbstes vollkommen die Waage. Morgen werden wir das Westliche Tor durchschritten haben und unseren Abstieg in die Dunkelheit der Unterwelt beginnen. Das Licht verblaßt, und der Ruf der Träume, Archetypen und synchronistischen Ereignisse wird vernehmlicher. Wir haben uns darauf vorbereitet, auf ihre Botschaften zu lauschen, so daß die Weisheit unseres Unbewußten in der zunehmenden Dunkelheit heranreifen möge. Wir können uns darauf freuen, in sechs Monaten, am Frühlingsäquinoktium, verwandelt aus der Unterwelt wieder aufzutauchen.

Gebet/Übung

Gehe heute wenn möglich ins Freie und führe die Meditation der Verbindung von Himmel und Erde durch. Zentriere dich um deine Atmung und werde dir der Energie der Sonne bewußt. Jetzt öffne dich der Energie der Erde. Atme von oben die Sonne und von unten die Erde ein, so daß sich ihre Energien in deinem Herzen vermischen und ins Gleichgewicht kommen. Atme die Hochzeit von Sonne und Erde, Bewußtem und Unbewußtem, für alle Wesen aus. Du bist die Brücke zwischen den Welten. Du bist der kosmische Erwecker!

23. September

Keimgedanke

Seit dem Durchgang durch das Äquinoktium sind die Pforten der Unterwelt geöffnet, und der große »kosmische Kellerputz« kann beginnen. Im Judentum fallen die hohen Feiertage Rosch Ha-Schana (Neujahr) und Jom Kippur (Versöhnungsfest) ungefähr in diese Zeit. Während der zehntägigen Periode, die zwischen diesen zwei Festen liegt, sind, wie man glaubt, die Pforten des Himmels geöffnet. Diese Tage tiefer, unerschrockener Selbsterforschung sind die heiligste Zeit des jüdischen Jahres. Unerledigte Angelegenheiten werden ins Bewußtsein gehoben und abgeschlossen. Man gesteht alles Unrecht ein, das man sich selbst, anderen und Gott angetan hat, leistet jede erforderliche Wiedergutmachung und vergibt, wenn nötig, selbst erfahrenes Unrecht. Das Gewissen wird entlastet, und die geläuterte Seele ist frei, sich durch das Himmelstor emporzuschwingen.

Gebet / Übung

Göttlicher Geliebter, ich wache an diesem Herbstmorgen voll Dankbarkeit auf. Ich bin bereit, alles Bedauern, allen Groll und alle unbewußten Gedanken und Einstellungen, die mich von Dir und anderen trennen, aufzugeben. Ich öffne die Tür meines Herzens und bitte Dich herein. Kehre mich aus, auf daß ich der Liebe und Freude gewahr werden möge, die meine wahre Natur sind. Kehre mich aus, auf daß mein Leben ein Segen sein möge für andere und für Dich!

Verweile für ein paar Minuten in der Stille des Gebets der Sammlung oder der Shamatha-Vipassana-Meditation. Kannst du dich an einen Traum aus der vergangenen Nacht erinnern? Träumst du jetzt? Setze nach Möglichkeit deine Traumübungen fort.

Keimgedanke

Gleichzeitig mit der Drehung des kosmischen Rades von Süden nach Westen, vom Sommer zum Herbst, reicht der Erzengel Gabriel die Fackel an Raphael weiter. Auf hebräisch bedeutet *Raphael* »Heiler Gottes«. Mit der geflügelten Schlange des Caduceus (des Heroldsstabes des Hermes) in Verbindung stehend, ist Raphael zugleich auch der Schutzherr der Wissenschaften und allgemein des Wissens. Als Heiler hat Raphael die Macht, uns von den Illusionen zu befreien, die uns von Gott trennen und von der Verwirklichung unserer tiefsten Seelenkräfte abhalten. Raphael ist die Wirksamkeit oder Macht, die das Unbewußte zu Bewußtsein, die Finsternis ans Licht bringt.

Gebet/Übung

Atme ein paarmal loslassend durch und lasse dich langsam, geduldig in den Ort der Stille gleiten, ins Allerheiligste deines Herzens. Danke Gott für deine allmähliche Erweckung. Jetzt richte deine Aufmerksamkeit nach hinten, auf das Westliche Tor deines Körpertempels. Rufe Raphael an, den Heiler Gottes, den Wächter des Westlichen Tores. Sitze mit dieser mächtigen Gegenwart zusammen und bitte darum, daß dir geholfen werde, alle Elemente deines Unbewußten zu erforschen, die reif für ihre Entdeckung sind. Setze deine Traumübung fort und achte weiterhin auf synchronistische Ereignisse.

25. September

Keimgedanke

Wir werden dadurch ganz und heil, daß wir das Unsichtbare sichtbar machen und die Dunkelheit ans Licht führen. Seit frühester Kindheit sind wir alle dazu erzogen worden, stets unser »Bestes«, unsere vorteilhafteste Seite nach außen zu kehren. Man hat uns gescholten und gedemütigt, wenn unser Verhalten etwas zu wünschen übrigließ, wenn wir uns als habgierig, anmaßend oder sonstwie »böse« zeigten. Alles »Nichtgute« wurde in den Keller des persönlichen Unbewußten abgeschoben. Jung nannte das den Schatten. Es ist das Alter ego, der Mr. Hyde unseres bewußten Dr. Jekyll. Du kannst noch so hohe Schutzmauern errichten – es bleibt alles dort, eingesperrt mit allem, was du unterdrückst, haßt oder verleugnest. Der Schatten ist dein böser Zwilling.

Gebet/Übung

Wir haben schon einige Schattenarbeit geleistet, als wir feststellten, daß wir in Wirklichkeit unseren Schatten projizieren, wenn wir eine besondere Abneigung gegen jemanden hegen oder ein Urteil über jemanden fällen, den wir kaum kennen. Wenn wir uns durch jemandes Zorn beleidigt fühlen, hat unser eigener verborgener Zorn eine geeignete »Leinwand« gefunden, auf der er sich darstellen kann. Was können wir dagegen tun? Anzuerkennen, daß es einen Schattenaspekt gibt, ist schon ein großer Schritt nach vorn, denn das, was wir nicht sehen können, übt Macht über uns aus. Andere Hinweise auf unseren Schatten zeigen sich in unseren Träumen. Halte heute nach deinem Schatten Ausschau und setze deine Traumarbeit fort.

Verweile für ein paar Minuten im Gebet der Sammlung, im Ei aus Licht oder in der Shamatha-Vipassana-Meditation.

Keimgedanke

Während ich an diesem Buch arbeitete, träumte ich, ich leitete eine Heilgruppe, die sich in einem Kellerraum traf. Mehrere Leute sitzen im Kreis, und ich rede. Plötzlich springen drei Brüllaffen durch ein offenes Fenster auf mich herunter und bedrängen mich hart. Ich schlage auf sie ein und füge ihnen ernste Verletzungen zu. Ich verspüre aufrichtige Reue und zugleich Angst, die Gruppe könnte meine gewalttätige Natur erkennen und mich für eine spirituelle Null halten. Ich wickle die – merkwürdigerweise auf Mäusegröße zusammengeschrumpften – scheinbar toten Affen in Toilettenpapier und lege sie behutsam in eine Plastiktüte, in der Hoffnung, sie wieder gesund pflegen zu können. Sie fangen an zu atmen. Ich öffne die Tüte, und sie springen durch das Kellerfenster ins Freie, auf eine sonnenbeschienene Wiese, wo sie vergnügt Klee fressen. Ich bin sehr erleichtert.

Gebet / Übung

Verweile für ein paar Minuten in der Stille der Meditation.

Wenn das dein Traum wäre, was würde er dir über deinen Schatten verraten? Erinnere dich an den Leitfaden für Traumgruppen (18. September). Deine Deutung meines Traumes ist eine Projektion, die dir wertvolle Informationen über dein eigenes Unbewußtes geben kann. Und ich bin sicher, wenn ich deine »Wenn das mein Traum wäre«-Kommentare hören könnte, würde ich bestimmt auch eine Menge mehr über mich selbst erfahren. Machen deine eigenen Träume Fortschritte? Hast du jemanden, dem du sie erzählen kannst? Träumst du jetzt?

Keimgedanke

Wie sollen wir mit unserem Schatten nun umgehen? Kurz gesagt, gilt es, sich seiner bewußt zu werden, sich zu ihm zu bekennen, sich seine Projektionen einzugestehen und zu lernen, mit ihm zu leben. Verschwinden wird er nie, denn wir brauchen ihn. Wir leben in einer Welt der Gegensätze. Ohne das Böse gibt es kein Gutes. Ohne deinen Schatten würdest du dich nicht so sehr nach dem Licht sehnen. Ohne Habgier gäbe es keine Hinwendung zur Großzügigkeit. Irgendwann, wenn wir aus diesem Traum von »wir und die anderen«, oben und unten, schwarz und weiß, männlich und weiblich aufgewacht sind, werden wir unseren Schatten nicht mehr benötigen, weil wir in der Ganzheit leben werden. Aber bis es soweit ist, hat der Schatten durchaus seine Daseinsberechtigung. Gib also dem Teufel, was des Teufels ist, und wirf jede Illusion hinaus, jemals vollkommen sein zu können – zumindest solange du auf der Erde lebst.

Gebet/Übung

Mache heute wenn möglich einen achtsamen Spaziergang. Erfreue dich an dem Wechsel der Jahreszeiten und ruhe im Schoß von Mutter Natur aus. Setze heute nacht deine Traumübungen fort.

Keimgedanke

Nathaniel Hawthorne griff tief in die Welt der Archetypen und förderte eine herrliche Erzählung zutage: »Das Muttermal«. In dieser Geschichte heiratet ein junger Chemiker eine Frau, die so unglaublich schön ist, daß die Leute auf der Straße stehenbleiben, um sie anzustaunen. Sie kommt der Vollkommenheit so nahe, wie es für einen Menschen überhaupt nur möglich ist. Die Schönheit ihres Gesichts ist von einem einzigen Makel beeinträchtigt: einem winzigen Muttermal, das die Form einer scharlachroten Hand hat. Der Mann ist zunehmend von der Idee besessen, ein Mittel zu finden, das das Muttermal beseitigen und die Schönheit seiner Frau erst wirklich vollkommen machen wird. Nach unzähligen Experimenten findet er endlich die Formel für das ersehnte Mittel. Doch gleichzeitig mit dem Muttermal schwindet auch die Lebenskraft seiner schönen jungen Frau, und er bleibt mit einer vollkommenen Leiche zurück.

Gebet/Übung

Verweile für ein paar Minuten in der Meditation deiner Wahl.

Danke Gott für die unzähligen Wunder deines Unbewußten! Wenn Hawthornes Geschichte dein Traum wäre, was würde sie dir über deinen Schatten verraten? Vergiß nicht, daß jede Person in deinen Träumen ein Teil deiner selbst ist. Hast du je das Gefühl gehabt, von etwas besessen zu sein? Erzähl mir nicht, der Teufel hätte dich dazu gebracht, was auch immer zu tun, solange du nicht imstande bist, den Teufel als einen Teil deines Schattens zu erkennen und anzunehmen! Setze deine Traumarbeit bei Tag und bei Nacht fort. Hältst du es für möglich, daß du jetzt gerade träumst?

Keimgedanke

Hawthornes Chemiker war vom Archetypus der Vollkommenheit besessen. Da er sich nicht zu seinem eigenen Bedürfnis nach Vollkommenheit bekennen konnte, projizierte er es auf seine Frau – mit katastrophalen Folgen. Die Vollkommenheit ist eine hinterhältige kleine Teufelin, aber wenn wir ihr die Stirn bieten, wird sie in uns den Durst nach wahrer Ganzheit entfachen. Und was ist Ganzheit?

- Die Würde, mit der wir unbeirrt weitermachen, indem wir unsere Irrtümer eingestehen und uns bemühen herauszufinden, wohin sie uns zu führen versuchen.
- Die Gelassenheit, mit der wir unseren Schatten annehmen – nicht selbstgefällig, sondern im demütigen Bestreben, unseren bösen Zwilling bewußt einsetzen, so daß wir die Kämpfe umgehen können, die er andernfalls vom Zaun brechen würde.

Gebet/Übung

Verweile für ein paar Minuten im Gebet der Sammlung oder in der Shamatha-Vipassana-Meditation. Jetzt wäge in deiner Seele den Unterschied zwischen Vollkommenheit und Ganzheit ab.

Keimgedanke

In Zeiten plötzlichen Wandels, wenn uns der Boden unter den Füßen weggezogen wird, tendieren die meisten von uns dazu, in perfektionistisches Denken zu verfallen. Wir haben es 100prozentig vermasselt, also müssen wir schlecht sein, sehr schlecht. Und alles andere als vollkommen. Atme ein paarmal loslassend durch und lies diese Passage aus einem Brief C. G. Jungs: »Wenn Du jetzt niedergeschlagen bist und bis über beide Ohren im Morast steckst, mußt Du Dir sagen, daß Du zu hoch geflogen warst und daß eine Dosis unverdünnter Höllenschwärze angezeigt war. Die Klemme, in der Du steckst, ist gewiß nichts, was Du selbst verursacht haben könntest. Dies zeigt, daß jemand ‚da draußen' Dich mit fürsorglichen Gedanken umgibt und Dir das nötige Unrecht antut.«

Gebet/Übung

Großer Geist, ich trete in diese Jahreszeit ein voll Dankbarkeit für die Dinge, die ich von den kosmischen Wirkern von Gewahrsein lernen werde, jenen »Jemand-Da-Draußens«, die das Unbewußte auskehren und die Dramen inszenieren, die mich zur Ganzheit führen. Ich rufe Raphael an, daß er mir diesen Herbst beistehe und mir den Mut gebe, mir selbst aufs neue ins Angesicht zu sehen, auf daß ich diese Ganzheit annehmen und Gott und allen Wesen von größerem Nutzen sein möge.

Atme ein paarmal loslassend durch und lasse dich langsam in die innere Stille sinken, in das Allerheiligste. Richte deine Aufmerksamkeit nach hinten und rufe die Gegenwart Raphaels an. Bitte den Erzengel des Heilens darum, daß er dir helfe, ganz zu werden.

Westliches Tor

Erzengel Raphael

Herbst

Oktober

Bestandsaufnahme machen

Oktober ist ein Monat der Innenschau und der Rückschau,
der Bestandsaufnahme.
Die Blätter fallen. Das Licht wird matter. Der Tod
erinnert uns daran, daß das Leben kurz und kostbar ist.
Gehst du weise mit ihm um? Bist du glücklich?
Hast du einen Weg gefunden, dein Herz zu einer Quelle
wohlwollender Güte zu machen?
Diesen Monat werden wir gemeinsam
einige ethische Probleme zu ergründen versuchen –
jetzt, da es schwierig wird zu erkennen,
was »schwarz« und was »weiß« ist.
Wir werden über unsere Wertmaßstäbe nachdenken, unsere
Beziehungen, unsere Beweggründe und unsere Denkgewohnheiten.
Wir werden die Verantwortung dafür übernehmen,
unser Leben achtsam und liebevoll zu leben.
Lausche den Stimmen der Uralten,
da sie mit dem Wind heranwehen,
der in den kahlen Zweigen pfeift:

Im ermattenden Licht des Herbstes
treten wir die jährliche Reise
in die Unterwelt an.
Das Medizinrad ist vollkommen geöffnet
zum Westlichen Tor hin.
Im Wissen darum, daß unsere Zeit auf Erden begrenzt ist,
machen wir den Tod zu unserem Verbündeten und Lehrer,
der uns mit den Ergebnissen
unserer Entscheidungen konfrontiert
und die Absicht in uns bestärkt,
die wohlwollende Güte
zu unserer wichtigsten Tugend zu machen.

Keimgedanke

In meiner Kindheit - ich wuchs in einem Vorort von Boston auf - war der Herbst meine liebste Jahreszeit. Die Bäume kleideten sich äußerst elegant in Rot-, Orange- und Goldtönen. Ihre von der kalten Luft und der zunehmenden Dunkelheit herbeigeführte Verwandlung erweckte in mir ein Gefühl des Geheimnisvollen, das noch weiter verstärkt wurde durch die körperliche Wonne, die es mir bereitete, in die herabgefallenen Blätter zu springen, mich in ihnen zu rollen und regelrecht einzugraben. Die schönsten Exemplare wurden zwischen Löschpapier gelegt und zwischen den Seiten eines dicken Lexikons gepreßt. Das war ihre Gruft. Obwohl der Tod des Sommers unmittelbar bevorstand, schienen tief unter der Erde bereits die ersten Regungen des neuen Lebens spürbar zu werden.

Gebet/Übung

Mache heute wenn möglich einen achtsamen Spaziergang im Freien. Was verraten dir deine Sinne über die Energie der Natur und den Kreislauf von Tod und Wiedergeburt? Was hat dieser Kreislauf mit dir zu tun? Was stirbt gegenwärtig in deinem Leben ab? Was die Frage anbelangt, was entstehen wird – hab Geduld. Das wird am Ende des Winters wie die jungen Blätter von selbst zum Vorschein kommen. Alles braucht seine Zeit.

2. Oktober

Keimgedanke

Der Tod fasziniert uns als abstrakter Gedanke und stößt uns als konkreter Einzelfall ab. Das vorzeitige Ableben all jener Unglücklicher, die den Bränden, Kriegen und Schießereien, die uns in den Abendnachrichten vorgeführt werden, zum Opfer fallen, erschüttert uns zutiefst. Aber abgesehen davon sind wir durchaus imstande, tagaus, tagein die Realität des Todes zur Kenntnis zu nehmen, ohne einen bewußten Gedanken daran zu verschwenden, daß der Engel des Todes einmal auch an unsere Tür klopfen wird. Es ist traurig, aber wahr. Und solange wir nicht erkennen, daß unsere Zeit auf Erden begrenzt ist, laufen wir allzuleicht Gefahr, die vielen Geschenke und Gelegenheiten des Lebens zu übersehen und in Selbstgefälligkeit oder die erschöpfende Unart des Selbstmitleids zu verfallen.

Gebet/Übung

Verweile für ein paar Minuten im Gebet der Sammlung oder in der Shamatha-Vipassana-Meditation. Jetzt mache dir bewußt, daß du morgen oder sogar heute schon sterben könntest. Was glaubst du, wie dein Nachruf lauten würde? Und wie möchtest du, daß er lautete? Was kannst du in deinem Leben hervorbringen, das dir die Möglichkeit gäbe, diese Welt furchtlos und ohne Bedauern zu verlassen?

Keimgedanke

Ich bin schon immer gern mit Menschen zusammengewesen, die an der Schwelle des Todes stehen, weil viele von ihnen weit lebendiger sind als die Mehrzahl der Leute. Wer Krebs oder AIDS hat, »darf« sagen, was er wirklich denkt und empfindet. Er entdeckt in sich vielleicht bislang unbekannte Seelenkräfte. Das Leben erscheint kostbarer und unmittelbarer, wenn sein Ende in Sicht ist. Wenn es der letzte Frühling sein könnte, den du erlebst, sind die Blüten einer Azalee von einer fast schmerzlichen Schönheit. Wenn du den nächsten Geburtstag deines Kindes vielleicht nicht mehr erleben wirst, ist jede Minute, die du mit ihm verbringen kannst, ein kostbares Geschenk. Solche Dinge waren schon immer Geschenke, aber wenn wir ohne Bewußtsein des Todes dahinleben, fällt es uns schwerer, die Schönheit und die Liebe wahrzunehmen, die uns jederzeit umgeben. Der Tod öffnet uns erst die Augen.

Gebet/Übung

Atme ein paarmal tief durch und lasse dich langsam, geduldig in den inneren Ort der Stille gleiten, in dein Allerheiligstes. Stell dir vor, du hättest gerade erfahren, daß die Welt in sechs Monaten untergehen wird. Was würde für dich jetzt am meisten zählen? Um was täte es dir am meisten leid?

Alles, was du dir nur vorzustellen vermagst, kann und wird in Erfüllung gehen. Kannst du heute so leben, als ob es nie wieder ein Morgen für dich geben würde?

Keimgedanke

Ende der 80er Jahre arbeitete ich mit einer Gruppe von AIDS-Kranken. Ich las ihnen eine Textstelle aus *Eine andere Wirklichkeit* von Carlos Castaneda vor. Sein »Wohltäter«, Don Juan, will ihm helfen, zu einem Krieger zu werden, einem Menschen, der achtsam, makellos und stark lebt. Wie er erklärt, »muß ein Mann, um ein Krieger zu sein, in erster Linie mit seinem Tod vertraut sein. Und das zu Recht.« Als ich Don Juans Worte las, kam ich mir irgendwie verlogen vor: Schließlich hatte *ich* kein AIDS und war nicht annähernd so direkt mit meinem Tod konfrontiert wie diese Menschen. Also fügte ich etwas lahm hinzu, für jeden sei die Stunde des Todes ungewiß. Schließlich könne ich auf meinem Heimweg einen Autounfall haben. Was auch prompt geschah.

Gebet/Übung

Großer Geist, da ich heute aufwache, erfüllt mich eine ganz neue Dankbarkeit für das Geschenk des Lebens. Möge ich achtsam durch diesen Tag gehen, dankbar und im Bewußtsein dessen, daß ich jeden Moment aus dem Traum des Lebens aufwachen könnte. Ich rufe den Erzengel Raphael an, daß er mir helfe, wahrhaft lebendig zu werden, indem ich die Wirklichkeit des Todes annehme.

Atme ein paarmal loslassend durch und lasse dich langsam, geduldig in den inneren Ort der Stille, das Allerheiligste, gleiten. Richte deine Aufmerksamkeit nach hinten, auf die westliche Seite deines Körpertempels, und rufe die Gegenwart Raphaels an. Bitte darum, daß er dir helfe, im Leben das Bewußtsein des Todes als deinen Verbündeten zu gebrauchen.

Keimgedanke

Der letzte Gedanke, der mir durch den Kopf schoß, bevor ich nach der gestern erwähnten Sitzung mit AIDS-Kranken frontal gegen ein anderes Auto knallte, war: »Na ja, vielleicht habe ich so wenigstens eine Nahtoderfahrung.« Ich hatte keine im technischen Sinne des Wortes, wohl aber in dem Sinne, daß in dem Augenblick mein bisheriges, altes Leben endete. Nach einer Nasenoperation und ein paar Tagen im Krankenhaus wurde mir schlagartig bewußt, daß mir etliches an meinem Leben nicht gefiel. Und wenn jeder Augenblick unser letzter sein kann, warum dann Entscheidungen auf die lange Bank schieben? Schon wenige Monate später hatte ich meine Arbeit im Krankenhaus und meine Lehrtätigkeit am Medizinischen Institut der *Harvard University* aufgegeben.

Gebet/Übung

Verweile für ein paar Minuten im Gebet der Sammlung oder in der Shamatha-Vipassana-Meditation. Wenn mein Gespräch mit der AIDS-Gruppe und der anschließende Frontalzusammenstoß ein Traum gewesen wären, welche Erklärungen würdest du darauf projizieren? Lies wenn nötig die Anleitung vom 18. September noch einmal durch und sage dir dann: »Wenn das mein Traum wäre, ...« Eine Freundin von mit machte die kluge Beobachtung, daß, wenn es ihr *Traum gewesen wäre, sie mit Sicherheit gedacht hätte, daß ich – da mir die Nase beinahe abgetrennt worden war – »das Gesicht verloren hatte«. Für meine damalige Lebenssituation war dies eine äußerst wichtige Überlegung.*

Apropos, was machen deine Traumübungen?

Keimgedanke

Das »Vertrautsein mit unserem Tod«, wie Don Juan es nennt, konfrontiert uns zwangsläufig mit unseren Vorstellungen über die Seele. C.G. Jung schrieb in seiner Autobiographie, wir müßten einen Mythos über den Tod haben. »Der Mensch muß sich darüber ausweisen können, daß er sein möglichstes getan hat, sich eine Auffassung über das Leben nach dem Tode zu bilden oder sich ein Bild zu machen – und sei es mit dem Eingeständnis seiner Ohnmacht. Wer das nicht tut, hat etwas verloren.« * Obwohl Jung eine Reihe erstaunlicher Visionen und Träume über das Fortleben der Seele hatte, wies er immer wieder darauf hin, wir könnten nie Sicherheit über Dinge gewinnen, die, wie der Tod, unseren Verstand übersteigen. Die *Vorstellungen* aber, die wir uns darüber machen, bestimmen in entscheidendem Maße, wie wir unser Leben führen.

Gebet/Übung

Verweile für ein paar Minuten im Gebet der Sammlung, im Ei aus Licht oder in der Shamatha-Vipassana-Meditation. Vergegenwärtige dir deine Ansichten über den Tod und darüber, was nach dem Sterben aus der Seele wird. Wenn du deine Traumübungen unterbrochen hast, überlege dir, ob es nicht gut wäre, sie wiederaufzunehmen. Es ist mehr als wahrscheinlich, daß dein Höheres Selbst dir im Traum Aufschluß über den archetypischen Inhalt solch einer Kontemplation geben würde.

---

* *Erinnerungen, Träume, Gedanken* von C. G. Jung. Olten (Walter Verlag) 1987, Seite 305.

Keimgedanke

Die erzählerische Ausgangssituation der Bhagavadgita ist ein ethisches Dilemma, mit dem sich der Prinz Arjuna konfrontiert sieht: Die äußeren Umstände und seine Kriegerpflicht zwingen ihn, eine mörderische Schlacht gegen Verwandte, Freunde und Lehrer auszufechten – sein Herz sträubt sich mit aller Kraft dagegen. Sein Wagenlenker, der niemand anders als der Gottmensch Krishna ist, sagt daraufhin zu ihm: »Weise klagen weder um Tote noch um Lebende. Niemals war ich nicht, noch du, noch diese Fürsten, noch werden wir alle in Zukunft jemals nicht sein. Ebenso wie das Selbst in diesem Leib Kindheit, Jugend und Alter erfährt, so begibt es sich nach dem Tode lediglich in einen anderen Körper. Daran wird der Weise nicht irre ... Gleichwie der Mensch abgenutzte Kleider ablegt und andere, neue anzieht, so legt das Selbst die abgenutzten Körper ab und geht in andere, neue ein« (Bhagavadgita II, 11–13, 22).

Gebet/Übung

Atme ein paarmal tief durch und lasse dich langsam, geduldig, in den inneren Ort der Stille sinken. Versetze dich in das Wissen, das jenseits aller Wertungen und Begriffe ist. Was denkst du über Arjunas Dilemma und Krishnas Rede? Denke darüber nach, als ob es ein Traum wäre. Sage dir: »Wenn das mein Traum wäre ...« Was für Erkenntnisse über dich selbst gewährt dir diese Geschichte?

Keimgedanke

Jemand hat einmal gesagt, das Relative und das Absolute seien wie die zwei Schwingen eines Vogels, die jeweils den *Schein* und das *Sein* aller Dinge darstellen. Die zwei müssen einander im Gleichgewicht halten, oder der Vogel wird zu Boden stürzen. Der Tod hat Arjuna vor ein ethisches Dilemma gestellt. Es mag stimmen, daß wir in der absoluten Wirklichkeit »geburtlos und todlos« sind, aber in der relativen Wirklichkeit bluten unsere Wunden, sterben wir und trauern wir um unsere Lieben. Was also soll ein Krieger tun?

Gebet/Übung

Mache heute wenn möglich einen achtsamen Spaziergang durch die Natur. Spüre die Kräfte der Erde, die dich allenthalben umgeben. Wenn du wieder zurückgekehrt bist, betrachte die zwei Schwingen des Todes – die absolute und die relative. Was würdest du tun, wenn ein Bürgerkrieg ausbräche? Würdest du töten, um die Sklaverei abzuschaffen? Würdest du töten, um deine Familie zu verteidigen? Könntest du dir diese Frage erst dann beantworten, wenn die tatsächliche Situation eingetreten wäre? Oktober ist die richtige Zeit, um eine Bestandsaufnahme unserer grundlegendsten Überzeugungen und Wertvorstellungen zu machen.

Keimgedanke

Als ich noch im Krankenhaus arbeitete, wurde ich bisweilen von Patienten, die sich in einer kritischen Situation befanden, gefragt, was ich an ihrer Stelle tun würde. Meine Antwort war in der Regel immer die gleiche: »Ich weiß es nicht.« Solange wir nicht in einer bestimmten Situation sind, ist es mitunter schwer zu entscheiden, wie wir uns verhalten würden, »wenn«. Aber wir brauchen Richtlinien, nach denen wir unser Leben unter normalen Umständen orientieren und die uns in Krisensituationen als Entscheidungshilfe dienen können. Der Buddha bot drei Richtlinien an, mit denen wir uns schon das ganze Jahr über beschäftigt haben. Er empfahl, die Tugend zu kultivieren, nicht zu verletzen und den Geist zu zügeln.

Gebet/Übung

Verweile für ein paar Minuten in der Stille des Gebets der Sammlung oder der Shamatha-Vipassana-Meditation. Dann frage dich: »Was bedeutet es, die Tugend zu kultivieren?«

Keimgedanke

Ein Aspekt der Kultivierung der Tugend ist, wohlwollende Güte zum Hauptmotiv jeder Handlung zu machen. Zu diesem Zweck müssen wir jedoch Güte oder wahre Freundlichkeit von »Rechtmacherei« unterscheiden können. Solange wir nicht die Bescheidenheit und Selbstachtung entwickelt haben, die aus echter innerer Sicherheit erwachsen, laufen wir leicht Gefahr, Schuldgefühle zu verspüren, wenn es uns nicht gelingt, es den Leuten »recht zu machen« – und zwar selbst dann, wenn dieses Rechtmachen in irgendeiner Weise schädlich oder falsch wäre. Wohlwollende Güte ist die Haltung, die eine seelisch gesunde Mutter gegenüber ihrem Kind einnimmt und die aus ihrem uneigennützigen Wunsch erwächst, dessen bestes Potential zu fördern. Solch eine Mutter setzt natürlich Grenzen und spricht durchaus auch mal ein Machtwort, aber stets mit der größten Achtung und Liebe.

Gebet/Übung

Verweile für ein paar Minuten in der Shamatha-Vipassana-Meditation oder im Gebet der Sammlung. Jetzt schau auf deine gestrigen Interaktionen zurück, angefangen bei der letzten des Tages bis hin zu der allerersten morgendlichen Begegnung. Hast du dich gelegentlich »rechtmacherisch« benommen? Führe dir die ganze Schädlichkeit solchen Verhaltens vor Augen. Hat es Situationen gegeben, in denen du das Potential eines anderen Menschen mit wohlwollender Güte gefördert hast? Nimm dir fest vor, dich heute in wohlwollender Güte zu üben und dich aller »Rechtmacherei« zu enthalten.

Keimgedanke

Ich habe in Hugh und Gayle Prathers Buch für Paare *Notes to Each Other* eine kurze Passage gefunden, die mir seitdem als Richtlinie zur Kultivierung der Tugend in Beziehungen dient: »Wird je eine Zeit kommen, da wir nicht mehr so hart an unserer Beziehung zu arbeiten haben werden? Nein, es wird eine Zeit kommen, da es kein Nachlassen in unseren Bemühungen geben wird. Es wird eine Zeit kommen, da es für uns unvorstellbar sein wird, einander nicht mit der ausgesuchtesten Freundlichkeit zu begegnen.«

Gebet/Übung

Verweile für ein paar Minuten in der Stille des Gebets der Sammlung, des Eis aus Licht oder der Shamatha-Vipassana-Meditation. Denke an einen Menschen, zu dem du eine engere Beziehung hast. Machst du Fortschritte bei deinen Übungen in wohlwollender Güte? Lies der betreffenden Person – wenn du das Gefühl hast, sie sei (und du ebenfalls) zu einem ehrlichen Meinungsaustausch bereit – das obige Zitat vor.

Keimgedanke

Die religiösen Institutionen täten vielleicht nicht schlecht daran, die Pflege der Tugend als Maßstab ihres Erfolgs zu betrachten. Karen Armstrong, die Verfasserin des hervorragenden Buches *A History of God*, kritisierte in einem in der Zeitschrift *Time* veröffentlichten Interview die modernen religiösen Institutionen. Sie sagte: »Nur das westliche Christentum macht ein solches Tamtam um Dogmen und Glaubenssätze. Die Echtheit einer Religion kann ich nicht daran testen, was ich *glaube*, sondern was ich *tue*, und wenn meine Religion kein echtes Mitgefühl mit allem Lebendigen zum Ausdruck bringt, dann ist sie nicht echt.«

Gebet/Übung

Verweile für ein paar Minuten in der Stille des Gebets der Sammlung oder der Shamatha-Vipassana-Meditation. Durchdenke Karen Armstrongs Aussage sowohl im allgemeinen als auch mit besonderem Bezug zur bestimmten Religion, mit der du aufgewachsen bist (falls es eine gab), und derjenigen, zu der du dich jetzt bekennst (falls es eine gibt).

Keimgedanke

Die Kultivierung der Tugend durch wohlwollende Güte ist zugleich ein selbstloser und – wie der Dalai Lama es nennt – »weiser eigennütziger« Vorgang. Dies hat einen sehr einfachen Grund. Jede Tat löst eine Reaktion aus, daher müssen wir die Auswirkungen all unserer Handlungen akzeptieren und tragen. Im Hinduismus, Buddhismus und anderen asiatischen Religionen nennt man dies das Gesetz des *karma*. Auf hebräisch spricht man von *sekhar veonesh*. Die unmittelbare Auswirkung einer freundlichen Tat ist, daß es uns glücklich macht, sie zu vollbringen. Die langfristigen Auswirkungen von Freundlichkeit und Güte reichen so weit wie die Zeit selbst, da sie von Generation zu Generation weitergereicht werden.

Gebet/Übung

Verweile für ein paar Minuten im Gebet der Sammlung oder in der Shamatha-Vipassana-Meditation. Überlege, wie sich die wohlwollende Güte deiner Eltern (oder auch deren Fehlen) auf deine bisherige Entwicklung ausgewirkt hat. Denke an einen Menschen, der sich dir gegenüber gütig verhalten hat, und überlege, welche Auswirkungen dies auf dein Leben gehabt hat. Übe dich heute in wohlwollender Güte.

Keimgedanke

Jetzt, da wir uns ein paar Tage lang Gedanken über die Kultivierung der Tugend gemacht haben, sind wir bereit für deren natürliche Folge, für ein Handeln, das »nicht verletzt«. Auch wenn nichtverletzendes Handeln die selbstverständliche Folge wohlwollender Güte zu sein scheint, ist das Leben voller Konfliktsituationen. Genau dadurch, daß wir in solche Situationen gebracht werden und Gut und Böse nach bestem Vermögen *aussöhnen*, wächst unsere Seele. Was ist beispielsweise mit den fanatischen Abtreibungsgegnern, die mit den lautersten Absichten Frauen seelische und vielleicht sogar physische Gewalt antun? (Anm. d. L.: bezogen auf die Verhältnisse in den USA). Auch wenn sie ihr Verhalten damit rationalisieren können, daß ihre *jetzige* Gewalttätigkeit *später* Babys das Leben retten wird, sind sie außerstande, ihren Kurs zu verfolgen *und* »nicht zu verletzen«.

Gebet/Übung

Verweile für ein paar Minuten in der Shamatha-Vipassana-Meditation. Stell dir vor, du seist eine 40jährige alleinstehende Frau, die infolge einer Vergewaltigung schwanger ist. Du versuchst, die Klinik zu betreten, in der der Schwangerschaftsabbruch vorgenommen werden soll, aber fanatische Abtreibungsgegner versperren dir den Weg und beschimpfen dich als Kindermörderin. Als nächstes stell dir vor, du seist ein Abtreibungsgegner und glaubtest aufrichtig, du bewahrtest durch dein Verhalten Frauen vor der Hölle, während du gleichzeitig ungeborenes Leben rettest. Als nächstes stell dir vor, du seist eine Seele, die diese Verkörperung erwählen würde, wenn das ungewollte Kind ausgetragen würde. Zuletzt stell dir ein respektvolles Gespräch zwischen all diesen Personen vor.

Keimgedanke

»Verletze nicht.« In meinem Kleiderschrank hängt ein Waschbärmantel. Der Schaden ist schon geschehen. Die Waschbären sind tot. Ich habe den Ratschlag verworfen, den Pelzmantel zu begraben, weil dies das Opfer der Tiere sinnlos gemacht und bedeutet hätte, ihr Geschenk zu mißachten. Also blieb der Mantel mehrere Jahre lang im Schrank hängen – als Symbol meines Kneifens vor einer Entscheidung. Schließlich entschloß ich mich, ihn zu tragen. Bei unserem allerersten Spaziergang trat eine Freundin an mich und die Waschbären heran. Sie wies darauf hin, wer Pelze trage, übermittle anderen die Botschaft, es sei völlig in Ordnung, dies zu tun. Also werden sich noch mehr Tiere die Beine abnagen müssen, um sich aus Fangeisen zu befreien. Den Ausweg aus diesem Dilemma lieferten meine ukrainischen Verwandten. Für einen schönen Pelzmantel kann man sich drüben eine ganze Wohnung kaufen. Also ziehen die Waschbären nach Kiew um.

Gebet/Übung

Verweile für ein paar Minuten im Gebet der Sammlung oder in der Shamatha-Vipassana-Meditation. Stell dir vor, du träumtest, daß in deinem Kleiderschrank ein Pelzmantel hängt: Was würdest du damit anfangen? Werde jetzt bitte nicht selbstgerecht und erzähle mir, da würde *kein Pelzmantel hängen! Das ist ein Traum, und im Traum ist alles möglich. Ohne unzählige Möglichkeiten und viele verschiedene Konflikte gäbe es keinerlei Wachstum.*

Keimgedanke

»Verletze nicht.« Was ist mit Tierversuchen? Sie erscheinen wie eine unglaubliche Grausamkeit, wenn es darum geht, ein neues Haarspray zu testen. Sie erscheinen wie ein notwendiges Übel, wenn es darum geht, einen Impfstoff gegen AIDS zu entwickeln. Das Universum zieht selten eine klare, eindeutige Grenze zwischen Gut und Böse. Wofür wir uns in jedem Einzelfall auch entscheiden, ein Konflikt ist vorprogrammiert. Wie können wir da *nicht* verletzen?

Gebet / Übung

Verweile für ein paar Minuten im Gebet der Sammlung oder in der Shamatha-Vipassana-Meditation. Stell dir folgende Situation vor: Du hast zwei kleine Kinder, zweijährige Zwillinge, die an Hämophilie leiden. Du lebst in der ständigen Angst, sie könnten hinfallen, und Gelenkblutungen verursachen ihnen beinahe ununterbrochen schreckliche Schmerzen. Die Genforschung wird wahrscheinlich in fünf bis zehn Jahren ein Heilmittel entwickelt haben. Leider können die dazu nötigen Experimente nur an Rhesusaffen vorgenommen werden. Jetzt versetze dich in die Lage eines solchen Laboraffen ... der zwei kleinen Bluter ... eines so entschiedenen Gegners von Tierversuchen, daß er es sogar auf sich nehmen würde, einen Bombenanschlag auf das Forschungslabor zu verüben. Lasse zuletzt alle diese Personen offen und respektvoll miteinander reden.

Keimgedanke

Toleranz ist eine Tugend, die ebensooft mißverstanden wird wie die Geduld. Darüber, daß das, was die meisten Leute »Geduld« nennen, in Wirklichkeit bis zum äußersten gespannte Ungeduld ist, haben wir bereits im März gesprochen. Analog dazu verstehen wir unter Toleranz im allgemeinen, uns höflich zu verkneifen, irgendwelche armen Ignoranten an unserer höheren Einsicht teilhaben zu lassen. Echte Toleranz hat aber eher etwas mit der weisen Empfehlung der amerikanischen Ureinwohner zu tun, ehe wir einen anderen beurteilen, »tausend Meilen in seinen Mokassins zu gehen«. Bis wir *die* hinter uns gebracht haben, sind wir bestimmt zu müde, ein Urteil zu fällen. Und wenn wir dann doch noch in der Laune sein sollten, Kommentare über die Lebensweise des anderen abzugeben, dann werden wir dies aller Wahrscheinlichkeit nach mit mehr Wohlwollen und Güte tun, als es nach einer flüchtigen Betrachtung der Fall gewesen wäre.

Gebet/Übung

Verweile für ein paar Minuten in der Shamatha-Vipassana-Meditation, im Ei aus Licht oder im Gebet der Sammlung. Denke an einen Menschen, für den du »beim besten Willen« keine Toleranz aufbringen kannst. Stell dir vor, du seist dieser Mensch. Wie war deine Kindheit? Was sind deine größten Ängste? Was sind deine größten Hoffnungen? Was bedauerst du am meisten? Was sind die Leistungen oder Errungenschaften des Menschen, die am ehesten bewirken, daß du froh bist, ein Mensch zu sein?

Keimgedanke

Ehrlichkeit ist, ebenso wie Geduld und Toleranz, eine oft mißverstandene Tugend. Wir reden davon, »unsere Gefühle ehrlich zu äußern«. Ich könnte mir sehr gut einen Film von und mit Woody Allen über dieses Thema vorstellen. In einer Szene könnte er sich etwa ausmalen, wie er auf der Straße auf eine Frau zugeht, deren mürrischer Ausdruck ihn an seine strenge Mutter erinnert, und sie anpflaumt: »Stell diese idiotische Grimasse ab, du miese alte Hexe! Ist dir nicht klar, daß du mir den ganzen Tag versaust?« Das heißt in der Pop-Kultur »seine Gefühle ehrlich äußern«. Die Vorstellung, unsere Gefühle seien etwas wie eine heilige Kuh, die eine besonders rücksichtsvolle Behandlung verdient, ist eine der peinlichsten Schöpfungen der Selbsthilfebewegung.

Gebet/Übung

Verweile für ein paar Minuten im Frieden der Shamatha-Vipassana-Meditation, des Eis aus Licht oder des Gebets der Sammlung. Denke über das »ehrliche Äußern von Gefühlen« nach. Wenn du irgendwelche negativen Gefühle äußerst, erwartest du, daß jemand anders sie »in Ordnung bringt«, oder nicht? Wenn du negative Gefühle äußerst, teilst du lediglich einen Sachverhalt mit, oder versuchst du, jemandem ein schlechtes Gewissen zu machen? Wenn die Äußerung von Gefühlen in der Regel bewirkt, daß es dir oder anderen schlechter geht – wenn sie also verletzt *– versuche doch einmal, Gefühle als Lehrer zu betrachten statt als Richter, die darüber befinden, wie die Welt dich behandelt.*

Keimgedanke

Es gibt einen weitverbreiteten Mythos, der von sogenannten guten und schlechten Gefühlen handelt. »Gute« Emotionen wie Liebe, Freude und Frieden gelten als Tugenden. »Schlechte« Gefühle wie Zorn, Eifersucht und Traurigkeit gelten als Laster. Dies ist ein weiteres Beispiel für den kindlichen Irrglauben, Gut und Böse seien deutlich erkennbare Gegebenheiten, wie verschiedenfarbige Kieselsteine. Wenn wir nie Zorn verspürt hätten, hätten wir auch kaum ein Gefühl dafür entwickeln können, wann unsere Grenzen verletzt werden und wir uns in acht nehmen und möglicherweise bestimmte Konsequenzen ziehen sollten. Hätten wir nie die Qualen der Eifersucht erlitten, hätten wir nur wenig Grund, die Fähigkeit in uns zu kultivieren, uns über das Glück anderer zu freuen. Wenn die Wahrnehmung der Unbeständigkeit aller Dinge uns nicht traurig machte, hätten wir keine Veranlassung, uns auf die Suche nach dem Heimweg zu Gott zu machen. Gefühle gehören zu unseren wertvollsten Lehrmeistern, solange wir nicht versuchen, sie zur Rechtfertigung unseres Standpunkts zu gebrauchen.

Gebet/Übung

Verweile für einige Minuten im Gebet der Sammlung oder in der Shamatha-Vipassana-Meditation. Rufe dir ins Gedächtnis zurück, wie du gestern Gefühle erlebt und ausgedrückt hast. Wenn es dir schwerfällt, Gefühle eher als Lehrer denn als Belege für die Richtigkeit deines Standpunkts zu betrachten, bitte Raphael um Hilfe. Wenn du merkst, daß du damit ernsthaft Probleme hast, könnte es vielleicht nicht schaden, es mit der einen oder anderen Art von Therapie zu versuchen. Achte auch heute weiterhin darauf, wie du deine Gefühle ausdrückst und was du damit beabsichtigst.

Keimgedanke

Mein zweites Buch, *Ich bin, wie ich bin*, handelt davon, wie wir die seelischen Wunden, die wir in der Kindheit davongetragen haben, heilen können. Ist diese Heilung erst gelungen, fällt es uns leichter, Gefühle auf eine nichtverletzende Art auszudrücken. Aber bis es soweit ist, sind wir wie Kleinkinder, die es nicht ertragen, *nicht* immer im Mittelpunkt der allgemeinen bewundernden Aufmerksamkeit zu stehen. Wir brauchen die Gewißheit, selbst dann noch geliebt zu werden, wenn wir Mami sagen, sie sei so fies, daß wir froh wären, wenn sie tot umfiele. Solange wir klein sind, sind unsere Gefühle *wirklich* heilige Kühe. Aber wenn unsere kindlichen Regungen geachtet werden, wachsen wir in der Geborgenheit des Wissens auf, daß Gefühle *nicht* die absolute Wahrheit sind. Sie sind Reaktionen auf die Welt, die uns wertvolle Lehren vermitteln können.

Gebet/Übung

Verweile für ein paar Minuten in der Shamatha-Vipassana-Meditation, im Ei aus Licht oder im Gebet der Sammlung. Rufe dir ins Gedächtnis zurück, wie du gestern deine Gefühle ausgedrückt hast. Wenn du dazu neigst, deine Gefühle als Rechtfertigung dafür zu benutzen, daß du dich schlecht fühlst, überlege dir, ob du nicht dazu übergehen solltest, sie als Hinweise darauf zu gebrauchen, wie du dich besser *fühlen könntest.*

Keimgedanke

Mein Sohn Justin nahm einmal an einem Männer-Wochenend-Workshop mit dem Dichter und Philosophen Robert Bly teil. Einer der Anwesenden, ein Psychologe, fing an, sich darüber zu verbreiten, wie er sein inneres Kind wiederentdeckt und getröstet habe und nun täglich mit ihm spiele. Irgendwann brüllte Bly in seiner herzerwärmend unverblümten Art dazwischen: »Na schön, dann ist es ja wohl langsam an der Zeit, den kleinen Scheißer zu begraben, oder?« Das brachte den Psychologen und auch einige andere ganz schön auf die Palme. Aber wenn ich Bly richtig verstanden habe (auch wenn ich nicht dabei war), wollte er damit sagen, daß es nicht genug ist, unsere Wunden zu heilen: Wir müssen sie anschließend *transzendieren*. Heranwachsen bedeutet letztlich, daß das innere Kind stirbt und ein emotional reifer Erwachsener geboren wird.

Gebet/Übung

Mache heute wenn möglich einen achtsamen Spaziergang. Überprüfe anschließend den Zustand deines inneren Kindes. Wenn es noch im »Wachstumsalter« ist, hätschle es und lasse ihm seinen Willen. Wenn du das Gefühl hast, daß du deine Kindheitswunden geheilt und deine Lehren aus ihnen gezogen hast, sprich ein Dankgebet.

Keimgedanke

Wenn unsere alten Wunden nicht geheilt sind, ehe wir darangehen, unseren Geist zu zähmen, werden die Gefühlsmonster unentwegt an der Kellertür scharren, während wir uns mit bemühtem Lächeln von der anderen Seite dagegenstemmen. Dies heißt, Gefühle *verdrängen*, nicht, sie auf dem Wege des »Yoga der Gefühle« transformieren. Wenn Leute die »spirituelle Umgehungsstraße« zur emotionalen Heilung wählen, bleibt diese in der Regel unvollständig und dazu auch noch unbefriedigend. Wir können alte Gefühle nicht einfach »wegwünschen«, ebensowenig aber spirituelle Übungen zu deren Überwindung durchführen, solange wir nicht eine heilende Geschichte gewoben haben, die unsere bisherigen Erfahrungen transformiert und allem Schmerz, den wir erlitten haben mögen, Sinn verleiht.

Gebet/Übung

Verweile für ein paar Minuten im Gebet der Sammlung, in der Shamatha-Vipassana-Meditation oder im Ei aus Licht. Überlege, ob es dir gelungen ist, an die Schwierigkeiten in deinem bisherigen Leben zurückzudenken, und erzähle eine Geschichte über ihren Wert als Gewährer von Einsichten.

Keimgedanke

Wir haben die »Kultivierung der Tugend durch wohlwollende Güte« und »Nichtverletzen« als zwei der drei grundlegenden Leitlinien betrachtet, um spirituelle Reife zu erlangen. Die dritte Leitlinie ist die »Zähmung des Geistes«. In der asiatischen Meditationsliteratur wird der Geist häufig als ein Affe bezeichnet, der wie verrückt von Ast zu Ast springt. Vielleicht ist dir während der Meditation der »Affencharakter« des Geistes schon aufgefallen. Er kann in weniger als einer Minute von Gebet zu Supermarkt, unerledigten Telefonaten, beruflichen Problemen, Tapetenmustern, Sorgen über einen geliebten Menschen und achtsamem Gewahren springen. Bis er gezügelt wird, ist der Geist tatsächlich so gelenkig und so rastlos wie ein Affe.

Gebet/Übung

Wie stark ist deine Konzentration? Im Januar haben wir die Konzentrationsübung des Zählens der Atemzüge kennengelernt und durchgeführt. Bei der ersten Ausatmung haben wir uns auf die Zahl Vier und die Empfindung des Entspannens und Loslassens konzentriert, bei der zweiten Ausatmung haben wir uns auf die Zahl Drei konzentriert, beim dritten Ausatmen auf die Zwei und bei der vierten Ausatmung sind wir in der Eins zur Ruhe gekommen. Dieses »Countdown« haben wir fünf Minuten lang wiederholt. Führe diese Übung jetzt durch – und dann ein zweitesmal, bevor du dich heute abend schlafen legst.

Keimgedanke

Der Dalai Lama weist darauf hin, daß sogar wilde Tiere gezähmt werden können, also müsse dies bei unserem Geist gleichfalls möglich sein. Er sagt: »Wenn jemand, der leicht zornig wird, versucht, seinen Zorn zu zügeln, kann dieser mit der Zeit unter Kontrolle gebracht werden. Das gleiche gilt für einen sehr selbstsüchtigen Menschen: Zuerst muß er die Nachteile einer selbstsüchtigen Einstellung einsehen und die Vorteile, die es bringt, weniger egoistisch zu sein. Hat er dies erst einmal erkannt, übt er sich darin, die schlechte Seite unter Kontrolle zu bringen und die gute zu entwickeln. Auf die Dauer kann solch eine Übung sehr wirkungsvoll sein. Das ist die einzige Alternative.«

Gebet/Übung

Verweile für ein paar Minuten im Gebet der Sammlung oder in der Shamatha-Vipassana-Meditation. Jetzt denke an eine geistige Angewohnheit, die dir (und anderen) Leiden verursacht – Zorn, Überempfindlichkeit, Selbstsucht ... Bitte deinen Schutzengel, daß er dir heute helfe, auf diese geistige Angewohnheit zu achten. Sobald sie sich bemerkbar macht, wende deinen Willen an, um sie loszulassen.

Keimgedanke

Der ungeschulte Geist ist in Wirklichkeit sehr geübt in den Techniken des Samsara, den typischen Denkprozessen der Angst und Trennung, die uns in einem endlosen Kreislauf des Leidens gefangenhalten. Der tibetische Lama Sogyal Rinpoche schreibt darüber in seinem hervorragenden Werk *Das tibetische Buch vom Leben und vom Sterben:*

»Wir haben durch den Samsara schon alles gelernt, was wir für den Samsara benötigen, haben gelernt, eifersüchtig zu werden, haben gelernt, uns anzuklammern, haben gelernt, ängstlich und traurig und verzweifelt und habgierig zu sein, haben gelernt, auf alles, was uns provoziert, zornig zu reagieren. Wir sind tatsächlich so sehr darin geübt, daß diese negativen Emotionen spontan entstehen, ohne daß wir auch nur versuchen würden, sie zu erzeugen. Also ist alles nur eine Frage der Übung und der Macht der Gewohnheit.«

Gebet/Übung

Führe heute eine wenigstens zehnminütige Shamatha-Vipassana-Meditation durch. Diese Form der Meditation ist nicht nur eine sehr gute Methode, den Geist zu beruhigen und ihn zu seiner wahren Natur, dem Frieden und der Weisheit, zurückzuführen, sondern ermöglicht uns auch, Einsicht in seine Funktionsweise zu gewinnen. Achte darauf, wie sich dein Geist während der Meditation verhält. Achte den ganzen Tag über darauf, in was sich dein Geist emotional hineinziehen läßt.

Keimgedanke

Zu der Zeit, als ich an diesem Kapitel schrieb, fuhr ich einmal zum Einkaufen nach Boulder, Colorado. Ein paar Stunden später hatte ich alles mögliche erledigt, war ziemlich gerädert und fing an mir auszumalen, wie ich, wieder zu Hause angelangt, einen schönen Spaziergang in den Bergen machen würde. Als es Zeit gewesen wäre, nach rechts auf den Supermarkt-Parkplatz einzubiegen, merkte ich, daß ich mich auf der falschen Spur befand. Ich blinkte, aber der Fahrer zu meiner Rechten wollte mich nicht vorbeilassen. Prompt wallte Ärger in mir auf – aus reiner Gewohnheit. Dann wurde ich mir dessen bewußt und lachte. Schließlich war es meine eigene Schuld: Ich war mit meinen Gedanken ganz woanders gewesen und hatte es versäumt, mich rechtzeitig einzuordnen. Niemand außer mir war für mein »Problem« verantwortlich. Ich konnte mich frei zwischen Frieden und Ärger entscheiden. Wenigstens zu dieser einen Gelegenheit wählte ich den Frieden.

Gebet/Übung

Mache eine zehnminütige Shamatha-Vipassana-Meditation. Achte heute auf die Neigung deines Geistes, zornig oder ärgerlich zu werden. Wenn diese Gefühle, wie im obigen Beispiel, nur bedingte Entstehungen sind, vom »Affen-Geist« ausgelöste Bewußtseinswellen, kannst du sie ganz einfach vorüberziehen und verebben lassen, so wie du es während der Shamatha-Vipassana-Meditation tust.

Keimgedanke

Der Psychiater und Sachbuchautor Jerry Jampolsky stellt uns die Frage: »Möchtest du lieber glücklich – oder im Recht sein?« Ich arbeite schon seit einiger Zeit daran, die erste Möglichkeit zu wählen. Vor mehreren Jahren waren mein Mann und ich im Auto unterwegs zu Freunden, die uns zum Essen erwarteten. Miron bog an einer Stelle links ab, obwohl ich genau wußte, daß wir, wären wir rechts abgebogen, fünf Minuten eher angekommen wären. Ich sagte es ihm, und als er nicht umkehrte, sagte ich es noch mal. Er antwortete: »Hey, es ist ein wunderschöner Abend, genieß die Fahrt. Die paar Minuten spielen doch keine Rolle.« Ich versteifte mich aber innerlich so darauf, »recht zu haben«, daß ich erst anfing, die Fahrt auch nur ansatzweise zu genießen, als sie praktisch schon zu Ende war.

Gebet/Übung

Verweile für ein paar Minuten in der Shamatha-Vipassana-Meditation. Achte heute ganz besonders auf die eingefleischte geistige Angewohnheit, recht haben zu wollen. Wenn du merkst, daß du wieder einmal in sie verfällst, frage dich: »Möchte ich lieber im Recht – oder glücklich sein?«

Keimgedanke

Die alten asiatischen Methoden zur Zügelung des Geistes ähneln durchaus der modernen kognitiven Verhaltenstherapie. Wir beobachten unsere Denkmuster und nehmen auf der Grundlage dieser Beobachtungen nach und nach Änderungen vor. Aber damit die moderne Therapie oder die traditionellen Praktiken einen Erfolg zeitigen können, muß unsere Motivation über längere Zeit stark bleiben. Die grundlegende psychologische Motivation, die alle Menschen gemeinsam haben, ist der Wunsch, glücklich zu sein und Leiden zu vermeiden. Sobald wir erkannt haben, wieviel Leid ausschließlich durch unseren Geist verursacht wird, sind wir motiviert, ihn zu verändern. Wenn außerdem noch der starke Wunsch hinzukommt, anderen Gutes zu tun, werden unsere guten Absichten zu äußerst wirksamen »Motivatoren« der Veränderung.

Gebet/Übung

Mache eine kurze Meditation deiner Wahl. Jetzt denke an die negative geistige Angewohnheit, an der du am 24. Oktober angefangen hast zu arbeiten. Überlege dir, welche Wohltat es für andere wäre, wenn du diese Angewohnheit (und vielleicht auch weitere) ändertest. Halte bis zum Ende dieses Monats die entschlossene Absicht aufrecht, diese Angewohnheit(en) loszulassen.

Keimgedanke

Eine starke Motivation hilft uns, sowohl gute Angewohnheiten aufrechtzuerhalten als auch schlechte abzulegen. Meditieren ist eine gute Angewohnheit, da es den Geist schult und uns hilft, die Wolken der Negativität und der Illusion, die die Sonne unserer wahren Natur verfinstern, zu zerreißen. Nichtsdestoweniger ist es eine Angewohnheit, die ständiger bewußter Pflege bedarf, wenn sie nicht verlorengehen soll. Ein Freund von mir witzelte einmal, das einzige, was er Gott übelnehme, sei, daß schlechte Angewohnheiten so schwer abzulegen und gute so schwer zu erwerben sind. Dem Buddha war das auch schon bewußt, und deswegen empfahl er uns, unsere Motivation, täglich zu meditieren, dadurch regelmäßig »aufzufrischen«, daß wir uns vier Gedanken über das Leben immer wieder vor Augen führen.

Gebet/Übung

Lasse diese vier Gedanken auf dich einwirken, bevor du dich für ein paar Minuten in eine Meditation deiner Wahl versenkst:

1. *Die menschliche Existenz ist schwer zu erlangen und äußerst kostbar. Wir müssen diese »einmalige« Chance möglichst weise nutzen.*
2. *Nichts ist von Bestand. Der Körper, an dem wir so sehr hängen, wird schon bald ein Leichnam sein.*
3. *Das Gesetz der karmischen Vergeltung ist unabänderlich. Die Früchte unserer Taten werden zu uns zurückkehren, folglich müssen wir danach streben, nach Möglichkeit nur Gutes zu tun.*
4. *Der Samsara, die Welt der unaufhörlichen Begierden, in der wir zu leben gelernt haben, verursacht endloses Leiden. Wir müssen uns zu unserem eigenen Wohl und zum Wohl aller Wesen über ihn erheben.*

Keimgedanke

Im alten Griechenland gab es einen berühmten, dem Gott Asklepios geweihten Heiltempel. Am Ende der Behandlung wurde der Patient zu zwei Quellen geführt. Die erste hieß Lethe, wie der mythische Unterweltfluß, dessen Wasser die Totengeister die Welt der Lebenden vergessen läßt. Ein Trunk aus dieser Quelle sollte dem Geheilten helfen, ungesunde geistige Angewohnheiten hinter sich zu lassen. Die zweite Quelle hieß Mnemosyne oder »Erinnerung«: Ihr Wasser half dem Gläubigen, sich neue, positive Gewohnheiten anzueignen, indem er sich an die im Tempel gewonnenen Einsichten erinnerte sowie daran, sie im täglichen Leben in die Praxis umzusetzen.

Gebet/Übung

Stelle zwei Gläser voll Wasser vor dich hin: Das eine soll Lethe, das andere Mnemosyne symbolisieren. Atme ein paarmal loslassend durch und lasse dich langsam, geduldig in den Ort der inneren Weisheit gleiten. Welches sind die geistigen Angewohnheiten, die du jetzt aufgeben willst? Führe sie dir zu Bewußtsein und trinke das Wasser der Lethe. Welches sind die geistigen Angewohnheiten, die du dir am meisten einprägen und in dein Leben integrieren willst? Führe sie dir zu Bewußtsein und trinke das Wasser der Mnemosyne.

Keimgedanke

Halloween ist ein Übergangstag, der die Hälfte des Weges vom Herbstäquinoktium zur Wintersonnenwende markiert. Die Erdströmungen reißen uns weiter mit sich fort, einwärts, durch die Pforte des Todes in den Schoß, in dem die Weisheit heranreift. Einmal nahm ich an einem einwöchigen Heilkurs teil, im Rahmen dessen wir uns auf einen Friedhof begaben und nach einem Grabstein suchten, den wir uns als den unsrigen vorstellen konnten. Dies verlieh unserer Lebensrückschau einen schmerzlichen Charakter und verstärkte dadurch den Wunsch, uns zu ändern. Manche buddhistischen Meditationen werden gleichfalls auf Friedhöfen (bzw. Verbrennungsstätten) durchgeführt, wo dem Übenden die Realität der Unbeständigkeit allen Seins unmittelbar vor Augen geführt und seine Motivation verstärkt wird, achtsam zu bleiben, Güte zu üben und aufzuwachen!

Gebet/Übung

Mache heute, wenn es dir möglich ist, einen achtsamen Spaziergang auf dem Friedhof. Finde einen Grabstein, von dem du dir vorstellen könntest, er wäre der deinige. Lasse dein Leben an dir vorüberziehen und frage dich dabei, was du namentlich getan hast, um die Tugend zu kultivieren, nicht zu verletzen und deinen Geist zu zähmen. Danke Gott dafür, daß du noch lebst und die Chance hast, in diesem Leben dein volles Potential zu verwirklichen.

November

Trauer, Vergebung und Vollendung

November ist der Monat, in dem wir unsere Angelegenheiten
zum Abschluß und zur Vollendung bringen,
alle äußeren und inneren Rechnungen begleichen,
die unsere Kraft beanspruchen.
Einer der wichtigsten Wege, die uns zum Abschluß
und zur Vollendung führen, ist das Trauern um die Toten
und das feierliche Gedenken der Dinge,
die wir mit ihnen gemeinsam gehabt
und gemeinsam gelernt haben.
Zu den Meditationen und Ritualen der Trauer und Vollendung
gehört die Vergebung, die Geisteshaltung, die uns befreit,
indem sie uns dazu befähigt, unsere Weisheit einzufordern
und dann weiterzuziehen.
Indem wir uns selbst und anderen vergeben,
ebnen wir den Weg für die Entsühnung,
die »Ent-Zweiung«, also Einswerdung,
aller Menschen und des Schöpfers.
Was im November vollendet und zum Abschluß gebracht wird,
bahnt den Weg für das innere Licht,
das im Dezember hervorscheinen wird.
Lausche den Stimmen der Uralten,
die aus der Vergangenheit rufen,
aus dem Land der Ahnen:

Der Monat November
ist dem Erzengel Raphahel heilig,
dem Heiler Gottes.
Heil zu werden, ganz zu sein, bedeutet,
deine Rechnungen zu begleichen,
alles ins Gleichgewicht zu bringen.
Vergebung ist der Weg des Ausgleichs,
der Aussöhnung,
ein Weg, der um so leichter ist,
als ihn die Engel der Gnade
erhellen und erhalten.

Keimgedanke

Allerheiligen war ursprünglich das keltische Samhain, das Neujahrsfest. Die Ernte war eingebracht, die Erträge der Jagd waren für den Winter eingelagert, und es kam die Zeit, sich in Erdmutters Schoß auszuruhen. Der Winter ist schließlich die Zeit, da man am Feuer sitzt, sich die alten Schöpfungsgeschichten erzählt und dem Schöpfer in Gedanken und Worten Ehre erweist. Am Vorabend von Samhain – woraus in den angelsächsischen Ländern später Halloween wurde – war es Sitte, sich in die Felle der Tierbrüder und -schwestern zu kleiden, die ihr Leben hingegeben hatten, auf daß der Stamm Speise und Schutz vor der Kälte hätte. Samhain war eine Feier des Kreislaufs von Tod und Wiedergeburt, der sich in der Verbundenheit allen Lebens offenbart. Dem Dankfest, das gleichfalls in diesem Monat gefeiert wird, liegt weitgehend derselbe Gedanke zugrunde.

Gebet/Übung

Göttlicher Gebliebter, ich erwache heute morgen voll Dankbarkeit für meinen neuen Geist und meinen neuen Körper. Mit dieser Drehung des kosmischen Rads richte ich mich völlig nach Dir und Deinem Leib aus, der Mutter Erde und ihrer ganzen Schöpfung. Möge ich dessen eingedenk sein, daß alle Pflanzen, alle Tiere, alle Menschen Teil Deines Leibes sind. Ebenso wie die Zellen meines Körpers absterben und durch neue ersetzt werden, die ihre Nahrung aus den Überresten der alten beziehen, so stirbt auch alles Leben und wird in einer neuen Form wiedergeboren. Ich danke heute allen Pflanzen und Tieren, die mich und meinen Stamm ernährt haben, die uns Obdach und Kleidung gegeben haben, auf daß wir unsere Erdenwanderung fortsetzen können.

Keimgedanke

Allerseelen wird in vielen Ländern als ein ambivalenter Feiertag begangen: einerseits gedenkt man in stiller Trauer der Verstorbenen, andererseits feiert man den befreienden Aspekt des Todes. Der Tod ist, von unserer irdischen Wirklichkeit aus betrachtet, ein Verlust, aber für den Mystiker, der sein Leben der Vereinigung mit dem Göttlichen geweiht hat, ist er ein freudiges Ereignis: die Hochzeit des Geistes, von der Jesus und andere religiöse Lehrer gesprochen haben. C. G. Jung schreibt in seiner Autobiographie: »Als der fromme Kabbalist Rabbi Simon ben Jochai starb, sagten seine Freunde, er feiere Hochzeit. Noch heute ist es in manchen Gegenden Sitte, zu Allerseelen auf den Gräbern ein ›Picnic‹ zu veranstalten. All das drückt die Empfindung aus, der Tod sei eigentlich ein Freudenfest.«*

Gebet/Übung

Göttlicher Geliebter, bisweilen scheinst Du uns im alltäglichen Leben so fern zu sein. Möge diese Kluft geschlossen werden durch meinen immer stärkeren Wunsch, jetzt mit Dir eins zu sein, auf daß ich im Augenblick des Todes auf Schwingen des Gewahrseins, der Vergebung, der Toleranz, der Dankbarkeit und des glühenden Wunsches, allen Wesen zu dienen, an Dein Herz fliegen kann. Möge alle noch verbleibende Negativität aus meinem Herzen herausgebrannt werden, so daß die Reinheit der Liebe freudig hervorstrahlt.

Verweile für ein paar Minuten im Frieden der Shamatha-Vipassana-Meditation, des Gebets der Sammlung oder des Eis aus Licht.

---

* *Erinnerungen, Träume, Gedanken von C. G. Jung.* Olten (Walter Verlag) 1987, Seite 317.

Keimgedanke

Die Energie des Novembers begünstigt Rituale, die um ein Abschließen und Vollenden kreisen. Ende Oktober haben wir mit der Vollendung der Heilung des inneren Kindes bereits angefangen, in dieser Richtung zu arbeiten. Die Vollendung der Trauer und der Vergebung wird uns diesen Monat helfen, unsere Rechnungen zu begleichen, so daß wir die Lichterfeste des Dezembers mit einem reinen und unbeschwerten Herzen begehen können. Vollendung ist ein relativer Begriff. Die spirituelle Metapher, die wir uns dafür immer gegenwärtig halten sollten, ist das Schälen einer Zwiebel. Erst wenn eine Haut abgezogen ist, nehmen wir die nächste überhaupt wahr. Mit jeder Haut, die wir erkennen und entfernen, nähern wir uns mehr und mehr dem Herz der Weisheit. Wenn du also daran arbeitest, etwas zum Abschluß und zur Vollendung zu bringen, sei dir stets bewußt, daß du lediglich die Haut abschälst, die du gegenwärtig wahrnehmen kannst.

Gebet/Übung

Mache heute wenn möglich einen achtsamen Spaziergang durch die Natur. Atme die Sonne durch deinen Scheitel und die Erde durch deine Füße ein und lasse sie sich in deinem Herzen vermischen und vereinigen. Atme die Hochzeit von Himmel und Erde in die ganze Natur aus, und danke ihr dabei für all ihre Gaben. Wenn du fertig bist, überlege dir, wie deine Träume in letzter Zeit gewesen sind. Setzt du noch die im September begonnenen Traumübungen fort? Suche in deinen Träumen nach Elementen, die dich aufzufordern scheinen, irgendwelche Angelegenheiten abzuschließen und zu vollenden.

4. November

Keimgedanke

Wenn ein geliebter Mensch stirbt, ist der Prozeß der Trauer ein Vollenden und Zuendebringen, das uns erlaubt, dem Leben dieses Menschen Ehre zu erweisen und die Weisheit einzufordern, die wir durch die Beziehung zu ihm gewonnen haben. Indem wir die Gabe der Einsicht entgegennehmen, transzendiert diese Zeit und Raum, wodurch sie zugleich auch der Seele des Dahingeschiedenen zuteil wird. Trauer bedeutet mehr als nur zu lernen, ohne einen geliebten Menschen zu leben. In vielen Fällen erfordert sie von uns auch, daß wir ihm - und uns selbst - vergeben, indem wir die Geschichte unserer gemeinsam verbrachten Zeit zu einem sinn-vollen Abschluß führen.

Gebet/Übung

Großer Geist, ich erwache heute morgen mit einem Herzen voll Dankbarkeit für das kostbare Geschenk des irdischen Lebens. Kein anderer Zustand im Universum bietet uns so viele Gelegenheiten zu wachsen. Ich bin bereit, die Gaben der Beziehungen, die durch den Tod zum Abschluß gebracht worden sind, zu empfangen und dadurch in Deine Weisheit einzugehen. Ich rufe den Erzengel Raphael an, den Wächter der Pforte des Todes und der Neugeburt, daß er mir bei der heutigen Kontemplation beistehe.

Atme ein paarmal tief durch und lasse dich in den Ort der inneren Stille gleiten. Spüre hinter dir Raphaels Gegenwart. Betrachte deine Beziehung zu einem Menschen, der gestorben ist. Wie stehst du dazu? Ist es dir gelungen, die Geschichte, die ihr zusammen erlebt habt, als sinnvoll und wertvoll anzusehen?

Keimgedanke

Mein Vater starb, als ich Ende 20, und meine Mutter, als ich Anfang 40 war. In den letzten Monaten hatten wir endlich aufgehört zu versuchen, uns gegenseitig nach unseren jeweiligen Vorstellungen umzumodeln, und waren bereit, uns auszusöhnen. Wir vergaben einander, wenige Stunden bevor sie starb. Als sie hinüberwechselte, hatten mein Sohn Justin und ich eine außergewöhnliche Erfahrung: Wir gingen zusammen mit ihr ins Licht ein, wo die Geschichte unseres gemeinsamen Lebens offenbart wurde. In den Wochen nach ihrem Tod hatte ich eine Serie von witzigen, »unverblümten« und lichtvollen Träumen, die unsere Beziehung noch weiter erhellten und deren Weisheit und Gnade zum Vorschein brachten. Mein Vater hingegen starb ganz plötzlich. Unsere Beziehung war außerordentlich innig und liebevoll gewesen, frei von allen Konflikten, die sich zwischen Mutter und mir ständig abgespielt hatten. Seltsamerweise konnte ich weder weinen noch trauern. Ein paar Jahre nach Mutters Tod erschien mir Vater gelegentlich im Traum, einsam und vergessen. Ich hatte es unterlassen, die Geschichte seines Lebens durch Trauer gebührend anzuerkennen, und fing erst fast 15 Jahre nach seinem Tod an, diesen Prozeß zum Abschluß zu führen.

Gebet/Übung

Mache heute morgen eine Metta-Meditation (11.–15. Februar). Sende allen Verstorbenen, die in deinem Leben eine wichtige Rolle gespielt haben, deine wohlwollenden Segenswünsche. Sage jedem von ihnen, was er dir bedeutet hat. Erweise seinem Leben die ihm gebührende Ehre.

Wenn du damit fertig bist, denke darüber nach, wie gut du deinen Lebenspartner verstehst. Wenn du das Gefühl hast, daß du noch an dieser Beziehung zu arbeiten hast, nimm dir in den nächsten Tagen etwas Zeit, um die Geschichte eures gemeinsamen Lebens aufzuschreiben. Der Vorgang des Schreibens fördert oftmals verborgene Sinnzusammenhänge zutage. Und halte in deinen Träumen nach Einsichten und Offenbarungen Ausschau!

Keimgedanke

Eines der wichtigsten Dinge, die ein Sterbender wissen kann, ist, daß sein Leben einen Sinn gehabt hat. Dieses Bewußtsein erleichtert es ihm, zum Seelenfrieden zu gelangen. Zahlreichen tibetischen Schriften zufolge, die vom Tod und den verschiedenen Zuständen danach handeln, ist eine friedvolle Seele eher imstande, die von ihrem Geist projizierten Illusionen von der Wirklichkeit zu unterscheiden. Dadurch kann sie entweder schon wenige Augenblicke nach dem Tod die Erleuchtung erlangen, oder aber sich zumindest bewußt eine bestimmte Wiedergeburt aussuchen. In welchem Reich sich eine Seele auch befinden mag – wenn wir unsere Trauerarbeit als ein Vollenden und Zum-Abschluß-Bringen leisten, breiten sich unsere Liebe und Einsicht helfend und segensreich über Raum und Zeit hinweg aus. Und es ist nie zu spät, um den Verstorbenen zu helfen.

Gebet/Übung

Wenn du Fotos von geliebten Toten hast, lege sie vor dich hin. Zünde eine Kerze an, um eine Atmosphäre der Weihe zu erzeugen, und verweile für ein paar Minuten im Gebet der Sammlung. Öffne dann die Augen und betrachte die Bilder deiner Toten. Sprich zu ihnen über deine Liebe, den Wert ihres Lebens und darüber, was du von ihnen gelernt hast.

Keimgedanke

Die tibetischen Buddhisten kennen ein Ritual zur »Transferierung des Bewußtseins«, genannt *phowa*. Es wird traditionell für Sterbende und Verstorbene durchgeführt, insbesondere während der ersten sieben Wochen nach ihrem Tod. In seiner Kurzform geht Phowa folgendermaßen: Man visualisiert eine Form Göttlichen Bewußtseins, zu der sich der Sterbende oder Verstorbene im Leben besonders hingezogen gefühlt hat. Dies könnte Maria sein, Jesus, der Buddha, Allah, das Licht . . . Man stellt sich vor, diese Erscheinungsform des Göttlichen schwebe über dem Kopf des Sterbenden oder Toten und übergieße ihn mit Licht, das dessen ganzen Körper durchdringt und dabei alle Schmerzen und Illusionen hinwegspült, die die Erkenntnis seiner wahren Natur verhindern, seines Herzlichts oder Höheren Selbst. Dann stellt man sich vor, das Herzlicht des Sterbenden oder Toten dehne sich aus und werde eins mit dem Göttlichen Bewußtsein. Wie die Tibeter glauben, hilft dies der Seele, ihr Einssein mit dem Göttlichen zu erkennen und in ihm zu verbleiben, anstatt – sobald die Erfahrung des Lichts, die jeder Sterbende zu haben scheint, vorüber ist – wieder in die Fänge des kleinen Ichs und seiner Projektionen zu geraten.

Gebet/Übung

Auch wenn das Phowa-Ritual traditionell während der sieben Wochen nach dem Ableben zelebriert wird, kannst du es jederzeit durchführen. Wenn du es einmal versuchen möchtest, befolge die obigen Anweisungen. Ich selbst führe das Ritual gern an den Todestagen meiner Eltern durch, einem Tag, an dem die Juden traditionell eine sogenannte jahrzejt *- oder Gedächtniskerze anzünden. Gibt es einen besseren Weg, die Toten zu ehren?*

Keimgedanke

Das Gedenken und Feiern der Toten ist ein wesentlicher Bestandteil vieler Traditionen. Manche Religionen, so auch der Katholizismus, kennen Seelengebete, die gleichsam »den ganzen Stammbaum hinauf« wirken. Ich persönlich glaube, daß, wann immer ein Mensch heil wird, diese Heilung sich vorwärts und rückwärts über Zeit und Raum ausbreitet und seinem ganzen Geschlecht zugute kommt. Ein Ritual zu Ehren unserer Ahnen kann uns ein bewußteres Verhältnis zu unserer Familiengeschichte verschaffen, das die Heilung jedes Menschen fördert, der je zu unserem Geschlecht gehört hat - oder gehören wird.

Gebet/Übung

Übe Metta (11.–15. Februar) für alle Angehörigen deines Geschlechts – mögen sie noch am Leben oder schon gestorben sein. Segne deine Eltern und Großeltern mit wohlwollender Güte. Segne deine Urgroßeltern, so wie du sie gekannt hast oder wie du sie dir vorstellst. Stell dir vor, deine Segenswünsche fächerten sich immer weiter auf und erreichten die Menschen, die deine Ururgroßeltern sind und deren Eltern. Kannst du allmählich erahnen, wie viele Vorfahren du in Wirklichkeit hast? Schließe deine Meditation damit ab, daß du, wie die amerikanischen Ureinwohner, »alle deine Verwandten« segnest.

Und das, meine Liebe, mein Lieber, ist jeder!

Keimgedanke

Der Apostel Paulus erreichte einen Grad der Weisheit, von dem aus er wahrheitsgemäß sagen konnte: »Ich sterbe täglich« (1. Korinther 15, 31). Damit wir jeden Tag offenen Geistes und offenen Herzens begrüßen können, müssen alle unsere gestrigen Rechnungen beglichen sein. Je mehr Angelegenheiten wir unerledigt lassen, desto mehr seelische Energie müssen wir für sie aufwenden, wodurch uns um so weniger Kreativität, Willenskraft und Weisheit für die konkret anstehenden Aufgaben verbleiben. Schließen wir unsere Beziehung zu Menschen, die gestorben sind, bewußt ab, wird Energie freigesetzt, die wir für die Erfüllung unserer Lebensaufgabe benötigen. Dann können wir uns darauf konzentrieren, uns von den Gespenstern unserer eigenen früheren Handlungen zu befreien, die wir noch nicht betrauert, angenommen und in Weisheit verwandelt haben.

Gebet/Übung

Verweile für ein paar Minuten im Frieden des Gebets der Sammlung oder der Shamatha-Vipassana-Meditation. Richte deine Aufmerksamkeit nach hinten, auf das Westliche Tor deines Körpertempels. Rufe Raphael an, daß er dir helfe, dir aller etwaigen Irrtümer oder erfolglos gebliebenen Vorhaben bewußt zu werden, an denen du noch mit einem Gefühl des Bedauerns hängst. Für heute ist es genug, wenn du feststellst, was es da alles gibt, für die Lernerfahrung, die dieses »Alles« dir ermöglicht, dankst und gelobst, es zum Wohl aller Wesen aufzuarbeiten.

Keimgedanke

Wenn jemand während eines Lügendetektortests nach längerem Leugnen »zusammenbricht« und die Wahrheit sagt, beruhigen sich sein Herzschlag und seine Atmung. Es ist eine Erleichterung zu gestehen, selbst wenn es bedeutet, daß man ins Gefängnis kommt! Analog dazu haben Studien ergeben, daß Menschen, die sich irgendeine Schuld »von der Seele reden« – sei es vor einem Duschvorhang, hinter dem niemand steht, sei es, indem sie es ihrem Tagebuch anvertrauen – sich anschließend viel besser fühlen. Einen ähnlichen Zweck erfüllen der katholische Beichtstuhl und das Behandlungszimmer eines Therapeuten. Das Eingeständnis unserer Schuld ist der erste Schritt in Richtung auf die Reue, die uns erlaubt, alle Selbstvorwürfe loszulassen und die Weisheit einzufordern, die uns aus der Erkenntnis unseres Fehlers erwächst.

Gebet/Übung

Schreibe etwas auf, was du ernsthaft bedauerst, und gestehe es Gott in einem Gebet. Atme ein paarmal loslassend durch und lasse dich in die innere Stille gleiten. Stell dir vor, das Göttliche Licht schwebe halb vor, halb über dir. Spüre, wie diese liebende Gegenwart sich strahlend über dich ergießt und dich durchströmt. Erlaube allen Schuldgefühlen, mit diesem Licht in den Boden zu fließen und in Mutter Erde umgewandelt zu werden. Erlaube dem Licht, allen Schmerz und alle Trauer aus dir herauszuwaschen, wodurch das Licht, das schon immer in deinem Herzen geschienen hat, hell aufleuchten kann. Spüre, wie sich dein Herzlicht ausdehnt, eins wird mit dem Licht Gottes und dich mit einem glühenden Ei aus Licht umgibt. Sende dieses Licht und einen Segen der Person oder der Situation zu, die du in diesem Augenblick losläßt.

Keimgedanke

Abschluß- oder Vollendungsrituale kannst du zwar durchaus auch allein durchführen, doch sind sie weit wirkungsvoller, wenn du Freunde daran teilhaben läßt. Mehrere Jahre lang traf sich bei uns eine Gruppe von Frauen zu einem wöchentlichen, später monatlichen Heilritual. Im zweiten Jahr wurden unsere Sonnwend- und Äquinoktium-Rituale zu offenen Begegnungen, an denen jeder aus unserer Gemeinde teilnehmen konnte. Wir wußten nie, wer kommen würde, nur, daß jeder ein offenes Herz und die ehrliche Absicht mitbringen würde, die anderen bei ihrem Heilwerden zu unterstützen. Wenn du auch eine solche Gruppe von Freunden hast, möchtest du vielleicht die heutige Übung gemeinsam mit ihnen wiederholen, wenn ihr euch das nächstemal trefft. Wenn nicht, überlege dir, ob du nicht eine solche Gruppe gründen möchtest, die sich zu regelmäßigen gemeinsamen Gebeten, Meditationen und Ritualen treffen könnte.

Gebet/Übung

Für dieses Ritual benötigst du ein Stück Papier und einen Stift, einen Ort, an dem du gefahrlos ein kleines Feuer machen kannst, und gegebenenfalls eine Schaufel. Beginne dein Ritual mit einer zentrierenden Meditation und denke dann an die bestimmte »Schuld«, mit der du gestern gearbeitet hast. Überlege dir, ob du etwas tun könntest, um das Problem abzuschließen, und wenn ja, was. Jetzt schreibe das, was dich belastet, den etwaigen Lösungsplan und alles, was du aus deinem Fehler gelernt hast, auf das Stück Papier. Zünde das Blatt an, und während es brennt, weihe deine Erfahrung der Erlösung aller Wesen. Trage die Asche hinaus und vergrabe sie oder streue sie in den Wind.

Keimgedanke

Die mittelalterliche Mystikerin Juliana von Norwich hatte eine Reihe von Visionen, die als *shewings* – »Zeigungen« oder »Offenbarungen« – bekannt wurden. Diese Offenbarungen waren so lebendig und unmittelbar, daß Juliana ihnen weit mehr Glauben schenkte als den Lehren der Theologen. Die Visionen zeigten ihr, daß unsere Sünden keine absolute Realität besitzen, daß sie aber notwendige Mittel zur Selbsterkenntnis sind. Die Reue, die sie verursachen, bewegt unser Herz dazu, aufrichtiger nach Gott zu suchen. Juliana versicherte uns, daß Gott unsere Sünden am Ende »nicht als Schande, sondern als Ehrenzeichen« ansehen wird. »Die Sünde«, sagt Juliana, »ist notwendig . . . aber alles wird gut sein, und jederlei Ding wird gut sein.«

Gebet/Übung

Gedankt sei Dir, Großer Geist, dafür, daß Du den Schleier der Scham hebst, der schon so oft das Licht meines Herzens verhüllt hat. Möge ich aus meinen Fehlern lernen und mich um wohlwollende Güte, nichtverletztendes Handeln und Geistesstärke bemühen. Und vor allem möge der Schmerz der Reue in eine brennende Sehnsucht nach der Wiedervereinigung mit Dir, meinem Göttlichen Geliebten, umgewandelt werden.

Verweile für ein paar Minuten im Frieden des Gebets der Sammlung und lasse es zu, daß die liebende Energie Gottes alle deine Wunden heilt.

Keimgedanke

Jede Religion lehrt, daß die Liebe Gottes alle Irrtümer und Sünden tilgt. Der Islam dürfte die am meisten mißverstandene Religion sein – wird er doch, zumindest im Westen, häufig als strenge und unversöhnliche Doktrin aufgefaßt. Der Religionswissenschaftler, Schriftsteller und Mullah (religiöse Lehrer) Lex Hixon stellt diese irrige Auffassung in seinen Werken auf sehr überzeugende Weise richtig. In *The Heart of the Koran* übersetzt er eine Passage aus dem heiligen Buch folgendermaßen: »Möge der heilende Strom von Allahs Vergebung die Herzen aller Menschen umhüllen und jede Ader ihres geistigen Lebens vom Feuer der Leugnung der Liebe, der Auflehnung gegen die Liebe, der selbstbefaßten Entstellung der Liebe befreien.«

Gebet/Übung

Göttlicher Geist, möge ich spüren, wie der Balsam Deiner Liebe meine Seele erquickt und alles aus mir herauswäscht, was den Fluß Deiner Liebe entstellt und leugnet. Möge mein Herz in seinem wahren Licht erstrahlen und mir erlauben, alle Menschen mit wohlwollender Güte zu betrachten, auf daß der tiefe Frieden Deiner Weisheit sich in meinem Leben und in der Welt offenbare.

Verweile für ein paar Minuten im Frieden des Gebets der Sammlung. Richte deine Aufmerksamkeit nach hinten, auf das Westliche Tor deines Körpertempels. Rufe die Gegenwart Raphaels an, des Wächters der Pforte des Todes und der Wiedergeburt, dessen Schwert die Ketten der Kritiksucht und der Hartherzigkeit durchschneidet. Bitte darum, daß er dir helfe, dich den ganzen Tag über um eine Haltung nicht-urteilenden Gewahrens zu bemühen.

Keimgedanke

Chronische Selbstkritik ist eine der häufigsten inneren Einstellungen, die unsere Verbindung zu Gott leugnet und den Fluß der Göttlichen Liebe unterbricht. Während Selbsterforschung und das ehrliche Eingestehen von Fehlern unser Wachstum vorantreibt und der Barmherzigkeit Gottes ermöglicht, durch uns hindurchzuströmen und das Herz der Weisheit zu offenbaren, hemmt Selbstkritik diesen Strom. Der Glaube, wir seien unserer eigenen oder Gottes Liebe nicht würdig, ist das, was Mohammed als die »Auflehnung gegen die Liebe« bezeichnete.

Gebet/Übung

Göttlicher Geliebter, ich erwache voller Dankbarkeit und erfüllt vom aufrichtigen Wunsch, Deiner Liebe und Vergebung zu gestatten, mich zu durchströmen und aus mir in die Welt hinauszufließen.

Achte heute auf selbstkritische Gedanken und prüfe sie, wenn du welche feststellst, mit Bedacht. Wenn der Gedanke eine Botschaft des Höheren Selbst ist, die dich ermahnt, die Verantwortung für deine Taten zu übernehmen, handle dementsprechend. Wenn dein Gedanke die lästige Stimme des kleinen Ichs ist, das wieder einmal versucht, Gottes Liebe zu leugnen, bringe es durch folgende Affirmation zum Schweigen: »Ich bin eins mit Gott und grenzenloser Liebe würdig.«

Keimgedanke

Die »selbstbefaßte Entstellung der Liebe«, von der Mohammed sprach, ist die Tendenz des kleinen Ichs, sich in den Mittelpunkt des Universums zu stellen. Dies hat zur Folge, daß ein Großteil unseres Denkens und Fühlens um die Begriffe »ich« und »mein« kreist. Der Ärger, der beim Gedanken »Ich bin belästigt worden« spontan in uns aufwallt, läßt kaum Platz für Gedanken an den anderen und die Handlungen und Reaktionen aufkommen, die zu der »Belästigung« geführt haben. Wenn wir jedoch mehr an die wechselseitige Abhängigkeit aller Dinge denken, nehmen wir den Standpunkt eines von zahllosen Sternen in einem herrlichen Universum ein – statt desjenigen einer Sonne, um die das gesamte Weltall kreist. Unser Herz gelangt dann zum Frieden.

Gebet/Übung

Göttlicher Geliebter, möge eine umfassendere Anschauung des Alls in meinem Geist Wurzeln schlagen und das begrenzte Verständnis der Liebe verdrängen, das mich und meine kleinen eigensüchtigen Interessen in den Mittelpunkt des Universums stellt. Möge der Strom Deiner Liebe alle egoistischen Denkgewohnheiten hinwegwaschen und damit der grenzenlosen Liebe des Höheren Selbst – desjenigen Teils von »mir«, der mit allem eins ist – erlauben, ungehindert hervorzuleuchten.

Achte heute darauf, wie oft du die Wörter ich, mein, mir *und* mich *gebrauchst. Achte insbesondere darauf, wann Selbstbefaßtheit den Standpunkt deines Gegenübers überschattet und zu Zorn, Selbstgerechtigkeit oder Gereiztheit führt. Wenn du diese geistige Angewohnheit an dir bemerkst, lasse sie los, indem du dir den Nachthimmel vorstellst und dir bewußtmachst, daß du Teil eines unendlichen Tanzes zusammenhängender Energien bist.*

Keimgedanke

Wenn du je die Anordnung der Blutgefäße im menschlichen Körper studiert hast, hast du eine Vorstellung von einem vollkommenen Netz wechselseitiger Abhängigkeiten. Der ganze Kreislauf funktioniert einwandfrei, solange sich nicht irgendwo ein Hindernis bildet. Es kann kein Blut in ein Gefäß fließen, wenn dessen Ausfluß blockiert ist. Als ich las, was Mohammed über die blockierende Wirkung sagte, die die Leugnung der Liebe auf den heilenden Strom der göttlichen Vergebung ausübt, begriff ich, daß wir alle Zellen im Körper Gottes sind. Wenn einer von uns durch Unversöhnlichkeit den Fluß der Liebe hemmt, wirkt sich dies auf den gesamten göttlichen Organismus aus. Ebenso reicht es, wenn ein einziger Mensch ein wachstumshemmendes Hindernis überwindet, damit das Bewußtsein des Ganzen um eine Stufe höher steigt. Indem du dich für die Vergebung entscheidest, machst du allen ein Geschenk.

Gebet/Übung

Großer Geist, da unsere Herzen sich den bevorstehenden Lichterfesten des kommenden Monats entgegensehnen, schwebt uns das Ideal des Friedens auf Erden und der Liebe unter den Menschen vor. Möge dieses Ideal mich dazu anregen, durch Vergebung meinen inneren Frieden zu verwirklichen und so daran mitzuwirken, daß eine friedlichere Welt entsteht.

Verweile für ein paar Minuten im Frieden des Gebets der Sammlung, des Eis aus Licht oder der Shamatha-Vipassana-Meditation.

Keimgedanke

Jesus lehrte seine Anhänger ein Gebet, das heutzutage jedem Christen als das »Vaterunser« bekannt ist. Eher als »Vater« bedeutet der im aramäischen Original verwendete Ausdruck aber »Kosmische/r Gebärer/in«. Der Gelehrte Neil Douglas Klotz hat eine sorgfältige Neuübersetzung dieses Gebetes erstellt, die eine weit größere Weisheit erkennen läßt als die uns bekannten, auf der traditionellen griechischen Version des Neuen Testaments basierenden Fassungen. Der Teil etwa, der normalerweise mit »Vergib uns unsere Schuld, wie auch wir vergeben unseren Schuldigern« beginnt, lautet bei Klotz: »Löse die Stränge der Fehler, die uns binden, wie wir loslassen, was uns bindet an die Schuld anderer.« Auf diese Weise befreien wir die »Gefäße« des Göttlichen Leibes von Verstopfungen und erlauben dem Ganzen, ungehindert in das Licht des Herzens aufzusteigen.

Gebet/Übung

O Kosmische/r Gebärer/in, Vater/Mutter Gott, lehre mich bitte das Sakrament der Vergebung, auf daß ich, indem ich anderen vergebe, mir endlich selbst vergeben und allen Wesen helfen möge, die Freiheit eines friedvollen Herzens zu erlangen!

Atme ein paarmal loslassend durch und begib dich langsam, geduldig, in die innere Stille, in das Allerheiligste. Betrachte die Fesseln der Schuld, durch die du andere gebunden hältst. Willst du dich wirklich weiter daran klammern und deren *Fehler zu* deinen *Bürden machen? Überlege dir, was für ein Gefühl es sein könnte, ihre Schuld loszulassen. Wenn du den Wunsch hast, diesen Prozeß einzuleiten oder zu beschleunigen, bitte um Raphaels Beistand.*

Keimgedanke

Eine interessante Metapher für die wechselseitige Verbundenheit aller Seelen finden wir in der psychiatrischen Literatur. Bei der Multiplen Persönlichkeitsstörung wissen die meisten »alternierenden Persönlichkeiten« des Kranken nichts von der Existenz der anderen und von den Auswirkungen, die ihre Handlungen auf sie haben. Es gibt allerdings eine Persönlichkeit, den sogenannten »inneren Selbsthelfer« oder »inneren Helfer«, die der gesamten Konstellation scheinbar getrennter »Iche« gewahr ist. Diese Persönlichkeit behauptet, ungeboren und unsterblich und ein Kanal der Weisheit und Göttlichen Liebe zu sein. Wer weiß – vielleicht sind wir alle »alternierende Persönlichkeiten« des Göttlichen!

Gebet/Übung

Verweile für ein paar Minuten im Frieden des Gebets der Sammlung oder der Shamatha-Vipassana-Meditation.

Wann immer du im Laufe des heutigen Tages einen anderen Menschen ansiehst, frage dich, ob er nicht, wie du, eine »alternierende Persönlichkeit« Gottes sein könnte. Sobald wir uns unserer selbst und unserer Verbundenheit mit anderen bewußt geworden sind, wird uns die Entsühnung zuteil. Die spirituelle Entsühnung oder »Ent-Zweiung« – Eins-Werdung – wird sich für die Menschheit als Ganzes ereignen, ebenso wie sie einzelnen zuteil wird, die ihre »multiplen Persönlichkeiten« integrieren. Die Vergebung ist der Schlüssel zur Entsühnung.

Keimgedanke

Nach unserer normalen Anschauung gibt es verschiedene »Schwierigkeitsgrade« des Vergebens. Dem Burschen, der uns an der Kreuzung die Vorfahrt nimmt, können wir relativ leicht verzeihen. Bei dem Onkel, der uns in unserer Kindheit vergewaltigt hat, ist es schon erheblich schwieriger. Jemandem wie Hitler kann nach Auffassung vieler Menschen *überhaupt nicht* verziehen werden. *Ein Kurs in Wundern* lehrt, ein Wunder sei eine Veränderung unserer Sichtweise, unserer Welt-Anschauung. Hat sich diese Veränderung erst ereignet, sind alle Wunder gleichermaßen möglich. Vergeben ist das *Auf*geben der Betrachtungsweise »wir – und die anderen« zugunsten einer umfassenden »wir«-Sichtweise. Wenn wir Hitler als einen Teil unserer selbst wahrnehmen, als eine weitere »alternierende Persönlichkeit« Gottes, wird das Wunder der Vergebung grundsätzlich möglich. Aber selbst wenn wir willens sind, das *Möglichsein* der Vergebung anzunehmen, bedürfen wir wirkungsvoller Techniken zur Veränderung unserer Wahrnehmung, damit sie auch *Wirklichkeit* werden kann.

Gebet/Übung

Gedankt sei Dir, Göttlicher Geliebter, für die allmähliche Erweckung, die dem Wunder der Entsühnung gestatten wird, sich in meinem Herzen zu ereignen. Hilf mir bitte, die Möglichkeit in Betracht zu ziehen, daß es keine Handlungsweise gibt, die unverzeihlich wäre, und daß die Reue eine der wichtigsten Bedingungen für das Wachstum der Seele ist. Hilf mir auch, den Standpunkt des Richters und Urteilenden aufzugeben, da ich niemals wissen kann, ob der »Angeklagte« nicht längst aus tiefstem Herzen bereut hat.

Verweile für ein paar Minuten im Frieden des Gebets der Sammlung oder der Shamatha-Vipassana-Meditation. Wenn dein Herz rastlos und bekümmert ist, richte deine Aufmerksamkeit nach hinten, auf das Westliche Tor deines Körpertempels, und bitte die Gegenwart Raphaels um Führung und Heilung.

Keimgedanke

Der Dalai Lama hat in Interviews schon häufig zu den Greueltaten Stellung bezogen, die in den 50er Jahren in Tibet begangen wurden. Die Chinesen töteten damals ein Sechstel der Bevölkerung, legten 6000 Klöster in Schutt und Asche und folterten viele Mönche und Nonnen. Die schönen Hochebenen Tibets sind heute mit Atommülldeponien übersät. Es bewegt mich immer wieder zutiefst, wenn der Dalai Lama sich voller Mitgefühl über die Unwissenheit und den Schmerz äußert, die den Handlungen der Chinesen zugrunde liegen müssen. Er führt für seine »Feinde« eine bestimmte Meditation durch, die *tonglen* genannt wird: Er nimmt ihre Schmerzen auf sich und schenkt ihnen dafür seine innere Glückseligkeit und seine Freude. Diese ungewöhnliche Methode des Gebens und Nehmens hat mir sehr dabei geholfen, die Vergebung zu einem wesentlichen Bestandteil meines Lebens zu machen.

Gebet/Übung

Bevor wir darangehen, Tonglen für andere zu praktizieren, werden wir lernen, diese Meditation für uns selbst durchzuführen. Fange damit an, daß du dir einen heiligen Augenblick ins Gedächtnis zurückrufst, eine Situation, da dein Herz vollkommen offen war: sei es für die Natur, ein Kind, ein Tier, die Schönheit. Jetzt stell dir vor, du säßest dir selbst gegenüber. Schau dir in die Augen und siehe die Schönheit Dessen, Der du wirklich bist, und den Schmerz, der dich von dieser Schönheit getrennt hält. Stell dir vor, dein Schmerz sei ein dichter schwarzer Rauch, der dein Herz umhüllt. Atme diesen Rauch in dein Herz ein und atme den Frieden, die Liebe und die Seligkeit deiner wahren Natur wieder aus. Fahre eine Zeitlang so fort, Schmerz ein- und Freude auszuatmen. (Wenn dir die Vorstellung, schwarzen Rauch einzuatmen, mißfällt, nimm statt dessen dunkle Wolken.)

Keimgedanke

Manche Leute befürchten, Tonglen könnte ihnen schaden, wenn sie sich vorstellen, sie atmeten Schmerz, Unwissenheit oder Krankheit ein. Die tibetischen Lamas versichern uns aber, das einzige, was durch Tonglen Schaden nehmen könne, sei unser begrenztes Ich und dessen Selbstbefaßtheit, die sich beide im »Willen zum Mitgefühl« auflösen werden. Dennoch ist es empfehlenswert, solange du dich mit der Praxis nicht vollkommen vertraut gemacht hast, Tonglen nur für dich selbst und dir nahestehende Menschen durchzuführen. Sobald du dich sicherer fühlst, kannst du auch »Außenstehende« einbeziehen, denen gegenüber du kritisch eingestellt bist oder mit denen du Mitleid hast, später auch Menschen, für die du eine stärkere Abneigung empfindest. Mit der Zeit kannst du auch deine schlimmsten Feinde einbeziehen und dort, wo Angst und Schmerz waren, Frieden schaffen und Mitgefühl erzeugen. Tonglen ist wirklich ein Yoga, der Schmerz in Vergebung verwandelt.

Gebet/Übung

Wenn ich als Kind krank war, sagte meine Mutter immer, sie wollte, sie könnte mir »die Krankheit abnehmen«. Genau diese mütterliche Anteilnahme und Fürsorge ist die Grundlage des Tonglen. Heute werden wir Tonglen für einen Menschen durchführen, den wir lieben.

Atme ein paarmal loslassend durch und lasse dich in den Ort der inneren Stille gleiten. Rufe dir einen heiligen Augenblick ins Gedächtnis zurück, eine Situation, in der dein Herz vollkommen offen war. Denke an einen geliebten Menschen und stelle dir vor, all sein Schmerz, all seine Verwirrung, all sein Unwohlsein oder

Unglück seien dichte schwarze Rauchwolken, die sein Herz umgeben. Atme diesen Rauch in dein Herz ein, und gib dafür deinen Frieden und deine Freude zurück. Fahre ein paar Minuten lang so fort, bis du ein Gefühl der Vollendung empfindest. Schließe die Übung mit einem Gebet für den geliebten Menschen ab.

Keimgedanke

Der tibetische Lama Geshe Kelsang Gyatso betont immer wieder, wie wichtig es sei, um die Erweckung des Mitgefühls zu beten. Je mehr sich unser Herz öffnet, desto mehr nimmt die Kraft des Tonglen zu – und desto stärker wird unser Wunsch, diese Übung zu machen. Wenn du ein Christ bist, erinnere dich daran, was Jesus über Mitgefühl und Barmherzigkeit lehrte, und bitte aufrichtig darum, dieses Gefühl in deinem Herzen zu verspüren. Wenn du dich zum Judentum hingezogen fühlst, denke an das Gebot der Güte und an die Praxis der *mitzwoth*. Bete darum, daß dir die wahre Bedeutung dieser Lehren und Gebote aufgehe. Was dein Bekenntnis auch sei – bete um die *Erfahrung* des Mitgefühls.

Gebet/Übung

Geshe Kelsang Gyatso empfiehlt in seinem Buch Grenzenloses Mitgefühl *folgendes kontemplative Gebet. Sein Grundgedanke ist die allumfassende wechselseitige Verbundenheit aller Wesen: die Einsicht, daß wir irgendwann alle in einem Mutter-Kind-Verhältnis zueinander gestanden haben.*

Daran denkend, daß alle bemitleidenswerten Wandernden meine Mütter sind,
Die mich immer wieder aus Güte umsorgt und geliebt haben,
Erbitte ich Deine Segnungen, um ein spontanes Mitgefühl zu erzeugen,
Wie das einer liebenden Mutter für ihr liebstes Kind.

Sprich dann zu Gott, wie es dir am natürlichsten erscheint, und bitte Ihn um echtes Mitgefühl.

Keimgedanke

Hast du dich je beim Anblick von fremdem Leiden von Mitleid überwältigt gefühlt? Der Schriftsteller und Lehrer Stephen Levine erklärt, wenn unsere *Angst* eines anderen Menschen Schmerz berührt, verspüren wie *Mitleid*, aber wenn unsere *Liebe* eines anderen Schmerz berührt, verspüren wir *Mitgefühl*. Und nur Liebe und Mitgefühl haben die Macht, diese Welt zu verbessern. Wenn dich das Los eines anderen mit Angst erfüllt und du daher Mitleid mit diesem Menschen empfindest, kann Tonglen dir helfen, statt dessen mit Liebe zu reagieren. Einmal sah ich in einer Nachrichtensendung eine bosnische Mutter, die vor dem Leichnam ihres minderjährigen Sohnes wehklagte. Als ich an meine eigenen Söhne denken mußte, brach mein Herz auf. Anstatt mich dem Gefühl der Hilflosigkeit oder der Angst zu überlassen, führte ich für diese Mutter Tonglen durch. So verschloß sich mein Herz nicht wieder, sondern blieb weit geöffnet.

Gebet/Übung

Führe heute, wenn du dich dazu in der richtigen Verfassung fühlst, für einen Fremden, den du unter »normalen« Umständen lediglich bemitleiden würdest, eine Tonglen-Meditation durch. Sei es ein Bettler, sei es jemand, über den du in der Zeitung liest oder den du in den Nachrichten siehst – stelle dir vor, du atmetest sein Leiden in Form von dichtem schwarzem Rauch tief in dein Herz ein, und gib ihm dafür deinen Frieden und deine Freude zurück.

Keimgedanke

Tonglen ist eine der wirkungsvollsten Übungen in Vergebung und Mitgefühl, die wir überhaupt lernen können. Dabei ist es empfehlenswert, sich nicht nur um diejenige Art von Vergebung zu bemühen, die bestimmte konkrete Beleidigungen oder Ungerechtigkeiten nachsieht, sondern auch um die grundsätzliche innere Einstellung, die *allgemein* nicht verurteilt oder wertet. Sich zum Richter anderer Menschen aufzuwerfen ist eine angelernte geistige Reaktion, die schon beim geringfügigsten Anlaß ausgelöst wird. Die pauschalen Werturteile, mit denen wir Menschen und Situationen abtun, sind drastische Leugnungen der Liebe, die unser kleines Ich in seiner Angst und seinem Gefühl des Getrenntseins bestärken. Das ganze Jahr über haben wir uns darin geübt, die Projektionen, die die Grundlage unserer Beurteilung anderer bilden, anzuerkennen und zurückzunehmen. Tonglen ist eine hervorragende Möglichkeit, diese Übung zu vertiefen und sogar das Gefühl von »wir – und die anderen« abzubauen, das der *Neigung* zu beurteilen zugrunde liegt.

Gebet/Übung

Achte heute auf jede Neigung, Urteile zu fällen. Wann immer du dich dabei ertappst, daß du einen anderen Menschen beurteilst, stelle dir vor, du atmetest sein Leiden in Form von schwarzem Rauch ein. Gib ihm dafür deine Freude und deinen inneren Frieden zurück.

Keimgedanke

Tonglen ist ein äußerst nützliches Instrument, um negative Gefühle umzuwandeln. Ein Reaktionsmuster, das ich als besonders quälend empfand, lief immer dann ab, wenn ich als stolze Autorin einen Buchladen betrat und feststellen mußte, daß er meine Bücher nicht vorrätig hatte. Ich ging im Verkaufsraum herum und sah ganze Stapel von Büchern, die ich für nicht annähernd so gut hielt wie meine eigenen. Die Eifersucht reckte ihren häßlichen Kopf, und schon bald fühlte ich mich absolut elend. Also lernte ich, Tonglen für mich selbst durchzuführen: Ich sog den schrecklichen Schmerz der Eifersucht in mein Herz ein und hauchte Freude und Frieden für mich aus. Es funktionierte. Jetzt fühle ich mich in Buchläden immer pudelwohl, gleichgültig, ob sie meine Bücher führen oder nicht.

Gebet/Übung

Achte heute auf alle etwaigen negativen Gefühle, die dir zu Bewußtsein kommen. Wenn sie eine Botschaft für dich enthalten, bemühe dich, sie zu verstehen und entsprechend zu handeln, bevor du sie mit Hilfe von Tonglen umwandelst. Fange damit an, daß du dir möglichst deutlich bewußtmachst, wieviel Leid dir dein Zorn, dein Neid, deine Eifersucht oder deine Traurigkeit verursachen. Atme dann ein paarmal tief durch und bemühe dich, dir einen »heiligen Augenblick« ins Gedächtnis zurückzurufen – eine Situation, da du dich mit dem ganzen Universum eins gefühlt hast. Führe dann Tonglen für dich selbst durch.

Keimgedanke

Wenn ich auf mein bisheriges Leben zurückblicke, wird mir klar, daß die Menschen, von denen ich am meisten gelernt habe, ehemals meine Feinde waren. Sie waren es, die mich mit ethischen Probemen konfrontierten und mich zwangen, mich ernsthaft mit meinen Begriffen von »gut« und »böse« auseinanderzusetzen. Oftmals waren diese sogenannten Feinde lediglich die Projektionen meiner eigenen Selbstgerechtigkeit, Paranoia oder Angst. Andere wiederum fügten mir realen, »meßbaren« Schaden zu. In einigen wenigen Fällen fiel es mir leicht, ihnen zu verzeihen, in anderen war die Vergebung ein Prozeß, der sich über mehrere Jahre hinzog. Die Fälle, in denen es am längsten dauerte und mir am schwersten fiel zu verzeihen, haben sich als diejenigen erwiesen, die die wertvollsten Lehren für mich bereithielten.

Gebet/Übung

Heute werden wir anfangen, Tonglen für unsere Feinde zu praktizieren (und natürlich auch für uns selbst, da Vergeben letztlich vor allem den Vergebenden befreit). Außer du verspürst den aufrichtigen Wunsch, ein ganz bestimmtes heftiges Gefühl des Grolls loszulassen, ist es besser, du beginnst mit einem »kleineren Feind«.

Fange wie immer damit an, daß du dir einen heiligen Augenblick ins Gedächtnis zurückrufst, eine Situation, da dein Herz offen war und du dich mit dem ganzen Universum verbunden fühltest. Jetzt denke an deinen Feind. Stell dir den Schmerz und die Unwissenheit vor, die ihn dazu verleiteten, dir so zu schaden und dich so sehr zu verletzen. Siehe diese Ursachen negativen Verhaltens als eine dichte Wolke schwarzen Rauchs, die das wahre Licht seines Herzens verfinstert. Atme den Rauch in das Licht deines Herzens ein und lasse dafür dein Licht hervorstrahlen, so lange, bis dein Herzlicht und das deines Feindes einander berühren.

Keimgedanke

Eine der bewegendsten Geschichten des Neuen Testaments ist »Das Gleichnis vom verlorenen Sohn«. Der »gute« Sohn bleibt zu Hause und verwaltet das väterliche Gut. Der »böse« Sohn zieht in die Fremde und verschleudert sein Erbteil für Wein und Frauen. Endlich kehrt er – mittellos und reumütig – nach Hause zurück. Als er von der bevorstehenden Ankunft seines Sohnes erfährt, befiehlt der Vater überglücklich, daß ein gemästetes Kalb geschlachtet und ein großes Fest zu Ehren des Heimkehrers ausgerichtet werde. Der »gute« Sohn ist eifersüchtig und fühlt sich ungerecht behandelt, da für *ihn* noch nie ein Fest veranstaltet wurde. Der Vater erklärt ihm, an ihm, seinem guten Sohn, habe er schon immer seine Freude gehabt, aber daß der andere verloren war und jetzt wiedergefunden wurde, sei Ursache *noch* größerer Freude.

Der Vater hatte dem verschwenderischen Sohn bereits verziehen, und sein Kind brauchte nur zu bereuen, um des Vaters Liebe spüren zu können. Eine schwierigere Aufgabe stand dem »guten« Bruder bevor: Er mußte lernen, seine Eifersucht und sein wertendes Denken aufzugeben und ebenso zu vergeben, wie es sein Vater bereits getan hatte.

Gebet/Übung

Verweile für ein paar Minuten im Frieden des Gebets der Sammlung oder der Shamatha-Vipassana-Meditation. Lies die Geschichte vom verlorenen Sohn – du findest sie im Lukas-Evangelium (15, 11–32).

Keimgedanke

Der Prozeß der Selbst-Vergebung ist dann abgeschlossen, wenn wir alles loslassen, was wir *getan* haben, und dasjenige feiern, was wir *geworden* sind. Der Prozeß der Vergebung anderer ist dann abgeschlossen, wenn wir das loslassen, was sie uns angetan, und die Weisheit feiern, die wir dank den durch sie ermöglichten problematischen Erfahrungen gewonnen haben. Wir können unsere Freiheit unabhängig von ihren Handlungen einfordern. Ebenso beinhaltet unser Entschluß zu verzeihen keinerlei bestimmte Handlungen unsererseits: Wir können uns ohne weiteres entscheiden, mit einem Menschen, der uns verletzt hat, nie wieder etwas zu tun zu haben. Vergebung ist eine *Geisteshaltung*, keine bestimmte Handlungsweise.

Gebet/Übung

Großer Geist, ich erwache heute mit einem reinen Herzen, geläutert durch meine feste Absicht, durch Vergebung zu wahrem Mitgefühl zu gelangen. Dies ist ein hohes Ziel, und es kann nur kraft Deiner Gnade vollkommen erreicht werden. Ich bete darum, daß diese Gnade auf mich herabströme und mein Herz rein wasche.

Verweile für ein paar Minuten im Gebet der Sammlung oder in der Shamatha-Vipassana-Meditation. Stell dir dann vor, Gott schwebe halb vor, halb über dir, und spüre, wie Sein liebendes Licht auf dich herabströmt, allen Groll hinwegspült und die Reinheit deines Herzens hervorstrahlen läßt.

Keimgedanke

Die spanische Mystikerin Teresa von Avila bediente sich des sogenannten inneren Gebets, um mit Gott in engere Beziehung zu treten. Eine der Voraussetzungen für die Durchführung dieses Gebets war, »sich untereinander zu lieben«. Wenn sie es nicht geschafft hätte, ihren Mitschwestern die kleinen Ärgernisse zu vergeben, die sich im Leben einer klösterlichen Gemeinde nun einmal nicht vermeiden lassen, wäre – wie Teresa sehr wohl wußte – ihr Herz nicht frei gewesen, mit Gott innige Zwiesprache zu halten. Statt dessen hätte sie ihre Gebetszeiten sinnlos damit zugebracht, über die »Ungerechtigkeiten« zu brüten, die ihr widerfahren sein mochten. Teresa entdeckte, daß die einfachste Möglichkeit zu vergeben darin bestand, wahre Liebe zu ihren Mitschwestern zu entwickeln, da »es kein Ärgernis gibt, das von denen, die einander lieben, nicht leicht erduldet würde«.

Gebet/Übung

Unsere Fähigkeit, alle Menschen zu lieben, nimmt dadurch zu, daß wir uns darin üben, in jedem Menschen Gott zu sehen. Wann immer du im Laufe des heutigen Tages jemandem begegnest, verneige dich im Geiste vor ihm. Dies ist auch die spirituelle Bedeutung des hinduistischen Grußes namas te *(wörtlich »Ehre sei dir«) – nämlich: »Das Licht in mir gewahrt und würdigt das Licht in dir.« Eine andere Weise, diese »Verneigung des Herzens« vorzunehmen, besteht dem Psychiater Jerry Jampolsky zufolge darin, »anstatt des Lampenschirms das* Licht *seines Gegenübers zu sehen«. Das Licht ist immer unserer Liebe würdig.*

Keimgedanke

Da der November sein Ende erreicht hat und wir unsere innere Bilanz abschließen, ist es auch an der Zeit, unsere äußeren Rechnungen zu begleichen. Dies bedeutet sowohl, all diejenigen zu entschädigen, denen wir in irgendeiner Weise Unrecht angetan haben mögen, als auch entliehene Dinge dem Eigentümer zurückzugeben und unseren finanziellen Verpflichtungen nachzukommen, so daß wir der Weihnachtszeit möglichst schuldenfrei und mit klaren Vorstellungen bezüglich unserer Finanzen entgegensehen können. Ebenso ist jetzt die Zeit gekommen, mit all denen abzurechnen, die *uns* vielleicht etwas schuldig sind. Eine solche Klärung der Verhältnisse entschärft alle möglicherweise als problematisch oder peinlich erlebten Situationen und ist oft eine Erleichterung für beide Seiten.

Gebet/Übung

Verweile für ein paar Minuten im Gebet der Sammlung oder in der Shamatha-Vipassana-Meditation. Überlege dir dann, was noch nötig sein könnte, um deine Bilanz abzuschließen. Dies könnte einige Schreibtischarbeit erfordern. Wenn du grundsätzlich Probleme damit hast, Ordnung in deine Finanzen zu bringen, ist es jetzt an der Zeit, es zu lernen. Wenn du Hilfe benötigst, scheue dich nicht, darum zu bitten – und zwar nicht nur Gott und die Engel, sondern ebenso Freunde und/oder Fachleute. Zuverlässigkeit und Eigenverantwortlichkeit in Geldangelegenheiten ist ein wichtiger Aspekt spiritueller Reife. Und vergiß nicht: Um dich auf dein Ziel zuzubewegen, brauchst du nicht mehr als einen Schritt auf einmal zu tun!

Dezember

Entfachen des inneren Lichtes

Dezember ist der Monat, in dem alle Kräfte der Natur
mit uns darin zusammenwirken,
dem Inneren Licht zur Geburt zur verhelfen.
Mittwinter hat das Land in seinen Bann geschlagen,
und die ganze Natur schläft.
Die Angehörigen des menschlichen Stammes scharen sich
um das Feuer, um die alten Geschichten zu vernehmen,
durch welche die Seele erwacht
und ihren Heimweg findet.
Im Dezember werden wir die Geschichten des Christuskindes
in ihrer allgemeingültigen Bedeutung betrachten.
Diese Geschichten sind zeitlose Erinnerungen
an das wahre Licht des Herzens:
Mitgefühl und Vergebung.
Lausche den Stimmen der Uralten,
da sie aus dem innersten Kern deines Seins rufen:

Angeführt vom Nordstern
und dem Erzengel Michael,
laden uns die großen Lichterfeste –
Wintersonnenwende, Chanukka und Weihnachten –
ein, uns zusammenzuscharen
und Zeugen zu werden der Geburt der Liebe,
die sich in jedem von uns ereignet.
Die Erde dreht sich, und ein Mantel des Friedens
legt sich unendlich sanft über das Land
und segnet alle Geschöpfe,
große wie kleine.

Keimgedanke

Wir treten in die Jahreszeit der Dunkelheit ein, in der wir am ältesten aller Wunder teilhaben werden – der Geburt des Lichts. Wir sind bereit, Zeugen der Erneuerung der Welt und der Erneuerung unserer Seele zu werden. In dieser segensreichen Zeit feierten die Alten die Wintersonnenwende als den Schwebepunkt des Jahres, an dem die Dunkelheit das Licht gebiert. Die Juden feierten das Wunder des Lichts zu Chanukka, zur Erinnerung an die Zeit, als die Öllampe des Tempels von Jerusalem während eines Krieges zu verlöschen drohte. Durch ein Wunder brannte sie acht Tage lang weiter, bis neues Öl gefunden werden konnte. Dasselbe Lichtwunder feiern die Christen mit der Geschichte von Jesu Geburt.

Gebet / Übung

Gedankt sei Dir, Großer Geist, für die samtige Dunkelheit, die heute morgen die Welt wie ein Mantel des Geheimnisses umhüllt. Demütig und reinen Herzens stelle ich mich als Gefäß für die Wiederentfachung des Göttlichen Lichts zur Verfügung. Möge ich diesen Dezember erneuert werden und das Licht der Barmherzigkeit, des Friedens und der Weisheit heller in die Welt strahlen lassen.

Verweile für ein paar Minuten im Frieden des Gebets der Sammlung, des Eis aus Licht oder der Shamatha-Vipassana-Meditation.

Keimgedanke

Jetzt, da sich das kosmische Rad immer näher dem Augenblick der Wiedergeburt zu dreht, liegt das Land in einem fast übernatürlichen Schlaf. Die Bären schlummern in ihren Höhlen und die Pflanzen schlafen auf den gefrorenen Feldern. Die Stimmen der Uralten rufen durch das kristallene Schweigen den Herzen der Menschen zu: »Mache dich auf, werde licht; denn dein Licht kommt, und die Herrlichkeit des Herrn geht auf über dir« (Jesaja 60, 1). Wirst du die innere Stimme vernehmen, die dich aufruft, diese Jahreszeit zu erwecken, oder wirst du der Unrast der äußeren Welt gestatten, dich abzulenken?

Gebet/Übung

Verweile für ein paar Minuten in der Shamatha-Vipassana-Meditation oder im Gebet der Sammlung. Mache dir bewußt, wie wichtig es ist, dir in diesem Monat – trotz des starken Sogs, den die festtägliche Geschäftigkeit unablässig auf dich ausübt – genügend Zeit für dein inneres Leben freizuhalten.

Keimgedanke

Im Dezember zieht uns die Erdenergie einwärts, während die »kulturelle Energie« uns zu Einkäufen und sonstigen Vorbereitungen auf die Feiertage hinauszieht. Allenthalben liest und hört man vom Festtagsstreß, und ich habe mir schon häufig gewünscht, jemand würde sämtliche Weihnachtsmänner endlich nach Hause schicken, damit das Christuskind leichter in unseren Herzen geboren werden könnte. Jahrelang nannten mich meine Kinder eine Meckertante. Trotzdem schaffen wir es in der Regel, Chanukka, Weihnachten und Wintersonnenwende so zu feiern, daß genügend Zeit für eine mehrwöchige innere Vorbereitung bleibt und bedeutungsvolle Rituale möglich sind, die die Festtage zu wahrhaft heiligen Tagen machen.

Gebet/Übung

Jetzt ist der Augenblick gekommen, einen Zeitplan aufzustellen, der genügend Raum läßt für Beschaulichkeit und innere Einkehr, für Einkaufen und Kochen, für Besuche und für Treffen mit Familienangehörigen und Freunden, mit denen du freudige, bedeutungsvolle Festtagsrituale vorbereiten kannst. Ohne eine sorgfältige Planung kann die Zeit der Lichterfeste zu einem einzigen dunklen wochenlangen Streß werden, zu einer Kette verpaßter Gelegenheiten zu Freude und innerer Erweckung.

Verweile für ein paar Minuten im Gebet der Sammlung oder in der Shamatha-Vipassana-Meditation. Nimm dir anschließend einen Taschenkalender vor, und arbeite einen Zeitplan für die kommenden Festtage aus.

Keimgedanke

Die Leute fragen mich oft, wie ein braves jüdisches Mädchen nur dazu gekommen ist, sich für Jesus und das Christentum zu interessieren. Ich antworte darauf immer, daß Jesus natürlich ein Rabbi war – ein jüdischer Lehrer. Wenn du aufmerksam auf seine Lehren lauschst, wirst du zu einem besseren Juden, einem besseren Moslem, einem besseren Hindu, einem besseren Buddhisten, einem besseren Christen und allgemein einem besseren Menschen – mögest du dich nun mit den spezifisch christlichen Elementen, die im Laufe der Jahrhunderte aus seiner Lebensgeschichte hervorgegangen sind, identifizieren können oder auch nicht.

Gebet/Übung

Großer Geist, ich erwache heute morgen mit einem offenen Geist und einem offenen Herzen – bereit, Deine Lehren aus jeder beliebigen Quelle zu empfangen, auf daß mir die Weisheit des Mannes Jesus zuteil werden möge, dessen Leben beispielhaft ist für die Erweckung des inneren Lichts.

Verweile für ein paar Minuten im Gebet der Sammlung oder in der Shamatha-Vipassana-Meditation. Danke dem Sohn des Friedens für deine allmähliche Erweckung. Rufe die Gegenwart Jesu an, und bitte um die innere Offenbarung des Mysteriums Christi.

Keimgedanke

Der Philosoph Martin Heidegger erklärte, der Mensch sei eine Öffnung oder Lichtung, durch die sich das Sein offenbaren kann. In *The Gospel According to Jesus* erläutert der Dichter und vergleichende Religionswissenschaftler Stephen Mitchell, wie sich das »Sein« oder Absolute durch Reinheit des Herzens offenbaren kann: »Wenn wir Gott mit dem Sonnenlicht vergleichen, können wir sagen, daß das Herz wie ein Fenster ist. Begierden, Abneigungen, Vorurteile, festgefahrene Ansichten und Überzeugungen – kurz: alle Erscheinungsformen von Selbstsucht oder Selbstabgrenzung – sind, wenn wir an ihnen hängen, wie Verschmutzungen der Fensterscheibe. Je dicker die Schmutzschicht, desto trüber das Licht. Wenn kein Schmutz an ihm haftet, ist das Fenster von Natur aus vollkommen durchsichtig und das Licht kann ungehindert hindurchscheinen.«

Gebet/Übung

Großer Geist, das ganze Jahr über habe ich daran gearbeitet, die »Fensterscheibe meines Herzens zu putzen«, alle Anhaftungen und Abneigungen, die Dein Licht verfinstern, loszulassen. Mögen alle Rückstände von Angst, Lieblosigkeit und Unwissenheit in dieser Zeit des Gewahrwerdens des inneren Lichts von Deiner Gnade hinweggewaschen werden, und möge ich von den großen Geschichten jener, die bereits erwacht sind, inspiriert werden. Mögen die Früchte meiner Gebete und Übungen der Erleuchtung aller Wesen zugute kommen.

Verweile für ein paar Minuten in der Stille und im Frieden des Gebets der Sammlung oder der Shamatha-Vipassana-Meditation.

Keimgedanke

Stephen Mitchell zitiert folgende Passage aus einem Brief Thomas Jeffersons an John Adams: »Aus dem Text des Neuen Testaments selbst geht eindeutig hervor, daß einzelne Teile daraus auf einen außergewöhnlichen Menschen zurückgehen, während andere Teile das Produkt sehr niedriger Geister sind. Diese Teile auseinanderzuhalten ist so leicht wie Diamanten aus einem Misthaufen herauszuklauben.« In *The Gospel According to Jesus* hat Mitchell versucht, die »großherzigen« Diamanten Jesu vom »bitteren, nörglerischen Ton« der von der Urkirche hinzugefügten Passagen zu sondern. Wenn man die Bibel oder jede andere heilige Schrift liest, ist Reinheit des Herzens - Güte, Vergebung, Einschließen eher als Ausschließen - ein sehr guter Prüfstein, anhand dessen die Echtheit der jeweiligen Lehre ermessen werden kann.

Gebet/Übung

Vergegenwärtige dir die Reinheit des Herzens, die sich in der folgenden Lehre offenbart. Die Geschichte ist eine Nacherzählung des Johannes-Evangeliums, Kapitel 8, Verse 3–11.

Einige Schriftgelehrten, die versuchten, Jesus in Verruf zu bringen, brachten eine Frau zu ihm, die sich des Ehebruchs schuldig gemacht hatte. Nach dem mosaischen Gesetz sollte sie gesteinigt werden. Sie fragten Jesus: »Was sagst du dazu?« Jesus bückte sich und schrieb mit dem Finger auf die Erde. Als die Priester weiter in ihn drangen, erhob er sich und sprach: »Wer unter euch ohne Sünde ist, der werfe den ersten Stein.« Dann bückte er sich wieder nieder und schrieb auf die Erde, während die Schriftgelehrten, von den Ältesten an, einer nach dem anderen weggingen. Jesus sah nun die Frau an und sagte: »Weib, wo sind sie, deine Verkläger? Hat dich niemand verdammt?« Sie antwortete: »Niemand, Herr.« Und Jesus sagte: »So verdamme ich dich auch nicht; gehe hin und sündige hinfort nicht mehr.«

Keimgedanke

Jahrtausendelang feierten die nomadischen Stämme, aus denen schließlich die Juden hervorgingen, zur Zeit der Wintersonnenwende das Gewahrwerden des inneren Lichts. Als es sich als zu schwierig erwies, dieses »heidnische« Ritual abzuschaffen, gab man der Sonnwendfeier eine neue Deutung und einen neuen Namen: Chanukka. In der christlichen Tradition wurde derselbe Brauch in das Weihnachtsfest umgewandelt, obwohl Jesus in Wirklichkeit wahrscheinlich im Frühling geboren wurde. Was die jungfräuliche Geburt anbelangt, so kennen fast alle Kulturen ähnliche Mythen und Legenden. Aber die Frage nach der historischen Wahrheit der Weihnachtsgeschichte ist unwichtig. Die Geschichte von der Geburt und dem Leben Jesu ist vielmehr ein Modell für die Erweckung des Menschen – seine Worte sind eine Anleitung zur »Reinigung des Fensters unseres Herzens«.

Gebet/Übung

Meditiere ein paar Minuten und erfreue dich dann an der Geschichte der Maria Magdalena und ihrer Schwester Martha.

Im Alter von 30 Jahren begann Jesus seine Botschaft der Liebe und Vergebung zu predigen. Eines Tages kam er zusammen mit seinen Jüngern in ein kleines Dorf, und eine Frau namens Martha nahm ihn in ihr Haus auf, damit er dort lehrte. Martha hetzte sich ab, um ihn zu bedienen, während ihre Schwester Maria zu seinen Füßen saß und wie gebannt seinen Worten lauschte. Verärgert fragte Martha Jesus schließlich, ob er es richtig finde, daß ihre selbstsüchtige Schwester sie alle Arbeit allein tun ließ. Jesus erwiderte: »Martha, Martha, du hast viel Sorge und Mühe. Eins aber ist not: Maria hat das gute Teil erwählt; das soll nicht von ihr genommen werden.« (Lukas 10, 38–42)

Während du deine Vorbereitungen für die Festtage triffst, achte darauf, ob du eher Maria oder Martha nacheiferst.

Keimgedanke

Der Winter ist die richtige Zeit, um am Feuer zu sitzen und sich Geschichten zu erzählen. Seit 2000 Jahren wird eine inspirierende vorweihnachtliche Geschichte überliefert: Sie handelt von einem Erzengel und einem jüdischen Mädchen namens Mirjam – oder Maria, wie sie im christlichen Schrifttum heißt. Sie lebt in einem kleinen Ort in Judäa, einem Dorf, wo jeder jeden kennt und alles über seine Nachbarn weiß. Die religiösen Gesetze sind überaus streng. Ehebruch (worunter auch Untreue gegen den Verlobten fällt) wird mit der Steinigung geahndet. Maria ist noch sehr jung und einem Zimmermann namens Joseph versprochen, als Gabriel an ihrer Tür erscheint und ihr eine erstaunliche und – für die damalige Zeit – verstörende Verkündigung macht.

Gebet/Übung

Stell dir vor, du seist Maria: Plötzlich steht ein strahlender Engel vor dir und sagt: »Gegrüßet seist du, Hochbegnadete! Der Herr ist mit dir! Fürchte dich nicht, Maria, du hast Gnade bei Gott gefunden. Siehe, du wirst schwanger werden und einen Sohn gebären, des Namen sollst du Jesus heißen. Der wird groß sein und ein Sohn des Höchsten genannt werden . . .« Und Maria spricht zu dem Engel: »Wie soll das zugehen, da ich doch von keinem Manne weiß?« Und der Engel antwortet ihr: »Der heilige Geist wird über dich kommen, und die Kraft des Höchsten wird dich überschatten; darum wird auch das Heilige, das von dir geboren wird, Gottes Sohn genannt werden.« (Lukas 1, 28–35)

Wenn du Maria wärst und zu ihrer Zeit lebtest, wie würdest du emotional auf den Besuch des Engels reagieren? Wie würdest du dich fühlen, wenn du Joseph die Neuigkeit beibringen müßtest?

Keimgedanke

Sechs Monate vor dieser Verkündigung war Gabriel bereits Zacharias erschienen, dem Mann Elisabeths, einer Verwandten Marias. Das ältere Ehepaar hatte keine Kinder, bis Gabriel dem Mann eröffnete, Elisabeth würde einen Sohn empfangen, der Johannes heißen sollte. Johannes, erklärte der Engel, würde zu einem Asketen und Heiligen heranwachsen und bis zur Erscheinung des Gottessohnes, zu dessen Wegbereiter er bestimmt sei, in der Wüste leben. Kurz nachdem Maria erfahren hatte, daß sie die Mutter Jesu werden würde, stattete sie ihrer älteren Verwandten Elisabeth einen Besuch ab. Als Elisabeth Maria sah, wurde sie »des heiligen Geistes voll«. Ihr ungeborenes Kind hüpfte vor Freude in ihrem Leib, und sie begrüßte Maria als »die Mutter meines Herrn«. Marias Entgegnung, das sogenannte »Magnifikat« (Lukas 1, 48–55), gehört zu meinen liebsten Passagen aus dem Neuen Testament.

Gebet/Übung

Atme ein paarmal loslassend durch; lasse dich langsam in das »Allerheiligste« gleiten, den Ort der inneren Stille. Überlege, was es bedeuten mag, »des heiligen Geistes voll« zu sein. Bedenke dann Marias Reaktion auf Elisabeths Entzücken: »Meine Seele erhebt den Herrn, und mein Geist freuet sich Gottes, meines Heilandes; denn er hat die Niedrigkeit seiner Magd angesehen. Siehe, von nun an werden mich selig preisen alle Kindeskinder . . .«

Betrachte jede Geschichte, die du hörst, als einen Traum und als eine Offenbarung deines Höheren Selbst. Stelle dir vor, jede darin vorkommende Person sei ein Teil von dir: Maria, Elisabeth, der vor Freude in ihrem Leib hüpfende Johannes und Jesus, der erst dabei ist, sich allmählich zu einem Menschen heranzubilden. Wie kannst du die Geschichte dann verstehen?

Keimgedanke

Johannes der Täufer war ein Essener, ein Angehöriger einer kleinen jüdischen Sekte, die Gott durch Meditation und ein asketisches Leben in der Einsamkeit suchte. Manche Gelehrte vertreten die Auffassung, die Lehren Jesu seien vom Glauben der Essener beeinflußt, unter denen er eine Zeitlang gelebt haben soll. Im Jahr 1948 entdeckte ein Schafhirte in Qumran die sogenannten »Schriftrollen vom Toten Meer«. Sie enthielten die Lehren der Essener – eine Art nachjüdischer, vorchristlicher Bewußtseinsmystik, die als *Gnosis* oder Gnostik bezeichnet wird. Kurze Zeit zuvor waren in der Nähe des ägyptischen Wüstenortes Nag Hammadi schon andere gnostische Texte zutage gefördert worden. Christliche Mönche hatten sie vergraben, um sie vor der Vernichtung durch die römische Kirche zu bewahren, da diese sie als ketzerisch ansah. Die Nag-Hammadi-Schriften enthalten viele Evangelien, die nicht in das Neue Testament aufgenommen wurden. Wenn wir apokryphe Schriften wie diese lesen, ist der beste Maßstab für ihre Echtheit als »Worte Gottes« die Reinheit des Herzens, die sie ausdrücken.

Gebet/Übung

Atme ein paarmal tief durch und lasse dann die folgende Lehre Jesu auf dich wirken. Sie ist im »Evangelium nach Philippos« enthalten, einem der in Nag Hammadi entdeckten Texte: »Das Licht und die Finsternis, Leben und Tod, rechts und links, das sind untereinander Brüder. Sie können sich nicht voneinander trennen. Es sind also weder die Guten gut noch die Bösen böse, noch ist das Leben ein Leben noch der Tod ein Tod. Jeder einzelne wird sich deshalb zu seinem ersten Anfang auflösen. Die aber über die Welt groß sind, sind unauflöslich, sind ewig« (Philippos 10).

Keimgedanke

Das Evangelium nach Philippos und die anderen gnostischen Texte enthalten viele Geschichten, die uns bereits aus dem Alten und Neuen Testament bekannt sind, hier aber eine entschieden psychologische Tendenz aufweisen. C.G. Jung fing an, sich eingehend mit dem gnostischen Schrifttum zu befassen, als eine Serie von Träumen, die er in *Erinnerungen, Träume, Gedanken von C. G. Jung* erörtert, synchronistisch auf einige ihrer Lehren sowie auf ihre Beziehung zum Wachstum der Seele verwies. Jung hatte die Theorie aufgestellt, im Unbewußten jeder Frau gebe es ein männliches Prinzip und in dem jedes Mannes ein weibliches Prinzip. In der Sprache der Seele ausgedrückt, vereinigen sich diese zwei Teile unserer selbst im Brautgemach des Herzens, und wenn die zwei wie eins geworden sind, werden sie transzendiert und führen uns in unseren ursprünglichen Zustand der Ganzheit oder Einheit mit Gott zurück.

Gebet/Übung

Verweile für ein paar Minuten im Gebet der Sammlung, der Shamatha-Vipassana-Meditation oder dem Ei aus Licht. Jetzt betrachte diese zwei Stellen aus dem Evangelium nach Philippos aus der Sicht der eben besprochenen Lehre:

Als Eva noch in Adam war, da gab es keinen Tod. Da sie sich von ihm trennte, kam der Tod. Wenn er sich mit ihr wieder vereinigt und ihn (den Tod) zu sich nimmt, wird kein Tod mehr sein ...

Wenn sich die Frau nicht vom Manne getrennt hätte, so würde sie nicht wie der Mann sterben. Die Trennung wurde der Anfang des Todes. Deshalb kam Christus, um die Trennung von Anfang an wieder zu nehmen und sie beide zu vereinigen ...

– Philippos 71, 78

Keimgedanke

In jedem Menschen gibt es ein Christus-Prinzip, das sich danach sehnt, die Aufspaltung in gut und böse, oben und unten, männlich und weiblich, die die Welt der Erscheinungen ausmacht, zu überwinden. Dieses Christus-Prinzip ist ungeboren und unsterblich und jederzeit makellos rein, ungeachtet dessen, was wir im einzelnen erlebt und erfahren haben mögen. Es ist nie von der Ganzheit Gottes getrennt gewesen. Dieses Höhere Selbst hat uns nie aufgegeben, hat nie in seinen Bemühungen nachgelassen, uns in das Brautgemach zu führen, in dem alle Gegensätze ausgesöhnt werden. Die Geburt des Lichts, die die Ankunft Jesu in unserem Leben symbolisiert, ist das Gewahrwerden dieses Höheren Selbst, das uns zum Einssein mit Gott führen wird. Jesus ist die äußere Personifizierung des inneren Lehrers.

Gebet/Übung

Lasse den folgenden kurzen Auszug aus einem Lied auf dich wirken, das Jesus nach der gnostischen »Apokryphen Johannesgeschichte« beim letzten Abendmahl seinen Jüngern vorgesungen haben soll. (Nach der Version der Apokryphen Johannesgeschichte, die sich in Stephen Hoellers Jung and the Lost Gospels *findet):*

Ich will gerettet werden, und ich will retten. Amen.
Ich will verletzt werden, und ich will verletzen. Amen.
Ich will verstehen, und ich will verstanden werden. Amen.
Ich will vereinigt werden, und ich will vereinigen. Amen.
Ich bin eine Lampe dir, der du mich siehst. Amen.
Ich bin ein Spiegel dir, der du mich verstehst. Amen.
Ich bin eine Tür dir, der du bei mir anklopfest. Amen.
Sieh dich selbst in mir, der da spricht.

Keimgedanke

Ich erinnere mich, wie ich vor ungefähr 20 Jahren am Weihnachtsgottesdienst teilnahm. Der Priester sagte, es sei nie »der Sinn der Sache« gewesen, daß wir Christus verehren – wir sollten vielmehr Christus *werden*. Christus zu werden sei in sich der höchste Akt der Verehrung, den ein Mensch überhaupt nur anstreben könne. Jesus erklärte seinen Jüngern: »Wenn ihr Glauben habt wie ein Senfkorn und sagt zu diesem Maulbeerbaum: Reiß dich aus und versetze dich ins Meer! so wird er euch gehorsam sein« (Lukas 17, 6). Alle Macht Christi wartet nur darauf, in uns zur Geburt zu gelangen.

Gebet/Übung

Lasse die Geschichte von Jesu Geburt auf dich wirken:

Jesus wurde in Bethlehem zur Zeit des Königs Herodes geboren. Kurz nach seiner Geburt kamen drei Weise aus dem Morgenland nach Jerusalem und erkundigten sich nach einem heiligen Kind – dem »König der Juden« –, dessen Geburt von himmlischen Wunderzeichen angekündigt worden sei. Herodes fürchtete um seinen Thron und bat die Weisen, das Kind zu suchen und ihm dann mitzuteilen, wo es zu finden sei, damit auch er es anbeten könne. Der Stern, dem sie bis nach Jerusalem gefolgt waren, führte sie weiter nach Bethlehem. Da sie erkannten, daß der Welt ein Großes Licht geboren worden war, fielen die drei Weisen auf die Knie und brachten dem Kind Weihrauch, Myrrhe und Gold dar. Kurz darauf befahl ihnen Gott im Traum, den Hof des hinterlistigen Herodes zu meiden und einen anderen Weg zurück in ihre Heimat einzuschlagen. (Nach Matthäus 2.)

Wenn diese Geschichte dein Traum wäre, und alle Personen einschließlich des Christuskindes Teile deiner selbst wären, was könnte er für deine Erweckung bedeuten?

Keimgedanke

Selbst das Christuskind mußte heranwachsen und mit der Weisheit, die bereits in ihm gegenwärtig war, in Verbindung treten, ehe es Wasser in Wein verwandeln, durch Handauflegen heilen und die Toten wieder zum Leben – zu ihrer eigenen wahren Natur – erwecken konnte. Im Falle Jesu dauerte dieser Prozeß der »Aneignung der eigenen Macht« 30 Jahre. Dabei war es – wie bei jedem von uns – erforderlich, daß sich die göttliche Gnade über ihn ausgoß, den Schleier aufriß, der sein Herz verhüllte, und ihm, Jesus, ermöglichte, endlich in sein wahres Wesen zu treten und seine Macht und Sendung anzunehmen.

Gebet/Übung

Atme ein paarmal loslassend durch; lasse dich langsam in die innere Stille gleiten. Setzen wir nun unsere Wintergeschichte fort:

Als Jesus 30 Jahre alt war, erfuhr er von einem großen Prediger, genannt Johannes der Täufer, der den heiligen Geist herabrufen und den inneren Gottesfunken entfachen konnte, indem er die Seele rituell mit Wasser rein wusch. Also begab sich Jesus zu diesem wilden, mächtigen Essener, um sich taufen zu lassen. Johannes erkannte Jesus sofort, und obwohl er einwandte, er *sei es, der eigentlich von Jesus getauft werden sollte, tauchte er seinen Meister gehorsam ins Wasser – und siehe, da stieg ein Licht vom Himmel herab und eine weiße Taube erschien über dem Kopf Jesu. Die anwesende Menschenmenge verstummte, und eine Stimme sprach vom Himmel herab: »Dies ist mein lieber Sohn, an welchem ich Wohlgefallen habe.«*

Betrachte diese Geschichte, als sei sie ein Traum und als wären alle darin auftretenden Personen – einschließlich Gottes Stimme – Teile von dir.

Keimgedanke

Im weiteren Verlauf seiner Geschichte muß sich Jesus – wie jeder von uns – der unsichtbaren inneren Finsternis stellen und sie überwinden, um sich das Licht vollkommen aneignen zu können. Alle Mystiker berichten von ihrer »dunklen Nacht der Seele« und der leidvollen Austreibung innerer Dämonen. Die dunkle Nacht ist ein »Ausglühen« oder, wie Stephen Mitchell es ausdrückt, ein »Ausscheuern der Seele mit Stahlwolle«. Sie ist eine Konfrontation mit dem Schatten oder, in der Bildersprache des Unbewußten ausgedrückt, eine Begegnung mit dem Teufel.

Gebet/Übung

Bedenke die folgende Geschichte, die ich frei nach der im 4. Kapitel des Matthäus-Evangeliums enthaltenen Schilderung wiedergebe:

Kurz nach seiner Taufe wurde Jesus in die Wildnis geführt, wo er vom Teufel versucht wurde. Er fastete für 40 Tage und 40 Nächte und ließ sein ganzes bisheriges Leben hinter sich zurück. Da trat der Versucher an ihn heran und sprach: »Bist du Gottes Sohn, so sprich, daß diese Steine Brot werden.« Jesus erwiderte: »Der Mensch lebt nicht vom Brot allein, sondern von einem jeglichen Wort, das durch den Mund Gottes geht.« Darauf führte ihn der Teufel mit sich auf die Zinne des Tempels von Jerusalem und forderte ihn auf, ins Leere zu springen, da ihn, wenn er wirklich Gottes Sohn sei, die Engel auffangen würden. Abermals widerstand Jesus der Versuchung, Macht auszuüben. Zuletzt führte ihn der Teufel auf einen hohen Berg, zeigte ihm alle Reiche der Welt und sagte: »Das alles will ich dir geben, so du niederfällst und mich anbetest.« Und wiederum lehnte Jesus ab.

Wenn das ein Traum wäre und sowohl Jesus als auch der Teufel Teile von dir wären, wie könntest du alles zu deiner eigenen Lebensgeschichte in Beziehung setzen?

Keimgedanke

Wenn wir durch eine »dunkle Nacht der Seele« wandern, sind wir wahrhaft durch das Westliche Tor, durch die Pforte des Todes, hinabgestiegen. Wenn wir imstande sind, uns unserer Schicksalsreise hinzugeben und die Lehren der Unterwelt anzunehmen, ist uns die Auferstehung oder Wiedergeburt sicher.

Gebet/Übung

Bedenke die folgende Geschichte, die ich nach dem im 11. Kapitel des Johannes-Evangeliums enthaltenen Bericht nacherzähle:

Maria Magdalena und ihre Schwester Martha hatten einen Bruder namens Lazarus. Er wurde schwer krank, und die Schwestern schickten nach Jesus, der mittlerweile in ganz Judäa den Ruf eines großen Heilers genoß. Jesus antwortete den Boten: »Diese Krankheit ist nicht zum Tode, sondern zur Verherrlichung Gottes, daß der Sohn Gottes dadurch verherrlicht werde.« Einige Tage später erklärte er jedoch seinen Jüngern: »Lazarus, unser Freund, schläft; aber ich gehe hin, daß ich ihn aufwecke.« Da zog Jesus los und fand Lazarus schon vier Tage im Grabe liegen. Jesus sprach: »Ich bin die Auferstehung und das Leben. Wer an mich glaubt, der wird leben, ob er gleich stürbe; und wer da lebet und glaubet an mich, der wird nimmermehr sterben. Glaubst du das?« Dann rief er mit lauter Stimme: »Lazarus, komm heraus!« Und der Tote kam heraus.

Wenn dies ein Traum wäre, und alle Personen wären Teile von dir, was würde das berühmte Jesuswort »Ich bin die Auferstehung und das Leben« für dich bedeuten?

Keimgedanke

Ein Ich-Tod ist eine Krise unvorstellbaren Ausmaßes. Nachdem wir dem, was wir waren, gestorben sind, tritt eine Übergangszeit ein, die erst verstreichen muß, bevor wir zu dem erwachen können, was wir geworden sind. Diese Phase ist ein Niemandsland, eine Zeit, während der wir »weder hier noch da« sind. Die Juden wanderten 40 Jahre lang durch die Wildnis, nachdem sie der ägyptischen Sklaverei entronnen waren. Lazarus lag vier Tage lang im Grab. Persephone schmachtete sechs Monate lang in der Unterwelt. Die Raupe liegt monatelang in scheinbarer Todesstarre, während sich in der lautlosen Dunkelheit des Kokons das Wunder der Metamorphose vollzieht. Diese Zeit der Umwandlung verlangt von uns gläubiges Vertrauen. Der große Mystiker Meister Eckhart faßte diese notwendige seelische Einstellung mit den Worten zusammen, wir seien niemals dem Lichte näher als zur Zeit der Finsternis.

Gebet/Übung

Atme ein paarmal tief durch; lasse dich langsam, geduldig in die innere Stille gleiten. Erwäge den Gedanken, daß der wichtigste Teil der Weihnachtsgeschichte – Josephs Geschichte – vom Glauben handelt, der uns durch unsere dunklen Nächte hindurchhilft. In The Gospel According to Jesus *weist Stephen Mitchell darauf hin, daß Marias Schwangerschaft eine schwere Glaubensprüfung für Joseph bedeutet. Seine Aufarbeitung des Zweifels, des Schmerzes und der Beschämung, die ihm ihre Schwangerschaft bereiten, und die ihm zuletzt gelingende Vergebung stellen »eine Auflösung, eine Umformung, eine Neuschöpfung des männlichen Mythos von Adam und Eva« dar, »eines Mythos, nach dem die Schlange Eva verführt und der Mann ihr (der Frau) für alle Zeiten die Schuld an seiner Vertreibung aus dem Paradies gibt. (Tatsächlich wird Adam erst in dem Augenblick vertrieben, als er ihr* die Schuld gibt.*)«*

Keimgedanke

Jede spirituelle Tradition betont die Notwendigkeit, wiedergeboren zu werden. Die Wiedergeburt ist ein Wunder, durch welches wir erkennen, daß Frieden und Sicherheit nicht das Ergebnis von Schuldzuweisung und Selbstgerechtigkeit sind, sondern die Folge der Vergebung. Dies ist das Weihnachtswunder, das die Geburt Jesu symbolisiert. In der Vergebung erreichen wir das Gelobte Land. In der Vergebung gewinnen wir das Paradies zurück.

Gebet/Übung

Bedenke die folgende Geschichte, die ich nach Lukas (7, 36–50) nacherzähle:

Jesus war von einem einflußreichen Priester zum Essen eingeladen worden. Maria Magdalena, die eine Prostituierte gewesen war, hörte, ihr Meister sei in der Stadt, und eilte herbei, um ihn zu sehen. Ihr Herz war so voller Dankbarkeit, daß sie sich am Tisch neben Jesus hinkniete und seine Füße mit Tränen wusch. Dann trocknete sie sie mit ihrem Haar und salbte sie mit einer kostbaren Salbe. Dieser Akt der Demut veranlaßte den Priester zur selbstgerechten und sarkastischen Frage, was dieser Mann denn für ein zweitklassiger Prophet sei, daß er nicht einmal wisse, wer ihn gerade berühre – eine Hure! Jesus antwortete ihm mit einem Gleichnis: »Es hatte ein Gläubiger zwei Schuldner. Einer war schuldig fünfhundert Silbergroschen, der andere fünfzig. Da sie aber nicht hatten, zu bezahlen, schenkte er's beiden. Sage an, welcher unter denen wird ihn am meisten lieben?« Darauf erwiderte der Priester: »Ich dachte, dem er am meisten geschenkt hat.«

Wenn dies dein Traum wäre und alle Personen wären Teile deiner selbst, was könntest du daraus für dein Leben lernen?

Keimgedanke

Maria Magdalena ist eine der wichtigsten Gestalten des Neuen Testaments. Nachdem Jesus in der gestern angefangenen Geschichte sein Gleichnis erzählt hat, spricht er zum selbstgerechten Priester weiter: »Siehst du dies Weib? Ich bin gekommen in dein Haus; du hast mir nicht Wasser gegeben für meine Füße; diese aber hat meine Füße mit Tränen genetzt und mit den Haaren ihres Hauptes getrocknet. Du hast mir keinen Kuß gegeben; diese aber, nachdem ich hereingekommen bin, hat nicht abgelassen, meine Füße zu küssen. Du hast mein Haupt nicht mit Öl gesalbt; sie aber hat meine Füße mit Salbe gesalbt. Derhalben sage ich dir: Ihr sind viele Sünden vergeben, darum hat sie mir viel Liebe erzeigt; wem aber wenig vergeben wird, der liebt wenig.« Und er sprach zu ihr: »Dir sind deine Sünden vergeben ... Dein Glaube hat dir geholfen; gehe hin in Frieden!«

Gebet/Übung

Großer Geist, da ich heute erwache, bin ich voll Liebe und Dankbarkeit für Deine Vergebung. Ich begreife, daß die Sünde – das Gefühl, von Dir getrennt zu sein – in sich den wahren Weg zurück zum Einssein mit Dir darstellt. Möge die Vergebung, die in Dir ist, auch in mir erwachen, auf daß ich das Herz des Weihnachtsmysteriums in mir fassen möge.

Verweile für ein Paar Minuten im tiefen Frieden des Gebets der Sammlung. Wenn die Geschichte der Maria Magdalena dein Traum wäre und alle Personen wären Teile deiner selbst, was könntest du daraus für dein Leben lernen?

Keimgedanke

Einer der Texte aus Nag Hammadi ist das »Evangelium nach Maria (Magdalena)«. Es datiert aus dem 2. Jahrhundert, und die zwei Fassungen (eine griechische und eine koptische), in der es überliefert wurde, sind beide unvollständig. Man schätzt, daß insgesamt nur 8 von 18 Seiten erhalten sind. Einen Teil des Verlorengegangenen machten leider gerade die Lehren aus, die Maria von Jesus nach dessen Tod in einer Vision empfing. Petrus, den die anderen Apostel als einen Hitzkopf bezeichneten, glaubte anfangs nicht an die Echtheit von Marias Vision. Darauf tadelte ihn Levi, einer der Jünger, und fragte ihn: Da Jesus Maria mehr als uns alle geliebt hat, warum sollte er sie nicht auch mit besonderer Erkenntnis gesegnet haben?

Gebet/Übung

Verweile für ein paar Minuten im Gebet der Sammlung oder in der Shamatha-Vipassana-Meditation. Bedenke die folgenden Worte Jesu aus dem Evangelium nach Maria Magdalena: »Friede mit euch! Müht euch um meinen Frieden. Hütet euch, daß niemand euch abirren lasse mit den Worten: Seht hier! oder: Seht da!, denn der Sohn des Menschen ist inwendig in euch. Ihm sollt ihr nachgehen! Wer ihn sucht, wird ihn finden. Geht also und predigt das Evangelium der Herrschaft (Gottes)! Ich habe euch kein anderes Gebot gegeben, nur das, worin ich euch unterwiesen habe. Und ich habe euch kein Gesetz gegeben, wie Gesetzesstifter tun. Ihr sollt nicht durch das Gesetz gebunden werden.«

Keimgedanke

Friede sei mit dir. Der dunkelste Tag des Jahres ist angebrochen und das Große Medizinrad hat sich vom Westen zum Norden gedreht. Wir sind zu den tiefsten Schichten archetypischer Weisheit hinabgestiegen, und an diesem Tag kommt unsere Talfahrt zum Stillstand. Das Schweigen des Winters liegt über dem Land, und selbst die Gewässer sind reglos und erstarrt. Ihre eisige Klarheit spiegelt die Reinheit des Herzens wider, die wir in dieser Zeit des Jahres einfordern. Ihre makellose Oberfläche spiegelt unsere Einsicht und Erkenntnis wider. Der Norden ist der Pol der Weisheit und das Reich des Erzengels Michael.

Gebet/Übung

Mache heute wenn möglich einen achtsamen Spaziergang. Spüre die Energie des Nordens und die tiefe Ruhe der Natur. Während du gehst, vereinige Himmel und Erde in deinem Atem. Atme das Leben der Erdmutter durch deine Fußsohlen ein. Atme den Segen von Vater Sonne durch deinen Scheitel ein. Lasse die zwei Ströme sich in deinem Herzen vermischen und atme einen Segen für alle Geschöpfe Gottes aus: »Möge Friede auf Erden sein und allen Wesen ein Wohlgefallen.«

22. Dezember: Wiedergeburt des Lichts

Keimgedanke

Die Zeit ist gekommen, zu feiern, denn das Licht ist wiedergeboren! Tief in ihren Höhlen spüren die Tiere, wie die Lebenskraft erwacht. Die Samen beginnen sich im Schoß von Mutter Erde zu regen, und wir wissen, daß der Kreislauf des Lebens für ein weiteres Jahr fortdauern wird. Erfreue dich, denn heute überwiegt die Zeit des Lichts zum erstenmal wieder die Zeit des Dunkels. Erfreue dich, denn heute ist das Christus-Prinzip in dir geboren!

Gebet/Übung

Heiße heute das Göttliche Licht willkommen. Atme ein paarmal loslassend durch; entspanne dich in die innere Stille. Stelle dir vor, halb vor, halb über dir schwebe Jesus, Maria, der Buddha, ein Großes Licht oder ein anderes Symbol des Göttlichen, zu dem du dich besonders hingezogen fühlst. Danke für die Wiedergeburt des Lichts, die sich in dir selbst und in der Welt ereignet. Stell dir jetzt vor, ein lebendiges Licht strahlt vom göttlichen Bild aus, ergießt sich über dir und dringt durch deinen Scheitel ein. Erlaube dem Licht, alle deine Körperzellen zu durchfluten, sie aus ihrem uralten Schlaf zu erwecken und alle Dunkelheit hinwegzuwaschen, die die Sonne in deinem Herzen verfinstert. Siehe dein Herzlicht, das innere Christus-Prinzip, wie der Stern von Bethlehem strahlen. Erlaube ihm, heller und heller zu werden, sich mit dem Licht Gottes zu vereinigen und dich mit einem glühenden Ei aus Licht zu umgeben. Sende das Licht mit dem Metta-Segen in die Welt hinaus:

Möge Frieden auf Erden sein, mögen die Herzen aller Wesen offen sein, mögen alle in der Vergebung wiedergeboren werden, möge die ganze Schöpfung die Herrlichkeit Gottes widerspiegeln.

Keimgedanke

Jesus kam aus der »Wurzel Jesses«, dem Hause David. David selbst war ein Beispiel dafür, wie der Mensch durch Reue und Vergebung zur Wiedergeburt gelangt. Bezaubert von der schönen Bathseba, sorgte er dafür, daß deren Mann getötet wurde. Jahrelang kämpfte David mit seinen Schuldgefühlen, die durch den Tod des Sohnes, den Bathseba ihm geboren hatte, noch verschlimmert wurden. Indem er sich seiner Sünde – das hebräische Wort dafür bedeutet eigentlich »Verfehlen (des Ziels)« – stellte, gelangte David zur entsühnenden Einung: Er verstand das Wesen der Vergebung. Aus seiner schmerzlich erworbenen Weisheit gingen die Psalmen hervor. Wie auch im Falle der Aussprüche Jesu klingen manche von ihnen wahr wegen der Reinheit des Herzens, die aus ihnen spricht. Andere sind eindeutig das Werk »niederer Geister«.

Gebet/Übung

Lasse den folgenden Text (Verse 7–10) aus dem 139. Psalm Davids auf dich wirken. Diese schönen Verse sind ein echter Gesang des Höheren Selbst, des inneren Lichts. Die letzten sechs Verse des Psalms sind mit Sicherheit der Zusatz eines äußerst unglücklichen, egozentrischen kleinen Ichs!

Wohin soll ich gehen vor Deinem Geist,
  und wohin soll ich fliehen vor Deinem Angesicht?
Führe ich gen Himmel, so bist Du da;
  bettete ich mich bei den Toten, siehe,
  so bist Du auch da.
Nähme ich die Flügel der Morgenröte
  und bliebe am äußersten Meer,
so würde auch dort Deine Hand mich führen
  und Deine Rechte mich halten.

Keimgedanke

Mit dem Heraufdämmern des Lichts geht eine neue Phase der Reifung unserer gläubigen Zuversicht einher. Die zunehmende Fähigkeit, die furchtsamen Botschaften des kleinen Ichs von den liebevollen Mit-Teilungen des Selbst zu unterscheiden, erlaubt uns, den Weg Jesu zu wandeln, den Weg der Buddhas und der Großen Meister, die auf die Erde kamen, um uns zu erwecken und uns zum Herzen der Weisheit zurückzuführen. Die Zwillingsflammen der Weisheit und des Vertrauens fahren fort, alles hinwegzubrennen, was unser Gewahrsein der Gegenwart der Liebe verfinstert, bis wir schließlich in der Gewißheit zur Ruhe gelangen, daß wir – mit welchen Schwierigkeiten wir gerade auch zu kämpfen haben mögen – immer umsorgt, immer geliebt, immer mit Wohlgefallen angesehen werden.

Gebet/Übung

Atme ein paarmal loslassend durch und versenke dich langsam, geduldig in die innere Stille. Gewahre die gläubige Zuversicht, die sich in Psalm 23 äußert:

Der Herr ist mein Hirte,
  mir wird nichts mangeln.
Er weidet mich auf einer grünen Aue
  und führet mich zum frischen Wasser.
Er erquicket meine Seele.
  Er führet mich auf der rechten Straße
  um seines Namens willen.
Und ob ich schon wanderte im finstern Tal,
  fürchte ich kein Unglück;

denn du bist bei mir,
    dein Stab und Stecken trösten mich.
Du bereitest vor mir einen Tisch
    im Angesicht meiner Feinde.
Du salbest mein Haupt mit Öl
    und schenkest mir voll ein.
Gutes und Barmherzigkeit werden mir folgen mein Leben
    lang,
und ich werde bleiben im Hause des Herrn immerdar.

25. Dezember: Weihnachten

Keimgedanke

Ihr seid das Licht der Welt. Es kann die Stadt, die auf einem Berge liegt, nicht verborgen sein. Man zündet auch nicht ein Licht an und setzt es unter einen Scheffel, sondern auf einen Leuchter; so leuchtet es allen, die im Hause sind. So soll euer Licht leuchten vor den Leuten, daß sie eure guten Werke sehen und euren Vater im Himmel preisen.

– Bergpredigt (Matthäus 5, 14–16)

Gebet/Übung

Heute ist ein Tag, um dein Licht leuchten zu lassen im wahren Geist der Barmherzigkeit und Vergebung, der die zentrale Lehre aller Religionen darstellt. Führe eine Metta-Meditation durch (Februar 11–15).

Und Friede sei mit dir.

Keimgedanke

Auch wenn das Licht aufgrund unserer diesjährigen Bemühungen um mehr Mitgefühl, Toleranz, Demut, Humor und Güte strahlender in unseren Herzen wiedergeboren wurde, steht uns weiteres Wachstum bevor. Weitere Schwierigkeiten werden auftreten und uns durch die nächste Spiralwindung des Erwachens führen. Erinnere dich im kommenden Jahr an die buddhistische Übung, die »Hindernisse zum Weg machen« genannt wird. Wenn wir alle unsere Probleme, alle unsere Ängste, alle unsere Enttäuschungen als Ansporn betrachten, stell dir nur vor, wieviel »Treibstoff« uns für die kosmische Reise zur Verfügung steht!

Gebet/Übung

Verweile für ein paar Minuten im Gebet der Sammlung oder in der Shamatha-Vipassana-Meditation. Vielleicht möchtest du dir das folgende tibetisch-buddhistische Gebet einprägen:

Gib, daß mir angemessene Schwierigkeiten und Leiden auf dieser Reise zuteil werden, auf daß mein Herz wahrhaft erweckt und mein Streben nach Befreiung und allumfassendem Mitgefühl wahrhaft erfüllt werden möge.

Keimgedanke

Es heißt, die spirituelle Reise sei wie eine Wanderung auf Messers Schneide. Wir balancieren entlang dieses schmalen Grates zwischen den Gegensätzen, die unsere relative Welt der Erscheinungen ausmachen. Die Notwendigkeit, auf unsere nachwachsenden »Ecken und Kanten« zu achten, so daß wir sie als Treibstoff für die Reise benutzen und zugleich unsere Unzulänglichkeiten mit einer gütig vergebenden Haltung betrachten können, ist eine von vielen Erscheinungsformen dieser Gratwanderung.

Gebet/Übung

Verweile für ein paar Minuten im Frieden des Gebets der Sammlung oder der Shamatha-Vipassana-Meditation. Lasse die folgenden Worte von Peace Pilgrim auf dich wirken, einer Frau, die 17mal von einem zum anderen Ende der USA wanderte: ohne Geld, ohne Gepäck, ohne jeden Besitz – nur mit einer Botschaft des Friedens und der Vergebung. Sie sagte:

Jede gute Tat,
jedes gute Wort,
jeder gute Gedanke,
schwingt weiter und weiter und hört
nimmer auf. Das Böse besteht nur so lange,
bis es vom Guten überwunden wird,
aber das Gute bleibt ewig bestehen.

Keimgedanke

Ein Kurs in Wundern ist eine lebendige Bestätigung der Worte Jesu und aller Großen Meister. Dieser »Kurs« verdichtet deren zentrale Lehren zu einem einfachen Gedanken: Mache die Vergebung zum obersten Grundsatz deines Handelns, und der Seelenfrieden wird sich von selbst einstellen. Eine andere Betrachtungsweise desselben Prinzips wäre, den Seelenfrieden zu deinem obersten Ziel zu machen: Dann merkst du ganz von selbst, daß die Vergebung der vernünftigste Weg dahin ist!

Gebet/Übung

Verweile für ein paar Minuten im Frieden des Gebets der Sammlung oder der Shamatha-Vipassana-Meditation. Jetzt lasse dieses herrliche Gebet des heiligen Franziskus auf dich wirken:

Herr, mache mich zu einem Werkzeug deines Friedens.
Wo Haß ist, dort lasse mich Liebe säen.
Wo Verletzung ist, Vergebung.
Wo Zweifel ist, Glauben.
Wo Verzweiflung ist, Hoffnung.
Wo Dunkelheit ist, Licht.
Und wo Traurigkeit ist, Freude.
O göttlicher Herrscher, gib,
daß ich nicht so sehr danach strebe,
getröstet zu werden, sondern zu trösten,
verstanden zu werden, sondern zu verstehen,
geliebt zu werden, sondern zu lieben:
Denn dadurch, daß wir geben, empfangen wir,
dadurch, daß wir vergeben, erlangen wir Vergebung,
und dadurch, daß wir sterben,
werden wir ins ewige Leben geboren.

Keimgedanke

Ich räumte gerade die Küche auf. Es war um die Weihnachtszeit, und die Arbeit an diesem Buch neigte sich allmählich ihrem Ende zu. Mein Sohn Justin, damals Mitte 20, schaute bei mir herein. Ich fing an, mich darüber zu verbreiten, wieviel besser es doch sei, alles aus frischen Zutaten zuzubereiten, da das Essen auf diese Weise nahrhafter, wohlschmeckender und viel billiger sei. Um so gewissenhaft kochen zu können, erklärte ich ihm weiter, sei eine gewissenhafte »Kühlschrankverwaltung« notwendig. Namentlich Reste seien wertvolle Rohstoffe, die stets aufgebraucht werden sollten und nie weggeworfen werden dürften. Kampf der Vergeudung! Justins Reaktion auf meinen Vortrag: »Hast du schon deinen Heiligenschein beantragt, Mama?«

Ein Mönch wurde einmal gefragt, was sie da oben im Kloster täten. Er erwiderte: »Wir fallen und stehen auf, fallen und stehen auf, fallen und stehen wieder auf.« Es ist sehr empfehlenswert, sich nicht allzu ernst zu nehmen.

Gebet/Übung

Mache heute nach Möglichkeit einen achtsamen Spaziergang. Tue nichts, übe dich, wie Thich Nhât Hanh sagt, einfach darin, »Frieden zu sein«. *Bemühe dich in deinen Beziehungen um die gleiche Haltung. Wenn dich ein plötzlicher Anfall von »Predigerkrankheit« überkommt, ziehe deinen Antrag auf Erteilung eines Heiligenscheins zurück, und widerstehe dem Drang, Vorträge zu halten.*

Keimgedanke

Aus den tiefsten Tiefen meines Herzens,
jenseits der Weisheiten dieser Welt,
ruft eine stille, leise Stimme
und singt ein Lied,
wandellos seit Anbeginn der Welt.
Sprich zu mir aus Abendrot und Sternenlicht,
Sprich zu mir aus den Augen eines Kindes,
Du, Der mich aus einem Lächeln ruft,
Mein kosmischer Geliebter,
Sag mir, wer ich bin
Und wer ich immer sein werde.
Hilf, mich zu erinnern.

– J. B.

Gebet/Übung

Großes Mysterium, da ich heute morgen erwache, erfüllt mich tiefe Dankbarkeit für das Geschenk des Lebens. Möge die Erneuerung des Glaubens, die diese Zeit des Jahres mit sich bringt, der Boden sein, aus dem vollkommener Frieden wachsen wird. Möge sich dieser Frieden als ein Segen auf alle Wesen ausdehnen. Und möge das Licht meines Herzens aus meinen Augen strahlen und die Welt mit Wundern übergießen. Möge ich in diesem Augenblick gegenwärtig sein und ebenso in jedem Augenblick, auf daß ich mich erinnern möge, wer ich wirklich bin, und dieser Welt mit der Güte und der Freundlichkeit Deines Geistes begegne.

Verweile für ein paar Minuten im Frieden des Gebets der Sammlung. Führe dir die Gaben dieses vergangenen Jahres und dieser heiligen Festtage zu Bewußtsein.

Keimgedanke

Da die Zeit der Lichterfeste sich ihrem Ende zuneigt, möge dir dieser alte gälische Segen den Weg ins neue Jahr erhellen:

Tiefer Frieden der rollenden Welle dir.
Tiefer Frieden der fließenden Luft dir.
Tiefer Frieden der stillen Erde dir.
Tiefer Frieden der funkelnden Sterne dir.
Tiefer Frieden der wachenden Hirten dir.
Tiefer Frieden des Friedenssohns dir.

Gebet/Übung

Atme ein paarmal loslassend durch und gleite langsam, geduldig, in den Ort des inneren Friedens. Richte deine Aufmerksamkeit nach vorn und danke Uriel und dem Frieden der funkelnden Sterne für die feurigen Veränderungen, die dich im Laufe dieses Jahres verwandelt haben. Richte deine Aufmerksamkeit nach rechts, und danke Gabriel und dem Frieden der stillen Erde für dein Wachstum. Richte deine Aufmerksamkeit nach hinten, und danke Raphael und den rollenden Wellen für die Heilung, die dir dieses Jahr zuteil geworden ist. Richte deine Aufmerksamkeit nach links, und danke Michael und der fließenden Luft für die Weisheit und Einsicht, die du erworben hast. Sammle deine Aufmerksamkeit in deinem Herzen, und danke dem Friedenssohn für deine stufenweise Erweckung.

Anhang

Meditationsmethoden

1. Bauchatmung
2. Die Atemzüge zählen
3. Atmung zur Verbindung von Himmel und Erde
4. Konzentrierende Meditation
5. Stretching
6. Gebet der Sammlung
7. Der heilige Augenblick
8. Das Ei aus Licht
9. Metta (Meditation der wohlwollenden Güte)
10. Widmung der Früchte der Praxis
11. Achtsamkeit
12. Achtsamkeitsübungen
    Achtsames Essen
    Achtsame Aktivität deiner Wahl
    Achtsame Segnungen (*brachot*)
    Achtsames Gehen
13. Heilung durch den Blick
14. Shamatha-Vipassana-Meditation
15. Phowa – die Transferierung des Bewußtseins
16. Tonglen – die Meditation des Gebens und Nehmens
17. Tonglen zur Umwandlung negativer Gefühle
18. Meditation über die Engel

1. Bauchatmung

Bewußtes Atmen ist der Grundstein der Beherrschung des Körper-Geistes. Wenn die Atmung flach und schnell ist, reagiert der Körper mit einer Erhöhung der Herzfrequenz, des Blutdrucks und des Ausstoßes von Angsthormonen. Der Geist wiederum reagiert mit Phantasien von Einsamkeit, Minderwertigkeit und Negativität. Wenn die Atmung tief und langsam ist, wird der Körper ruhig und entspannt. Der Geist hört auf zu wirbeln und kommt zur Ruhe.

Werde dir jetzt, in diesem Augenblick, deiner Atmung bewußt. Ist sie flach und unregelmäßig oder tief und langsam? Atme einmal tief ein und dann langsam wieder aus, als tätest du einen großen Seufzer der Erleichterung. Lasse den nächsten Atemzug langsam hereinströmen und spüre, wie dein Bauch sich dabei ausdehnt und bläht. Während du ausatmest, spüre, wie dein Bauch sich wieder entspannt. Setze diese Zwerchfellatmung eine Zeitlang fort und beobachte dabei, wie dein Geist und dein Körper allmählich zur Ruhe kommen.

2. Die Atemzüge zählen

Stoße einen »loslassenden« Atemzug aus, einen tiefen Seufzer der Erleichterung. Schalte auf Bauchatmung um. Konzentriere dich beim nächsten Ausatmen auf die Zahl Vier. Beim nächsten auf die Zahl Drei, dann auf die Zahl Zwei und schließlich auf die Zahl

Eins. Fang wieder von vorn an, von vier bis eins zu zählen, und fahre so fünf Minuten lang fort. Wenn dir irgendwelche Gedanken zu Bewußtsein kommen, nimm sie einfach zur Kenntnis und laß sie dann so schnell wie möglich weiterziehen, indem du deine Aufmerksamkeit wieder auf die Atmung und das Zählen richtest.

Wiederhole diese Übung zwei- bis dreimal im Laufe des heutigen Tages.

3. Atmung zur Verbindung von Himmel und Erde

Führe diese Meditation die ersten paar Male nach Möglichkeit im Freien durch. Setz dich so hin, daß deine Füße fest auf der Erde ruhen, schließe die Augen und beginne mit einer einminütigen Bauchatmung. Jetzt richte deine Aufmerksamkeit auf deine Fußsohlen und spüre – oder stell dir vor, du spürtest – die Energie von Mutter Erde. Atme diese Energie in dein Herz ein und ein Gefühl mitfühlenden Gewahrseins wieder aus ... Jetzt spüre – oder stell dir vor, du spürtest – die Energie von Vater Sonne, die auf dich herabstrahlt. Atme sie durch deinen Scheitel ein, und ziehe sie hinunter in dein Herz. Atme ein Bewußtsein mitfühlenden Gewahrseins aus ... Jetzt atme gleichzeitig von oben das Sonnenlicht und von unten die Erdenergie ein und lasse sie sich in deinem Herzen begegnen und vereinigen. Atme die schöpferischen, liebenden Kräfte von Himmel und Erde, die von deinem innersten Wesen gesegnet worden sind, wieder aus. Lasse jeden Aushauch wie eine sanfte Liebkosung über die ganze Schöpfung streichen. Fahre damit so lange fort, wie du möchtest. Ich übe diese Atmung – mit offenen Augen – während eines großen Teils des Tages.

4. Konzentrierende Meditation

Meditation ist eine Form mentaler Kampfkunst. Wenn wir den Gedanken Widerstand leisten, werden sie uns überwältigen. Aber wenn wir ihnen nur mit leichter Bewegung ausweichen und sie wie Vögel, die über unseren Kopf hinwegfliegen, ungehindert kommen und gehen lassen, können wir ihre Energie dazu benutzen, unseren Geist noch weiter zu konzentrieren.

Stoße einen tiefen, loslassenden Seufzer aus und fang an, dich auf die Atmung zu konzentrieren, indem du, wie oben beschrieben, deine Atemzüge zählst. Halte mit einem Teil deiner Aufmerksamkeit nach Gedanken Ausschau, und wenn welche aufkommen, lasse sie einfach wieder verebben, indem du dich weiter aufs Atmen und Zählen konzentrierst. Verfahre so fünf Minuten lang und wiederhole diese Übung noch ein- bis zweimal im Laufe des heutigen Tages.

5. Stretching

Geist und Körper sind so innig aufeinander bezogen, daß sie tatsächlich eine Körper-Geist-Einheit bilden. Wenn der Körper entspannt ist, beruhigt sich der Geist. Wenn der Geist sich beruhigt, entspannt sich der Körper. Wenn du vor der Meditation – und so oft wie möglich im Laufe des Tages – daran denkst, deinen Körper zu strecken, ermöglichst du es deinem Geist, »geräumig« zu werden. Mache es dir zur Gewohnheit, vor Gebet und Meditation – und wann immer du dich gestreßt oder erschöpft fühlst – ein paar einfache Stretching-Übungen zu machen.

Atme ein und recke dich sanft nach hinten, dann atme aus, und lasse deinen Oberkörper erschlaffen, deine Schultern hängen und deinen Kopf vornüberfallen. Atme ein und strecke die Arme über dem Kopf aus, atme dann aus und lasse sie seitlich herniederschweben, wie ein Engel, der seine Flügel ausbreitet. Neige den Kopf sanft nach der einen und der anderen Seite, dann nach vorn und nach hinten. Gähne herzhaft, um deine Gesichtsmuskulatur zu dehnen.

Achte täglich zwei- bis dreimal darauf, wie sich dein Körper anfühlt. Dann strecke dich und beobachte, wie Körper und Geist auf deine Aufmerksamkeit reagieren.

6. Gebet der Sammlung

Das Gebet der Sammlung ist eine Art der Meditation, die darin besteht, den kleinen Geist und seine unablässige Produktion selbstbezüglicher Vorstellungen absichtlich loszulassen. Diese Form des Gebetes hat durch Pater Thomas Keating Verbreitung gefunden. Dabei verlagern wir unsere Aufmerksamkeit von den Gedanken, die Keating mit Schiffen vergleicht, die den Fluß des Bewußtseins hinabtreiben, auf den Fluß selbst. Der Fluß ist das Große Gewahren, die Göttliche Gegenwart.

Sammle deinen Geist, indem du bei aufeinanderfolgenden Ausatmungen rückwärts von vier bis eins zählst. Fahre zwei bis drei Minuten lang so fort. Höre dann auf zu zählen und erlaube deiner Aufmerksamkeit, sich auf das Gefühl von Frieden und Stille zu konzentrieren, das spontan auftritt, sobald der kleine Geist sich beruhigt hat. Wenn du merkst, daß du anfängst zu denken, wiederhole mental ein Wort oder eine Wortfolge deiner Wahl – ein heiliges Wort, wie z. B. Danke, Frieden, Schalom, Kyrie eleison. Sobald sich dein Geist wieder beruhigt hat, lasse das Wort los. Dein

Ziel ist, einfach still im Frieden von Gottes Gegenwart zu sitzen. Setze dieses Gebet so lange fort, wie du möchtest.

7. *Der heilige Augenblick*

Atme ein paarmal loslassend durch und rufe dir eine Situation ins Gedächtnis zurück, da du dich im Augenblick gegenwärtig gefühlt hast – in der Betrachtung eines Sonnenuntergangs versunken, vom Anblick frisch gefallenen Schnees entzückt, vom Lächeln eines Kindes bezaubert ... Gib dich der Erinnerung mit all deinen Sinnen hin ... erinnere dich an die Formen und Farben, die Gerüche, die Haltung und Bewegung deines Körpers, die Emotionen oder Empfindungen, die du verspürtest ... Lasse die Erinnerung jetzt los und meditiere ein paar Minuten lang über das, was zurückbleibt – die Stille und Seligkeit deines Gewahrseins von Gottes Gegenwart. Jeder Augenblick, in dem du ganz gegenwärtig (im Jetzt) bist, ist ein heiliger Augenblick.

8. *Das Ei aus Licht*

Stell dir im Raum vor dir einen großen, hellen Stern vor – oder eine andere Form des Göttlichen, die dir am liebsten und vertrautesten ist. Spüre, wie Ströme Göttlicher Liebe und Göttlichen Lichts über dich und durch deinen Körper hindurch herabrinnen und alle seelische Erschöpfung, Angst oder Negativität mit sich fortspülen. Während alle Dunkelheit durch deine Fußsohlen hinausfließt, stelle dir vor, daß das Licht in deinem Herzen immer heller und heller erstrahlt, dich gänzlich ausfüllt und sich über die Grenzen deines Körpers hinaus ausdehnt, bis es dich wie ein Ei umgibt. Gestatte dem Ei aus Licht, das du selbst bist, mit dem Licht der Göttlichen Gegenwart zu verschmelzen und eins zu werden. Verweile für ein paar Minuten in dieser Gegenwart.

Wenn du möchtest, kannst du auch das Schutzgebet der Unity Church sprechen:

Das Licht Gottes umgibt mich,
die Liebe Gottes umfängt mich,
die Macht Gottes beschützt mich,
die Gegenwart Gottes wacht über mich.
Wo immer ich bin, ist Gott, und alles ist gut.

9. Metta (Meditation der wohlwollenden Güte)

Atme als erstes ein paarmal loslassend durch und betrete dann das innere Heiligtum der Stille. Stell dir das Licht und die Liebe des Göttlichen Geliebten vor, wie sie sich über dich ergießen und läuternd durch dich hindurchströmen, die Reinheit deines Herzens offenbaren, über die Grenzen deines Körpers hinausstrahlen und mit dem Göttlichen Licht verschmelzen. Sieh dich vollkommen vom Ei aus Licht umschlossen, und wiederhole dann für dich selbst die folgenden Segenssprüche:

Möge ich Frieden erlangen. Möge mein Herz offen bleiben. Möge ich des Lichts meiner wahren Natur gewahr werden. Möge ich geheilt werden. Möge ich für alle Wesen eine Quelle der Heilung sein.

Vergegenwärtige dir dann einen geliebten Menschen. Sieh ihn so deutlich wie möglich. Stell dir dann vor, wie das Licht Gottes auf ihn herabscheint, ihn durchströmt und das Licht – den Gottessamen – in seinem Inneren ungehindert hervorstrahlen läßt. Sieh, wie dieses Licht immer heller und heller wird, mit dem Licht Gottes verschmilzt und den geliebten Menschen mit einem Ei aus Licht umgibt. Dann segne ihn:

Mögest du Frieden erlangen. Möge dein Herz offen bleiben. Mögest du des Lichts deiner wahren Natur gewahr werden. Mögest du geheilt werden. Mögest du für alle Wesen eine Quelle der Heilung sein.

Wiederhole dies für so viele Menschen, wie du möchtest. Als nächstes denke an einen Menschen, gegen den du etwas hast, dem du aber zu vergeben bereit bist. Versetze ihn in das Ei aus Licht und sieh, wie das Licht all dessen Negativität und Verblendung hinwegspült – ebenso wie es das bei dir und dem (oder den) geliebten Menschen getan hat. Segne ihn:

Mögest du Frieden erlangen. Möge dein Herz offen bleiben. Mögest du des Lichts deiner wahren Natur gewahr werden. Mögest du geheilt werden. Mögest du für alle Wesen eine Quelle der Heilung sein.

Sieh unseren schönen Planeten so, wie er vom Weltraum aus erscheint: wie ein liebliches Juwel, das in der sternenfunkelnden Unendlichkeit schwebt. Stell dir unseren wunderschönen Planeten in Licht gehüllt vor – die grünen Kontinente, die blauen Ozeane, die weißen Polarkappen, die Zweibeiner und die Vierbeiner, die Fische des Wassers und die Vögel des Himmels. Die Erde ist ein Ort der Gegensätze: Tag und Nacht, gut und böse, oben und unten, männlich und weiblich. Sei geräumig genug, um alles in dir zu fassen, während du diesen Segen aussprichst:

Möge Frieden auf Erden sein.
Mögen die Herzen aller Menschen für sie selbst und füreinander offen sein.
Mögen alle des Lichts ihrer wahren Natur gewahr werden.
Möge die ganze Schöpfung gesegnet und selbst ein Segen sein für Alles Seiende.

10. Widmung der Früchte der Praxis

Durch die Macht und die Wahrheit dieser Übung:
Mögen alle Wesen Glück erfahren und die Ursachen des Glücks;
mögen alle Wesen frei sein von Leid und den Ursachen des Leids;
mögen alle in Gleichmut leben, ohne allzuviel Anhaften und allzuviel Abneigung,
und mögen sie leben im Wissen um die Gleichheit von allem, was lebt.
(Nach *Das tibetische Buch vom Leben und vom Sterben* von Sogyal Rinpoche)

11. Achtsamkeit

Ein Mann, der nach einem Herzinfarkt eine Nahtoderfahrung gemacht hatte, kehrte in seinen Körper zurück, und das erste, was er in seinem Krankenhauszimmer sah, war eine Rose. Er erlebte die Wahrnehmung so, als sähe er zum allerersten Mal in seinem Leben eine Rose – er erkannte, daß er aufs innigste mit dieser Blume verbunden war. Wenn er jetzt durch den Wald geht, fühlt er sich eins mit den Bäumen. Er hat seine Teilhabe am Gewebe des Lebens unmittelbar erfahren. Das Geheimnis des Glücks, erklärt er, ist zweifacher Natur: Es besteht darin zu erkennen, daß alle Dinge miteinander verbunden sind, und dann entlang dieser »Verbindungskanäle« Liebe auszusenden. Diese Haltung führt direkt zur Erlebnisweise der Achtsamkeit – zur neugierigen, unvoreingenommenen Betrachtung des Lebens, die für Kinder kennzeichnend ist.

Führe die folgende Übung mit offenen Augen durch. Atme einmal tief durch und lasse los. Spüre, wie dein Körper und dein Geist sich allmählich entspannen und beruhigen. Richte deine Aufmerksamkeit auf die Bauchatmung. Sieh dich um und wähle einen Gegenstand aus, den du betrachten möchtest. Ohne deine Aufmerksamkeit von der Atmung abzuziehen, sieh den Gegenstand mit den Augen eines Kindes an – so, als sähest du ihn zum erstenmal in deinem Leben. Nimm ihn verwundert, entzückt und konzentriert wahr. Dies heißt Achtsamkeit oder vollkommen gegenwärtiges nicht-urteilendes Gewahren.

Halte im Laufe des Tages mehrmals inne und atme loslassend durch. Versetz dich mit all deinen Sinnen in den gegenwärtigen Augenblick – nimm dir die Zeit, zu schmecken und zu riechen, zu hören und zu sehen, zu fühlen und dich zu bewegen. Spüre deine Verbundenheit mit allen Dingen. Mache den Anfang mit einem Augenblick der Achtsamkeit – jetzt!

12. Achtsamkeitsübungen

Wir können die Praxis der achtsamen Aufmerksamkeit und »Geräumigkeit« auch über die begrenzte Zeitspanne der eigentlichen Meditation hinaus in unseren Alltag hinübertragen. Der vietnamesische buddhistische Dichter, Friedensarbeiter und Meditationsmeister Thich Nhât Hanh hat ein wunderschönes Buch mit dem Titel *Das Wunder der Achtsamkeit* geschrieben. Mit schlichten und anrührenden Worten erinnert er uns daran, daß wir auch bei alltäglichen Betätigungen erwachen können, indem wir allem, was wir tun – sei es essen, Geschirr spülen, an einer Rose riechen, Liebe machen –, unsere ganze Aufmerksamkeit widmen.

Achtsames Essen: *Nimm heute eine Frucht, die du besonders magst, und iß sie mit Achtsamkeit. Sei dir ihres Geschmacks* *bewußt, ihres Geruchs, der Weise, wie sie sich in der Hand und im Mund anfühlt. Achte darauf, wie sich dein Mund in Erwartung ihres köstlichen Geschmacks mit Speichel füllt. Sei dir jedes Bissens bewußt, der sich durch die Speiseröhre bis hinunter in den Magen bewegt. Achtsam zu sein bedeutet, statt in deinem kleinen Ich in deinem Höheren Selbst gegenwärtig zu sein.*

Achtsame Aktivität deiner Wahl: *Wähle eine bestimmte Tätigkeit aus, wie Spazierengehen, Geschirrspülen oder Duschen. Nimm dir fest vor, sie so achtsam wie möglich durchzuführen. Du wirst sehen: Es wird dir Freude machen!*

***Achtsame Segnungen* (brachot):** Einer der schönsten religiösen Bräuche, die ich durch meine jüdische Herkunft kenne, ist die Rezitation von sogenannten *brachot* – kurzen Dankgebeten in Form von Segnungen. Der Judaismus ähnelt darin dem griechisch-orthodoxen Christentum, daß beides Religionen der Dankbarkeit sind. Im Judentum gibt es über 100 Segnungen oder *brachot*, mit denen wir Gott für die verschiedensten Wunder der Natur danken können – für alles, was wächst und gedeiht, für die Sterne, die leuchten, für den Regenbogen, für die Speisen, die wir zu uns nehmen, sogar für die natürlichen Ausscheidungsvorgänge, die unseren Körper gesund erhalten!

Eine *bracha* (Mehrzahl *brachot*) ist eine Segnung Gottes für alles, was Er erschaffen hat. Du kannst einen frei erfundenen Segen aussprechen, wann immer du etwas Wunderbares oder Schönes bemerkst: *Gesegnet seist Du, Schöpfer des Universums, der Du uns den ersten Stern des Abends gegeben hast, das Licht des Mondes, das Lächeln eines Säuglings ...* Verweile nach jeder Segnung für ein bis zwei Minuten in gesammelter Achtsamkeit. Mache dir bewußt, wie Dankbarkeit und achtsame Aufmerksamkeit die Lebenskraft in dir erwecken.

Achtsames Gehen: *Richte deine Aufmerksamkeit zwanglos auf deine Atmung. Achte gleichzeitig darauf, wie sich dein Körper bewegt, wie sich das Gewicht von einem Fuß auf den anderen verlagert. Vielleicht kannst du auch deine Schritte mit deinen Atemzügen in Einklang bringen – zwei oder drei Schritte bei jeder Ein- und ebenso viele bei jeder Ausatmung machen. Die Empfindung des Gehens und Atmens ist zugleich der Gegenstand und der »Anker« deiner Aufmerksamkeit. Wenn du dich im gleichzeitigen Bewußtsein deines Atmens und Gehens zentriert fühlst, öffne deine Sinne allem, was dich umgibt. Der Atem ist wie eine Brücke zwischen dir und allem, was du siehst, hörst, berührst, riechst und fühlst. Wenn deine Aufmerksamkeit abschweift, lenke sie sanft auf die Empfindung des Atmens und Gehens zurück. Genieße den Augenblick!*

13. Heilung durch den Blick

Es gibt eine feine Energiebahn, etwas wie eine nichtstoffliche Ader, die das Herz mit den Augen verbindet. Du kannst durch deinen Blick sehr viel Liebe übermitteln, indem du deine Seele oder die eines anderen Menschen direkt ansprichst.

Hole einen Spiegel und sieh dir ins Gesicht. Sieh dich völlig wertfrei. Kümmere dich nicht um die Falten, die Flecken, die Schönheit oder deren Fehlen, von denen sich der kleine Geist angezogen oder abgestoßen fühlt. Sieh dich mit den Augen eines Kindes an, ohne dich zu beurteilen. Sieh dich als *ein Kind, als das Göttliche Kind, das immer all deiner Liebe und Achtung würdig ist. Sieh dir tief in die Augen und sage dir im Geiste: »Ich liebe und achte dich.« Sage dir dann, was immer du von einem Menschen hören möchtest, der sich wirklich wünscht, du würdest erwachen und das Göttliche in deinem Herzen und deinem Leben entdecken.*

Sprich heute zu allen, denen du begegnest, mit dem Herzen und lasse es zu, daß Achtung und Liebe aus deinen Augen in deren Seele fließt.

14. Shamatha-Vipassana-Meditation

Die tibetisch-buddhistische Praxis der Shamatha-Vipassana, der Meditation des ruhigen Verweilens (*shamatha*) und der Einsicht (*vipassana*), ist eine grundlegende Übung, um zu lernen, statt mit den Augen des Ichs mit dem Höheren Selbst zu sehen.

Nimm eine würdevolle, aufrechte Sitzhaltung ein. Sieh direkt vor dich, mit leicht nach unten gerichteten Augen, und ohne etwas Bestimmtes zu fixieren. Werde dir deines Atems bewußt – wie er hereinströmt und dich füllt und wie er wieder in den Raum hinausfließt. Halte ungefähr 25 Prozent deiner Aufmerksamkeit auf den Atem gerichtet und die übrigen 75 Prozent auf das Gefühl von Geräumigkeit. Wenn Gedanken auftauchen, lasse sie einfach vorüberziehen. Der tibetische Lama Sogyal Rinpoche vergleicht die Gedanken, die während der Meditation auftauchen, mit den Wellen des Ozeans. Es liegt in der Natur des Ozeans, sich zu wellen. Wir können ihn nicht daran hindern, aber, wie Sogyal sagt, wir können »die Wellen den Wellen überlassen«.

15. Phowa – die Transferierung des Bewußtseins

Die tibetischen Buddhisten kennen ein Ritual zur »Transferierung des Bewußtseins«, *phowa* genannt. Es wird traditionell für Sterbende und Verstorbene durchgeführt, insbesondere während der ersten sieben Wochen nach deren Tod. In seiner Kurzform geht Phowa folgendermaßen: Man visualisiert eine Form Göttlichen Bewußtseins, zu der sich der Sterbende oder Verstorbene im Leben besonders hingezogen gefühlt hat. Dies könnte Maria sein, Jesus, der Buddha, Allah, das Licht – was auch immer. Man stellt sich vor, diese Erscheinungsform des Göttlichen schwebe über dem Kopf des Sterbenden oder Toten und übergieße ihn mit Licht, das dessen ganzen Körper durchdringt und dabei alle Schmerzen und Illusionen hinwegspült, die die Erkenntnis seiner wahren Natur verhindern, seines Herzlichts oder Höheren Selbst. Dann stellt man sich vor, das Herzlicht des Sterbenden oder Toten dehne sich aus und werde eins mit dem Göttlichen Bewußtsein. Wie die Tibeter glauben, hilft dies der Seele, ihr Einssein mit dem Göttlichen zu erkennen und in ihm zu verbleiben, anstatt – sobald die Erfahrung des Lichts, die jeder Sterbende zu haben scheint, vorüber ist – wieder in die Fänge des kleinen Ichs und seiner Projektionen zu geraten.

Auch wenn das Phowa-Ritual traditionell während der sieben Wochen nach dem Ableben zelebriert wird, kannst du es jederzeit durchführen. Wenn du es einmal versuchen möchtest, befolge die obigen Anweisungen. Ich selbst führe das Ritual gern an den Todestagen meiner Eltern durch, einem Tag, an dem die Juden traditionell eine sogenannte jahrzejt- *oder Gedächtniskerze anzünden. Gibt es einen besseren Weg, die Toten zu ehren und ihrer zu gedenken?*

16. Tonglen – die Meditation des Gebens und Nehmens

Der Dalai Lama hat sich in Interviews schon häufig über die Greueltaten geäußert, die in den 50er Jahren in Tibet begangen wurden. Die Chinesen töteten damals ein Sechstel der Bevölkerung, legten 6000 Klöster in Schutt und Asche und folterten viele Mönche und Nonnen. Die schönen Hochebenen Tibets sind heute nuklear verseucht und die riesigen Wildbestände weitgehend ausgerottet. Es bewegt mich immer wieder zutiefst, wenn der Dalai Lama sich voller Mitgefühl über die Unwissenheit und das Leid äußert, die den Handlungen der Chinesen zugrunde liegen müssen. Er führt für seine »Feinde« eine bestimmte Meditation durch, die *tonglen* genannt wird: Er nimmt ihre Schmerzen in sich auf und schenkt ihnen dafür seine innere Glückseligkeit und Freude. Diese ungewöhnliche Methode des Gebens und Nehmens hat mir sehr dabei geholfen, die Vergebung zu einem wesentlichen Bestandteil meines Lebens zu machen.

Manche Leute befürchten, Tonglen könnte ihnen schaden, wenn sie sich vorstellen, sie atmeten Schmerz, Unwissenheit oder Krankheit ein. Die tibetischen Lamas versichern uns aber, das einzige, was durch Tonglen Schaden nehmen könne, sei unser begrenztes Ich und dessen Selbstbefaßtheit, die sich beide im »Willen zum Mitgefühl« auflösen werden. Dennoch ist es empfehlenswert, solange du dich mit der Praxis nicht vollkommen vertraut gemacht hast, Tonglen nur für dich selbst und dir nahestehende Menschen durchzuführen. Sobald du dich sicherer fühlst, kannst du auch »Außenstehende« einbeziehen, denen gegenüber du kritisch eingestellt bist oder mit denen du Mitleid empfindest, später auch Menschen, gegen die du eine stärkere Abneigung hegst. Mit der Zeit kannst du selbst deinen schlimmsten Feinden Wohlwollen entgegenbringen und dort, wo Angst und Schmerz war, Frieden und Mitgefühl erzeugen. Tonglen ist wirklich ein Yoga, der Schmerz in Vergebung verwandelt.

Bevor wir darangehen, Tonglen für andere zu praktizieren, werden wir lernen, diese Meditation für uns selbst durchzuführen. Fange damit an, daß du dir einen heiligen Augenblick ins Ge-

dächtnis zurückrufst, eine Situation, da dein Herz vollkommen offen war, sei es für die Natur, ein Kind, ein Tier, die Schönheit. Jetzt stell dir vor, du säßest dir selbst gegenüber. Schau dir in die Augen und sieh die Schönheit dessen, der du wirklich bist, und den Schmerz, der dich von dieser Schönheit getrennt hält. Stell dir vor, dein Schmerz sei ein dichter schwarzer Rauch, der dein Herz umhüllt. Atme diesen Rauch in dein Herz ein und atme den Frieden, die Liebe und die Seligkeit deiner wahren Natur wieder aus. Fahre eine Zeitlang so weiter fort, Schmerz ein- und Freude auszuatmen. Da du nur dadurch Liebe und Freude empfinden kannst, daß du sie verschenkst, ist diese Meditation ein »weiser egoistischer Akt«: Sie wird dich glücklich machen.

Denke dann an einen geliebten Menschen. Stell dir vor, all sein Schmerz, all seine Verwirrung, all sein Unwohlsein oder Unglück seien dichte schwarze Rauchwolken, die sein Herz umgeben. Atme diesen Rauch in dein Herz ein und gib dafür deinen Frieden und deine Freude zurück. Fahre ein paar Minuten lang so fort, bis du ein Gefühl der Vollendung empfindest.

Führe dann, wenn du dich dazu bereit fühlst, für einen Fremden, den du unter »normalen« Umständen lediglich bemitleiden *würdest, Tonglen durch. Sei es ein Bettler, sei es jemand, über den du in der Zeitung liest oder den du in den Nachrichten siehst – stell dir vor, du atmetest sein Leid in Form von dichtem schwarzem Rauch tief in dein Herz ein, und gib ihm dafür deinen Seelenfrieden und deine Freude zurück.*

Denke jetzt an jemanden, der dir etwas angetan hat, einen »Feind«. Stell dir den Schmerz und die Unwissenheit vor, die ihn dazu verleitet haben müssen, dir so zu schaden und dich so sehr zu verletzen. Sieh diese Ursachen negativen Verhaltens als eine dichte Wolke schwarzen Rauchs, die das wahre Licht seines Herzens verfinstert. Atme den Rauch in das Licht deines Herzens ein und lasse dafür dein Licht hervorstrahlen. Fahre damit fort, bis dein Herzlicht und das deines Feindes einander berühren.

Du kannst Tonglen auch für ganze Landstriche durchführen, in denen Krieg, Hunger oder anderes Leid herrscht, für alle Menschen, die trauern, für alle, die krank sind . . . Diese Methode kann allgemein bei jeder Form von Schmerz und Leid angewandt werden.

17. Tonglen zur Umwandlung negativer Gefühle

Achte heute auf alle etwaigen negativen Gefühle, die dir zu Bewußtsein kommen. Wenn sie eine Botschaft für dich enthalten, bemühe dich, sie zu verstehen und entsprechend zu handeln, bevor du sie mit Hilfe von Tonglen umwandelst. Fange damit an, daß du dir möglichst deutlich bewußtmachst, wieviel Leid dir dein Zorn, dein Neid, deine Eifersucht oder deine Traurigkeit bereiten. Atme dann ein paarmal tief durch und bemühe dich, dir einen »heiligen Augenblick« ins Gedächtnis zurückzurufen – eine Situation, da du dich mit dem ganzen Universum eins gefühlt hast. Führe dann Tonglen für dich selbst durch.

18. Meditation über die Engel

Schließe die Augen und atme ein paarmal loslassend durch. Zentriere dich durch Bauchatmung oder durch die Atmung zur Verbindung von Himmel und Erde.

Richte deine Aufmerksamkeit auf den Raum vor dir, auf das Östliche Tor deines Körpertempels. Bitte um die Gegenwart des Erzengels Uriel, dessen Name auf hebräisch »Licht Gottes« bedeutet. Bleibe zentriert und achte auf alles, was dir von dieser Gegenwart auffallen mag. Mache dir deine aktuelle Situation bewußt, und überlege dir insbesondere, in welchen Lebensbereichen du mehr Klarheit benötigst. Bitte Uriel darum, daß er dir bei etwaigen schwierigen Entscheidungen helfe.

Richte deine Aufmerksamkeit nach rechts, auf das Südliche Tor deines Körpertempels. Bitte um die Gegenwart des Erzengels Gabriel, dessen Name auf hebräisch »Stärke Gottes« bedeutet. Bleibe zentriert und achte auf alles, was dir von dieser Gegenwart auffallen mag. Gabriel ist der Engel, der uns hilft, die Angst zu überwinden, auf daß es uns möglich werde, unsere schöpferischen Gaben zum Wohle aller Geschöpfe hervorzubringen. Mache dir deine aktuelle Situation bewußt, und bitte darum, daß dir die Angst genommen und dir dabei geholfen werde, deine schöpferischen Kräfte zu verwirklichen.

Richte deine Aufmerksamkeit nach hinten, auf das Westliche Tor deines Körpertempels. Bitte um die Gegenwart Raphaels, dessen Name auf hebräisch »Heiler Gottes« bedeutet. Bleibe zentriert und achte auf alles, was dir von Raphaels Gegenwart auffallen mag. Mache dir deine aktuelle Situation bewußt, und überlege dir namentlich, welcher emotionalen, physischen oder spirituellen Heilung du bedürfen könntest. Bitte Raphael um diese Heilung. Denke auch darüber nach, inwieweit du selbst anderen Heilung schenken könntest, und bitte, daß dir bei diesem Werk Hilfe zuteil werden möge.

Richte deine Aufmerksamkeit nach links, auf das Nördliche Tor deines Körpertempels. Bitte um die Gegenwart des Erzengels Michael, dessen Name auf hebräisch »gleichwie Gott« bedeutet. Michael ist die reine Gegenwart der Liebe, Vergebung und Weisheit. Bleibe zentriert, und achte auf alles, was dir von dieser Gegenwart auffallen mag. Mache dir deine aktuelle Situation bewußt, und überlege dir insbesondere, in welchen Bereichen deines Lebens mehr Liebe oder Vergebung strömen sollte. Bitte auch um alle Einsichten oder Erkenntnisse, deren du bedürfen könntest.

Werde dir jetzt eines sternförmigen Lichts bewußt, das halb über deinem Kopf, halb vor dir schwebt. Spüre, wie sich das Göttliche Licht wie ein Wasserfall über dich ergießt und dich, wie ein Fluß den Sand am Boden seines Bettes, ganz durchtränkt und durchströmt. Erlaube dem Licht, jede Zelle deines Körpers zu läutern und jede Erschöpfung, jede Krankheit und jeden Schmerz mit sich fortzuspülen. Stell dir gleichzeitig vor, wie das Licht alle Finsternis, die dein Herz umgeben mag, auflöst und der inneren Sonne gestattet, als ein Segen für alle Wesen hell aufzustrahlen.

Schließe deine Meditation ab, wie immer du möchtest – mit Metta, Tonglen, einem Gebet der Sammlung, Shamatha-Vipassana oder einem aus tiefstem Herzen kommenden Dankgebet.

Quellen

Bücher

Es gibt eine ganze Reihe von Büchern, die einen starken Einfluß auf mein stufenweises Erwachen ausgeübt haben. Jedes einzelne von ihnen ist ein Juwel, das ich wärmstens empfehle. Ich bin diesen Autoren für all das, was sie mich gelehrt haben – wovon ein großer Teil auf den Seiten meines Buches wiederzufinden ist – von Herzen dankbar.

Meditation

Gyatso, Geshe Kelsang: *Grenzenloses Mitgefühl. Ein Kommentar zur Geistesschulung in sieben Punkten.* Aus dem Englischen von Kelsang Nyima und Björn Clausen. Tharpa, Zürich 1994. (Eine wunderbare Einführung in die Tonglen-Meditation.)

Keating, Thomas: *Gebet der Sammlung. Eine Einführung und Begleitung des Kontemplativen Gebets.* Deutsch von Senta Grünbeck und Guido Joos. Vier-Türme-Verlag, Münsterschwarzach 1994. (Eines meiner liebsten Bücher über Meditation überhaupt.)

Levine, Stephen: *Schritte zum Erwachen.* Übersetzt von Matthias Wendt. Bearbeitet von Hans J. Zander. Context, Bielefeld 1994.

Pennington, Basil: *Centering Prayer: Renewing an Ancient Christian Prayer Form.* Image Books, 1982.

Sogyal Rinpoche: *Das tibetische Buch vom Leben und vom Sterben. Befreit leben im Bewußtsein der eigenen Vergänglichkeit.*

Übersetzt von Thomas Geist. O. W. Barth/Scherz, Bern – München – Wien, 1993. (Ein Klassiker über den praktisch gelebten tibetischen Buddhismus, der jeden spirituellen Pfad bereichern kann.)
Thich Nhât Hanh: *Der Geruch von frisch geschnittenem Gras. Anleitung zur Gehmeditation.* Übersetzt aus dem Englischen von Ursula Richard. Zen Verlag Theresiahoeve, Gondenbrett 1991.
Innerer Friede – Äußerer Friede. Aus dem Amerikanischen von Heidrun Gerwens-Henke. Theseus, Berlin 1988.
Die Sonne, mein Herz. Aus dem Amerikanischen von Silvius Dornier und Pirmin Ragg. Theseus, Berlin 1989.
Das Wunder der Achtsamkeit. Einführung in die Meditation. Aus dem Amerikanischen von Sylvia Wetzel. Theseus Verlag, Berlin 1988.

Gebet

Dossey, Larry: *Heilende Worte. Die Kraft der Gebete und die Macht der Medizin.* B. Martin, Südergellersen 1995.
Recovering the Soul: A Scientific and Spiritual Search. Bantam Books, New York 1990.
Goldsmith, Joel S.: *Die Kunst der geistigen Heilung.* Bearbeitet von Gisela Prymvon Becherer. Aus dem Englischen von Sigrid von Glasenapp. Schwab, Argenbühl 1985. (Ein Standardwerk über das Heilgebet.)
Peace Pilgrim: *Her Life and Work in her Own Words.* Freiexemplar zu beziehen über: Friends of Peace Pilgrim, 43480 Cedar Avenue, Hemet, California, 92344, USA.
Roberts, Elizabeth, und Elias Armidon (Hrsg.): *Earth Prayers From Around the World: 365 prayers, poems and invocations for honoring the earth.* HarperCollins, 1991.
Sanford, Agnes: *Heilendes Licht.* Aus dem Amerikanischen

von M. Staehelin. H.W. Stier, Lüdenscheid 1984. (Ein Klassiker des wissenschaftlichen Gebets – der Kunst des spirituellen Heilens.)
Steindl-Rast, David: *Fülle und Nichts. Die Wiedergeburt christlicher Mystik.* Aus dem Englischen von Knut Pflughaupt und Vanja Palmers. Goldmann, München 1985.

Die ewige Philosophie

Huxley, Aldous: *Die Pforten der Wahrnehmung. Himmel und Hölle. Erfahrungen mit Drogen.* Aus dem Englischen von Herbert E. Herlitschka. Piper, München 1986.
James, William: *Die Vielfalt religiöser Erfahrung.* Herausgegeben und übersetzt von Eilert Herms. Walter, Olten und Freiburg 1979.

Judaismus

Jacobs, Louis: *Jewish Mystical Testimonies.* Schocken Books, 1976.
Kaplan, Aryeh: *Meditation und Kabbala.* Edition Gaja, Berlin 1995.
Schachter-Shalomi, Rabbi Zalman: *The First Step: A Guide for the New Jewish Spirit.* Bantam Books, 1983.

Die Weisheit Jesu

Douglas-Klotz, Neil: *Das Vaterunser. Meditationen und Körperübungen zum kosmischen Jesusgebet.* Aus dem Aramäischen übertragen und kommentiert von Neil Douglas-Klotz. Ins Deutsche übersetzt von Gita Onnen und Eva Ploes. Droemer Knaur, München 1992.

Fox, Matthew: *Vision vom Kosmischen Christus.* Kreuz, Stuttgart 1991.
Ein Kurs in Wundern. Greuthof, Gutach 1994.
Mitchell, Stephen: *The Gospel According to Jesus.* HarperCollins, 1991.

Gnostische Literatur

Gnosis. Das Buch der verborgenen Evangelien. Herausgegeben und übersetzt von Werner Hörmann. Pattloch, Augsburg 1990.
Hoeller, Stephan A.: *Jung and The Lost Gospels.* The Theosophical Publishing House, 1989. (Über die Qumran- und die Nag-Hammadi-Schriften.)
Pagels, Elaine: *Versuchung durch Erkenntnis. Die gnostischen Evangelien.* Aus dem Amerikanischen von Angelika Schweikhart. Suhrkamp, Frankfurt 1987.
Robinson, James M. (Hrsg.): *The Nag Hammadi Library.* Harper and Row, 1988. (Enthält die vollständige Übersetzung aller in Nag Hammadi aufgefundenen gnostischen Evangelien.)

Spirituelle Traditionen der Welt

Bhagavadgita – Gesang des Erhabenen. Aus dem Sanskrit ins Englische von Swami Prabhavananda und Christopher Isherwood. Aus dem Englischen von Ilse Kramer. Hermann Bauer, Freiburg 1989.
Dalai Lama (XIV.): *Eine Politik der Güte.* Herausgegeben von Sidney Piburn. Aus dem Amerikanischen von Clemens Wilhelm. Walter, Olten und Freiburg 1992.
Flinders, Carol Lee: *Enduring Grace: Living Portraits of Seven Women Mystics.* HarperCollins, 1993.

Hixon, Lex (Nur al Jerrahi): *Atom from the Sun of Knowledge.* Pir Publications, 1993. (Ein wundervolles Buch über den Islam.)

Eins mit Gott. Mystik jenseits von Religion und Zeit. Vorwort von Ken Wilber. Aus dem Amerikanischen von Rita Höner. Droemer-Knaur, München 1992.

Heart of the Koran. The Theosophical Publishing House, 1988. (Ein herrliches Buch, das das Herz des Islams offenbart.)

Meera, Mother: *Answers.* Meerama Publications, 1991.

Prabhavananda, Swami, und Christopher Isherwood: *How to Know God: The Yoga Aphorisms od Patanjali.* Mentor Books, 1953.

Seattle, Häuptling: *Wir sind ein Teil der Erde. Die Rede des Häuptlings Seattle an den Präsidenten der Vereinigten Staaten im Jahre 1855.* Walter, Olten und Freiburg 1990.

Ware, Kallistos: *Hinführung zum Herzensgebet.* Aus dem Englischen und Neugriechischen von Emmanuel Jungclaussen. Herder, Freiburg 1992.

The Orthodox Way. St. Vladimirs Seminary Press, 1979.

Yeshe, Thubten: *Wege zur Glückseligkeit. Einführung ins Tantra.* Ausgewählt und herausgegeben von Jonathan Landaw. Aus dem Amerikanischen von Sylvia Wetzel. Diamant, Pfaffenhofen 1993. (Eine gute Einführung in die Praxis des tibetischen Buddhismus.)

Ywahoo, Dhyani: *Am Feuer der Weisheit. Lehren der Cherokee-Indianer.* Aus dem Amerikanischen von Peter Hübner. Theseus, Berlin 1988.

Psychologie und Religion

Casarjian, Robin: *Forgiveness: A Bold Choice for a Peaceful Heart.* Bantam Books, New York 1992.

Fowler, James W.: *Stufen des Glaubens. Die Psychologie der menschlichen Entwicklung und die Suche nach Sinn.* Gütersloher Verlagshaus, Gütersloh 1991.
Goldstein, Joseph, und Jack Kornfield: *Einsicht durch Meditation – Buddhistische Einsichts-Meditation für westliche Menschen.* Mit einem Vorwort des Dalai Lama. Aus dem Amerikanischen von Theo Kierdorf in Zusammenarbeit mit Hildegard Höhr. O.W. Barth/Scherz Verlag, Bern 1991.
Jaffé, Aniela (Hrsg.): *Erinnerungen, Träume, Gedanken von C.G. Jung.* Walter, Olten 1987.
Kornfield, Jack: *Frag den Buddha und geh den Weg des Herzens.* Kösel, München 1995.
Willmer, Harry A.: *Practical Jung: Nuts and Bolts of Jungian Psychotherapy.* Chiron Publications, 1987.

Praktische Anleitung für das innere Leben

Kelzer, Kenneth: *The Sun and the Shadow: My Experiment with Lucid Dreaming.* A.R.E. Press, Virginia Beach, Virginia, 1987.
La Berge, Stephen: *Hellwach im Traum. Mehr Selbsterkenntnis und Selbstbestimmung durch bewußtes Träumen.* moderne verlags-gesellschaft, München 1991.
Sparrow, G. Scott: *Lucid Dreaming: Dawning of the Clear Light.* A.R.E. Press, Virginia Beach, Virginia, 1976.
Taylor, Jeremy: *Dreamwork: Techniques for Discovering the Creative Power in Dreams.* Paulist Press, 1983.

Musik

Musik trägt uns einwärts zum Höheren Selbst und kann uns eine unmittelbare Erfahrung des Göttlichen verschaffen. Im folgenden sind einige der Aufnahmen angegeben, die ich am liebsten als Untermalung zu Meditation und Ritual verwenden.

Die Musik von Daniel Kobialka. Daniel Kobialka ist ein Violinist, der eigene Kompositionen und Werke alter Meister spielt. Seine auf Kassetten erhältlichen Aufnahmen sind besonders geeignet als Untermalung zu geleiteter Imagination und Meditation. Ich empfehle namentlich *Timeless Motion* (mit Johann Pachelbels *Kanon und Gigue* auf der einen und zwei von Kobialkas eigenen Kompositionen auf der anderen Seite) sowie *Path of Joy* (»Jesus bleibet meine Freude« auf der einen und zwei Stücke von Kobialka auf der anderen Seite).

A Feather on the Breath of God. Vokalkompositionen von Hildegard von Bingen. Die Stücke – sie erinnern an inspirierten Gregorianischen Gesang – sind besonders erhebend und tragen den Zuhörer einwärts zur Göttlichen Stille.

Rosa Mystica, von Therese Schroeder-Sheker. Therese ist eine hervorragende Kennerin der mittelalterlichen Musik. Sie spielt Harfe und singt mit der Stimme eines Engels. *Rosa Mystica* ist ein Album mit alten Gesängen über das Göttliche Weibliche. Dies ist eine der schönsten und inspirierendsten Aufnahmen, die wir überhaupt kennen.

Robbie Gass and On Wings of Song haben eine Serie mit dem Titel *Chants from Around the World* herausgebracht. Die auf der Kassette *The Heart of Perfect Wisdom* enthaltenen Stücke »Alleluia«, »Kyrie«, »Om Namah Shivaya«, »Hara Hara« und »Heart Sutra« sind hervorragende Begleitungen für Chanting und Rituale. Die Kassetten *Many Blessings* und *Pilgrimage* sind auch wunderschön.

Gordon Burnham ist ein Komponist und Sänger, dessen Album *Rhythm of Life* wir selbst produziert haben. Seine Texte und Melodien sind außerordentlich erhebend und »herz-öffnend«. Sobald Miron und ich Gordon kennengelernt hatten, wurde die Verbreitung seiner Musik zu einem unserer wichtigsten Anliegen. Es gibt von ihm auch ein wunderschönes Instrumentalalbum, das wir zusammen mit Jim Richards produziert haben: Es heißt *Soul Dance*.

Bücher von Joan Borysenko

Feuer in der Seele. Spiritueller Optimismus als Weg zu innerer Heilung. Bauer, Freiburg 1995.

Gesundheit ist lernbar. Hilfe zur Selbsthilfe. Droemer Knaur, München 1991. (Einfache Meditationsübungen und psychologische Techniken zur Förderung der Selbstheilungskraft.)

Ich bin, wie ich bin. Das Aufbauprogramm für ein intaktes Selbstbewußtsein. Scherz, München 1992. (Über die Heilung von Wunden aus der Kindheit und die Ausrichtung nach dem spirituellen Selbst.)

In Zusammenarbeit mit der Künstlerin Joan Drescher: *On Wings of Light: Meditations for Awakening to the Source*. Warner Books, New York 1992. (Wunderschöne Illustrationen und Meditationen für Menschen von 6 bis 106.) Es gibt auch eine Audiokassettenversion von *On Wings of Light*, gesprochen von Joan, mit einem Original-Soundtrack von Gordon Burnham und Jim Richards.

The Power of the Mind to Heal. A Book of Daily Spiritual Practice. Hay House, Carson 1994.

A Woman's Book of Life: The Biology, Psychology and Spirituality of the Feminine Lifecycle. Riverhead Press, 1997.

Wir veröffentlichen außerdem ein jährlich erscheinendes Informationsblatt, *Circle of Healing*, das wir auf Wunsch gern kostenfrei verschicken. Es enthält Artikel von Joan, manchmal eine Gast-Kolumne, Meditationsanleitungen sowie das Jahresprogramm von Joans Vorträgen und Workshops.

Kassetten von Joan Borysenko

Eine Liste sämtlicher lieferbarer Audio- und Videokassetten kann bestellt werden über:

Mind/Body Health Sciences, Inc.
393 Dixon Rd.
Boulder, Co 80302-7177
USA
Telefon: 001-303-440-8460
Fax: 001-303-440-7580

Die Kassetten sind nur in englischer Sprache erhältlich. Zahlungs- und Lieferbedigungen können Sie bei *Mind/Body Health Sciences, Inc.*, erfragen.

Hier eine Auswahl von Joan Borysenkos Meditationskassetten:

Meditation for Relaxation and Stress Reduction
Grundlegende atemzentrierte Meditation und Lichtarbeit (Seite 1); Stretching, Selbstmassage und Übungen zur Körperbewußtheit (Seite 2).

Meditations for Self-Healing and Inner Power
Meditation zur Konzentration und Bewußtheit (Seite 1); den Körper durch Dankbarkeit und Achtsamkeit heilen (Seite 2).

Meditations for Healing the Inner Child and Improving Relationships (für Frauen)
Heilung des inneren Kindes (Seite 1); Meditation zur Auflösung negativer Gefühle (Seite 2).
2 Std. 52 Min.; Bestellnr. 408.

Lecture and Meditation on Invocation of the Angels and Loving Kindness
Inspirierender Vortrag zum Thema Engel (Seite 1); Anrufung der vier Erzengel und der göttlichen Gegenwart mit abschließender Meditation der wohlwollenden Güte (Seite 2).

Lecture and Meditation on Overcoming Depression
Informativer Vortrag (Seite 1); praktische Techniken zur Meditation und zur Veränderung psychischer Muster (Seite 2).

Lecture and Meditation on Forgiveness and Compassion
Inspirierender Vortrag (Seite 1); wirkungsvolle tibetisch-buddhistische Tonglen-Meditation (Transformation von Schmerz in Frieden und Vergebung, Seite 2).
Bestellnr. 422.

An Evening with Joan Borysenko
Warum passieren guten Menschen schlimme Dinge? Dieses inspirierende Video wurde von der talentierten Filmemacherin Elda Hartley in Wainwright House, Rye (New York) aufgenommen. Joan spricht von der Krise und dem Schmerz als Gelegenheiten zu spiritueller Erweckung und emotionaler Heilung.
60 Min.; Bestellnr. 302.

Danksagung

Von Herzen gedankt sei all denen, die meine Lehrer im traditionellen Sinne des Wortes gewesen sind: Hadassah Blocker, Reverends Chris und Joan Williamson, Swami Chidvilasananda, Dhyani Ywahoo und Sogyal Rinpoche.

Ebenso den Freundinnen und Freunden, die mich auf dieser Reise begleitet haben: der magischen, mystischen Märchentante Celia Thaxter Hubbard, Robin Casarjian, Peggy Taylor, Rick Ingrasci, Steve Maurer, Olivia Hoblitzelle, Beth Lawrence, Joan Drescher, Loretta LaRoche, Alan Shackelford und Ursula Reich-Henbest, Kristi Jorde, Gordon und Julie Burnham, Leslie Kussman, Tricia Stallman, Renee Summers, Carolina Clarke und Roxanne Daleo.

Mit großer Bewunderung danke ich all jenen Lehrern, deren direkte Schülerin zu sein mir zwar nicht vergönnt war, deren Werk und Persönlichkeit aber mein Denken, mein Handeln und mein Leben zutiefst beeinflußt haben: Seiner Heiligkeit dem Dalai Lama, Bruder David Steindl-Rast, Matthew Fox, Mutter Meera und Thich Nhât Hanh.

Die Arbeit von Jon Kabat-Zinn, Jeremy Taylor, Stephen Mitchell, Stephen Levine, Elaine Pagels und Carol Lee Flinders hat sowohl dieses Buch als auch mein Leben bereichert.

Miroslav Dmitrivitch Borysenko, mein ehemaliger Mann, hat die schönen Mandalas zu diesem Buch gemalt.

Aber es sind unsere Kinder, unser Schwiegersohn und unser Enkel, denen ich den größten Dank schulde.

Justin, Andrei, Natalia, Shawn und Alexandr – ihr habt mir die Gelegenheit gegeben zu lernen, was es bedeutet, für jemanden zu sorgen. Ich habe noch nicht ausgelernt.

Ich danke Helen Rees, meiner wundervollen Agentin, und Joann Davis, einer ebenso wundervollen Lektorin, die mir gestattet haben, in all den Büchern, die sie aus der Taufe gehoben haben, meinem Herzen zu folgen.

Und schließlich danke ich den zwei Miriams – beides jüdische Mütter: Maria, die Mutter Jeshuas, und Maria Magdalena. Eure Zeit ist endlich nahe.

Über die Autorin

Joan Borysenko ist ein seltenes Juwel: eine anerkannte Wissenschaftlerin, eine begnadete Therapeutin und eine erklärte Mystikerin. Sie promovierte an der *Harvard Medical School* und beschäftigte sich dort anschließend im Rahmen mehrerer Forschungsaufträge mit Zellbiologie, Psychoneuroimmunologie und Verhaltenstherapie. Sie ist darüber hinaus diplomierte klinische Psychologin sowie Mitbegründerin und ehemalige Direktorin der *Mind/Body Clinic* am Bostoner *New England Deaconess Hospital*. Nach Aufgabe ihrer akademischen und klinischen Tätigkeit begann sie zu schreiben und zu unterrichten und gründete das Institut *Mind/Body Health Sciences*. Das Ideal, das ihre Arbeit bestimmt, ist die Verknüpfung von Medizin, Psychologie und den großen spirituellen Traditionen der Menschheit. Die Autorin von *Gesundheit ist lernbar*, *Ich bin, wie ich bin*, *On Wings of Fire* und *Feuer in der Seele* arbeitet gegenwärtig an einem revisionistisch-historischen Roman über das Leben Jesu aus weiblicher Sicht. Sie wohnt in den Bergen nordwestlich von Boulder, Colorado. Zu den Dingen, die sie am meisten liebt, gehören Skilaufen, Wandern, Gartenarbeit, Lachen und – von Zeit zu Zeit – ein leckeres Stück Schokoladentorte.

esotera
Das Magazin für Neues Denken und Handeln
Tauchen Sie ein
in die Welt
des neuen Wissens.
esotera befaßt sich nicht mit der Welt des Scheins, sondern mit der des Seins und Bewußtseins. esotera beschreibt die inneren Zusammenhänge, dringt zum Kern und Wesen der Dinge vor. esotera ist die ebenso lehrreiche wie lebendige Auseinandersetzung mit den geistig-spirituellen Phänomenen unserer Welt: esotera berichtet zwölfmal im Jahr über esoterische Lebenshilfen, ganzheitliche Gesundheit, Psi, Urwissen, spirituelle Kreativität und vieles mehr.
esotera
esotera
esotera
kompetent
kritisch
informativ
faszinierend
anschaulich
lebendig
esotera erscheint monatlich.
Sie erhalten ein Probeheft
kostenlos bei Ihrem Buchhändler
oder direkt vom
Verlag Hermann Bauer KG,
Kronenstraße 2, 79100 Freiburg